沥青路面设计方法

刘伯莹 等 著

同济大学 出版社
Tongji University Press
·上海·

内 容 提 要

本书对国内外沥青路面设计方法、理论和实践进行了系统回顾、评析和借鉴,并在近二十年沥青路面使用性能指标和设计参数体系丰硕研究成果基础之上,创建了基于多指标的新一代沥青路面设计方法。本书的主要内容包括:沥青路面设计方法演变、交通荷载分析、环境影响因素分析、路面结构组合设计、材料性质要求和设计参数、路面性能预估模型、路面结构验算、改建设计和桥面铺装设计等。本书内容对沥青路面设计具有重要指导意义。

本书可供沥青路面设计与研究人员以及高等院校相关专业师生使用。

图书在版编目(CIP)数据

沥青路面设计方法/ 刘伯莹等著. ——上海:同济大学出版社,2022.12
ISBN 978-7-5765-0404-0

Ⅰ.①沥… Ⅱ.①刘… Ⅲ.①沥青路面—路面设计 Ⅳ.①U416.217

中国版本图书馆 CIP 数据核字(2022)第185045号

沥青路面设计方法
刘伯莹 等 著

| 责任编辑 | 李 杰 | 责任校对 | 徐春莲 | 封面设计 | 于思源 |

出版发行　同济大学出版社　　www.tongjipress.com.cn
　　　　　(地址:上海市四平路1239号　邮编:200092　电话:021-65985622)
经　销　全国各地新华书店、建筑书店、网络书店
排　版　南京月叶图文制作有限公司
印　刷　常熟市华顺印刷有限公司
开　本　787mm×1092mm　1/16
印　张　14.5
字　数　362 000
版　次　2022年12月第1版
印　次　2022年12月第1次印刷
书　号　ISBN 978-7-5765-0404-0

定　价　88.00元

本书若有印装质量问题,请向本社发行部调换　　版权所有　侵权必究

前　言

沥青路面是道路的主要路面形式，因其材料多样性、结构性能影响多因素和工程应用多环节，沥青路面技术一直是我国乃至世界范围内最广泛、最重要的研究领域之一。本书以国内外近二十年来的研究成果和工程实践为依托，系统地介绍了基于多指标的新一代沥青路面设计方法及相关内容，是对我国现行公路沥青路面设计规范的全面诠释，希望能对沥青路面领域的研究人员、设计人员、工程师和院校师生有所裨益。

本书包括沥青路面设计方法演变、交通荷载分析、环境影响因素分析、路面结构组合设计、材料性质要求和设计参数、路面性能预估模型、路面结构验算、改建设计和桥面铺装设计等9章内容。第1章由刘伯莹执笔，第2,3章由赵延庆执笔，第4,6章由虞将苗执笔，第5章由韦金城、余四新执笔，第7章由杨学良执笔，第8,9章由白琦峰执笔，全书由刘伯莹统稿。

著者

2022年4月

目　　录

前言

第1章　沥青路面设计方法演变　　1
　　1.1　我国公路沥青路面设计方法演变 / 1
　　1.2　2017版规范设计方法及变化 / 10
　　1.3　小结 / 15

第2章　交通荷载分析　　17
　　2.1　交通荷载数据调查与整理 / 17
　　2.2　车辆分类 / 20
　　2.3　交通荷载参数 / 23
　　2.4　车辆当量设计轴载换算 / 25
　　2.5　示例 / 36

第3章　环境影响因素分析　　42
　　3.1　路基湿度状况分析 / 42
　　3.2　沥青路面温度状况分析 / 54

第4章　路面结构组合设计　　70
　　4.1　路面结构组合现状 / 70
　　4.2　路面结构组合原则 / 95
　　4.3　路基 / 97
　　4.4　基层和底基层 / 99
　　4.5　面层 / 103
　　4.6　功能层 / 106
　　4.7　路肩 / 107
　　4.8　路面排水 / 108
　　4.9　路面结构组合方案 / 109

第5章　材料性质要求和设计参数　　115
　　5.1　总体要求 / 115

5.2 路基 / 116
5.3 粒料类材料 / 120
5.4 无机结合料稳定材料 / 124
5.5 沥青和沥青结合类材料 / 129

第 6 章　路面性能预估模型　　148
6.1 沥青混合料层疲劳开裂预估模型 / 148
6.2 无机结合料稳定层疲劳开裂预估模型 / 151
6.3 沥青混合料层永久变形预估模型 / 159
6.4 路基顶面容许压应变 / 164
6.5 沥青面层低温开裂预估模型 / 164
6.6 季节性冻土地区防冻层厚度要求 / 167

第 7 章　路面结构验算　　170
7.1 计算理论 / 170
7.2 参数确定 / 172
7.3 设计指标 / 173
7.4 路面结构验收弯沉 / 173
7.5 路面结构验算流程 / 175
7.6 沥青路面结构分析软件简介 / 176
7.7 验算示例 / 178

第 8 章　改建设计　　186
8.1 总体要求 / 186
8.2 既有路面调查与分析 / 186
8.3 改建方案 / 191
8.4 改建路面结构验算 / 199
8.5 改建示例 / 200

第 9 章　桥面铺装设计　　207
9.1 总体要求 / 207
9.2 水泥混凝土桥面铺装 / 210
9.3 钢桥面铺装 / 218
9.4 案例 / 223

参考文献　　226

第 1 章
沥青路面设计方法演变

1.1 我国公路沥青路面设计方法演变

新中国成立以来,交通运输部分别于 1958 年、1966 年、1978 年、1986 年、1997 年、2006 年和 2017 年制定和颁布了 7 版《公路柔性路面设计规范》或《公路沥青路面设计规范》。

1.1.1 1958 版规范和 1966 版规范

1958 版《公路柔性路面设计规范》基本上沿用了苏联 1954 年《柔性路面设计须知》中的路面结构设计方法。这一设计方法采用弹性半空间体模型,将路面结构转换为均质体。以承载板法测定得到的变形模量(包含塑性变形在内的总变形),表征路基土和路面材料的力学性质,采用均质体模型计算分析单圆均布荷载作用下荷载中心点的表面弯沉。以极限相对弯沉 $\lambda_k(l_k/D)$ 作为设计指标。其中,D 为荷载作用面积当量圆的直径,l_k 为路面处于极限状况时在荷载作用圆中心处的路表极限弯沉值。按伊万诺夫等的论述,路面出现破坏的极限状况在下列三种情况下发生:①路面弯沉使其底面出现张拉断裂(出现在路面厚度相对值 h/D 很小时);②路面在荷载作用下出现锥形贯穿(出现在 h/D 较大时);③路面出现行车所不允许的不平整度(出现在 h/D 很小时)。

根据试验路的荷载试验结果,伊万诺夫等提出了确定极限相对弯沉的经验关系式,其适用范围为:路面变形模量与路基变形模量的比值 $E_1/E_0=3\sim15$,$h/D=0.5\sim2.0$。同时,为高级、次高级、过渡式和改善土四种路面规定了相应的极限相对弯沉指标值(适用于 $E_1/E_0=10$,$h/D=0.75$)。我国 1958 版设计规范基本上采用了这一指标值。伊万诺夫等认为,不论是静载一次作用,还是重复荷载多次作用,达到破坏状况时的极限相对弯沉值是相同的。因而可以按相对变形的累积规律,由极限相对弯沉值推算荷载一次作用的容许相对弯沉值。

1966 版的沥青路面设计规范主要修正了 1958 版规范的弯沉近似计算公式,并提出了中国气候分区及路基和路面材料计算参数值表,但对设计标准和设计指标值未作变动,仍沿用 1958 版规范的规定。

1.1.2 1978 版规范

经过 20 世纪 60 年代和 70 年代的大规模调查和试验研究,1978 版规范对前两版规范作了许多根本性的改变。将路面结构视作由路面和土基组成的双层体系,采用双层弹性层状连续体系理论解,计算分析双圆均布荷载作用下轮隙中心点的路表弯沉。多层路面结构按等效弯沉的原则转换为单层。土和路面材料的性质由承载板测定的回弹模量表征,取代以往的变形模量。考虑到土基的非线性特性（模量的应力依赖性），增加了弯沉综合修正系数，以修正应用理论公式计算弯沉的偏差。由于贝克曼梁式弯沉仪的出现和广泛应用，1978版规范改为以路表容许弯沉值作为设计指标。容许弯沉值是路面达到破坏状况时双轮轮隙中点的路表回弹弯沉值。20世纪70年代，在18个省市开展了大规模的沥青路面调查和弯沉测定工作。调查测定时，按路表外观特征将沥青路面划分为5个等级（划分标准见表1-1），并将第四级视为路面已达到损坏状况，以第四级路面弯沉值的低限（第三级和第四级路面弯沉的交界面）作为路面处于破坏临界状态的界定标准，这时的实测弯沉值即为容许弯沉值。整理弯沉测定和轴载调查资料，得到了容许弯沉值的经验关系式：

$$l_R = \frac{13.7}{N_f^{0.2}} A_1 \text{（mm）} \tag{1-1}$$

式中 N_f——路面达到破坏临界状态时的标准轴载累计作用次数；
A_1——与路面类型有关的系数，见表1-2。

表1-1　　　　　　　　　沥青路面外观状况等级划分标准

等级	外观状况	路面外观特征
一	好	坚实、平整、无裂纹、无变形
二	较好	平整、无变形、少量发裂
三	中	平整、有轻微变形、有少量纵向或不规则裂纹
四	较坏	有明显变形和较多纵横向裂纹或局部网裂
五	坏	连片的严重网（龟）裂或伴有沉陷、车辙

表1-2　　　　　　　　　路面类型系数 A_1

面层类型	沥青混凝土	沥青贯入、沥青碎石	沥青表面处治	粒料
A_1	1.0	1.1	1.2	1.4

弯沉调查和测定主要在三级公路的沥青表面处治（包含少量沥青贯入和沥青碎石）路面上进行。沥青混凝土路面的调查测定数据不多，主要根据上海、哈尔滨和武汉三市的城市道路路面调查测定数据汇总得到。中级粒料路面没有进行调查测定，而是根据前两类面层的系数值推导出的。

1.1.3　1986版规范

1986版规范的路面结构设计方法，对1978版规范又作了较大的变动。路面结构采用三层弹性层状体系理论解进行计算分析，将多层路面结构转换为双层结构。设计指标由路表回弹弯沉一项，增加为路表回弹弯沉、沥青层层底拉应力和无机结合料类层层底拉应力三项，它们应分别不大于设计容许值。该版规范仍以路表容许弯沉值作为主要设计指标，但对容许弯沉公式中的系数作了修改，并增加了公路等级系数 A_2：

$$l_R = \frac{11.0}{N_f^{0.2}} A_1 A_2 \text{（mm）} \tag{1-2}$$

1986 版规范认为，20 世纪 70 年代的弯沉测定主要在三级公路和少量城市道路路面上进行，不适应高等级公路和交通量增大的情况。1986 版规范参照了《城市道路设计规范》中主干道沥青混凝土路面的容许弯沉值（以北京市的弯沉调查测定数据为主），以此作为一级公路沥青混凝土路面的容许弯沉值，在此基础上考虑到不同公路等级的使用要求差异，增加了公路等级系数 A_2，其取值列于表 1-3。

表 1-3　　　　　　　　　　　公路等级系数 A_2

公路等级	高速	一级	二级	三、四级
A_2	0.85	1.0	1.1	1.2

与 1978 版规范相比，1986 版规范中各级公路路面的容许弯沉值均有所减小：高速公路减小 32%，一级公路减小 20%，二级公路减小 12%，三、四级公路减小 3%～4%。即各级公路路面的设计标准均不同程度地有所提高。

新增加的沥青混凝土面层层底容许拉应力指标用以控制弯拉应力产生的损坏：

$$\begin{cases} \sigma_{r1} k_1 \leqslant f_{r1} \\ k_1 = \dfrac{0.12}{A_2} N^{0.2} \end{cases} \tag{1-3}$$

式中　σ_{r1}，f_{r1}——沥青面层层底容许拉应力和沥青混合料强度（MPa）；

　　　k_1——面层结构强度系数，根据北京市 14 条道路因弯拉导致损坏的 30 个路段的调查结果和试验数据分析后确定。

新增加的无机结合料类层层底容许拉应力指标用以控制弯拉应力产生的损坏：

$$\begin{cases} \sigma_{r2} k_2 \leqslant f_{r2} \\ k_2 = \dfrac{0.40}{A_2} N^{0.1} \end{cases} \tag{1-4}$$

式中　σ_{r2}，f_{r2}——无机结合料类层层底容许拉应力和无机结合料类材料强度（MPa）；

　　　k_2——无机结合料类层结构强度系数，根据三级公路石灰土类路面上进行的反复荷载疲劳试验以及江苏省 4 条三级公路 12 个路段的调查数据，经整理和分析后确定。

路基回弹模量仍采用承载板法测定。粒料模量采用整层材料弯沉测定。对于其他路面材料，计算弯沉时，采用由圆柱体试件测定的压缩模量；计算弯拉应力时，采用梁试件测定的弯拉模量和弯拉强度。沥青类材料的压缩试验采用 20℃时的测定结果，弯拉试验采用 15℃时的测定结果。石灰类材料的抗弯拉强度采用 6 个月龄期的测定结果，水泥类材料采用 3 个月龄期的测定结果。

1.1.4　1997 版规范和 2006 版规范

1997 版《公路沥青路面设计规范》仍采用 1986 版规范的三项设计指标，但对指标容许值的计算式进行了修正。路面结构采用多层弹性层状体系解进行计算分析。

在 9 个省市 54 个不同公路等级、沥青面层类型、无机结合料类基层(少量粒料基层)和交通量的路段,进行了路况调查和弯沉测定,经回归分析,并以设计弯沉值替代容许弯沉值以及增加基层类型系数后,提出了式(1-5)所示的修正公式:

$$l_R = \frac{6.0}{N_f^{0.2}} A_1 A_2 A_3 \text{ (mm)} \tag{1-5}$$

式中　A_3——基层类型系数,按表 1-4 确定。

表 1-4　　　　　　　　　　基层类型系数 A_3

基层类型	半刚性基层厚度≥200 mm	半刚性基层上设厚度≤150 mm 柔性层	半刚性基层上设厚度≥150 mm 柔性层	柔性基层
A_3	1.0	1.0	1.6	1.6

与 1986 版规范的路表容许弯沉指标相比,除了设计弯沉值比容许弯沉值降低 20% 以外,1997 版规范的路表弯沉指标值,对于半刚性基层沥青路面而言还要降低 34%,即设计标准更加提高了,而对于柔性基层沥青路面来说则相差很小(提高了 4.7%)。

结构分析时,沥青混合料和无机结合料类材料的模量均采用压缩模量,其强度均采用劈裂强度。对中粒式和粗粒式沥青混凝土进行了劈裂疲劳试验,建立了沥青混凝土面层层底容许拉应力公式:

$$\begin{cases} \sigma_{r1} k_1 \leqslant f_{r1} \\ k_1 = \dfrac{0.09 A_4}{A_2} N^{0.22} \end{cases} \tag{1-6}$$

式中　f_{r1}——沥青混合料的劈裂强度(MPa);

A_4——系数,细、中粒式沥青混凝土为 1.0,粗粒式沥青混凝土为 1.1。

在汇总各单位的无机结合料类材料的 21 个疲劳方程(15 个梁试件和 6 个劈裂试件)后,提出了无机结合料类层层底容许拉应力公式:

$$\begin{cases} \sigma_{r2} k_2 \leqslant f_{r2} \\ k_2 = \dfrac{A_5}{A_2} N^{0.11} \end{cases} \tag{1-7}$$

式中　f_{r2}——无机结合料类材料的劈裂强度(MPa);

A_5——系数,稳定粒料类为 0.35,稳定土类为 0.45。

2006 版设计规范的路面结构设计方法与 1997 版的完全相同,没有重要的改动。

1.1.5　对我国沥青路面设计规范方法演变的评析

我国沥青路面设计规范采用力学分析方法(解析法)确定路面结构的设计厚度。1958 版、1966 版和 1978 版规范,都以路表容许弯沉作为唯一的设计指标,1986 版及以后的规范,增加了沥青类层和无机结合料类层的拉应力验算指标。纵观各版设计规范,在设计方法和指标方面的思想是一脉相承的,都以路表弯沉作为确定路面结构层厚度的主要设计指标。

1. 路表弯沉指标

路表弯沉是包括路基和路面结构的整体结构在荷载作用下的竖向位移量,它反映了路基和路面结构整体的抗变形能力,即整个结构的总刚度。因而,它一方面是一项总体性、综合性的指标,另一方面是一项反映结构物变形属性的指标。

在荷载小、交通量小,即路面等级低、结构单一的情况下,如20世纪50—70年代的路面结构,主要以沥青表面处治、沥青贯入碎石和泥结或水结碎石做面层,标准轴载60 kN,路面结构层总厚度不大,其刚度占路基和路面结构总刚度的比重不大,采用路表弯沉作为路面结构设计指标,可以单一地反映出路面结构和路基的总刚度及其适应交通荷载的能力,以控制路面结构和路基的竖向位移量,不失为一种简单而方便的对策,不会给设计带来较大的矛盾或不协调的结果。然而,20世纪80年代以后,随着交通荷载的增长,承受重和特重交通荷载的高等级路面,其结构层厚度增大,结构层组合和材料类型选择呈现出多样化,路基的刚度占路面结构和路基总刚度的比重急剧下降。这时,再采用单一的路表弯沉作为主要设计指标,便会由于无法包容和充分反映各种路面结构层的不同组合情况和差异而暴露出它的严重不足,并得出矛盾或不协调的设计结果。

(1) 路表弯沉指标的非唯一性

路表弯沉是一项反映路基和路面结构总刚度大小的总体性和综合性指标。对于同一种路面结构(相同的结构层组合类型和材料类型),路表弯沉值的大小可以反映出路面结构的相对刚度(抗变形能力),路表弯沉值小的路面结构具有较大的承载能力和较长的使用寿命。因而可根据相同的破坏标准判断其承载能力(能承受的标准轴载重复作用次数)。但对于不同种类的路面结构(不同的结构层组合类型和材料类型),路表弯沉值大(刚度小)的路面结构,其承载能力或使用寿命并不一定会比路表弯沉值小(刚度大)的路面结构差。因此,不能仅仅依据这一指标值判断路面结构的承载能力或使用性能对交通荷载的适应程度,或者比较不同路面结构的承载能力或使用性能的高低。

对于这一特性,历版设计规范的修订者也意识到了,因此才出现了各版规范中路表弯沉公式的不断修正:增加公式中的系数项,修正公式中的常数项。后者随着轴载变重、路面等级提高和路面结构层变厚而不断减小,即设计标准不断提高。前者则随着路面结构组合和材料类型的变化而通过增加系数项(影响变量)不断进行调整——由1978版规范的面层类型系数到1986版添加公路等级系数,再到1997版添加基层类型系数,企图通过细化路面组合类型和材料类型的办法来克服弯沉指标非唯一性的缺点。然而,所添加的各项系数及系数值均难以充分覆盖变化繁杂的各种路面结构组合和材料类型,也无法确切地反映出不同路面结构在承载能力或使用寿命上的差异。此外,新的路面结构组合和材料类型总是会随着技术的发展而不断涌现,但设计规范的修订总是滞后于发展的,因此,规范会面临须不断地修正公式中的常数项或者增加系数项的要求,以适应新出现的发展变化,有时也会由于修正的不及时而出现影响新结构或新技术发展的情况。

(2) 路表弯沉与路面损坏类型

采用路表弯沉值作为设计指标的基本观点认为,路面破坏是由于变形所引起的——路面结构的总变形量达到一定程度后路面即出现破坏。然而,路表弯沉值只是路面结构变形的一个表象,它不能充分反映路面结构的刚度特性(除了荷载中点的弯沉值外,还需要路表弯沉曲线），更不能反映路面结构内的应力和应变状况。

路面是一种多层结构，各层结构可以采用不同类型的材料，具有不同的力学属性。路面结构的损坏，既可能是由于某一组成结构（如路基、粒料层或沥青面层）或整个结构的过量塑性变形引起的，也可能起因于结构层内某处的应力或应变量超出了该处材料的疲劳强度或疲劳应变值。重复荷载和环境因素的延续作用，使塑性变形不断累积，或者使破坏点不断延伸、扩展，路面结构便随之出现不同形态的破坏，反映到路表则表现出较大的变形。而路表弯沉值（总变形量）仅是路面结构对作用荷载的一个综合的或表观的响应量。

由不同结构层组合和材料类型组成的路面结构，在荷载和环境因素的作用下，具有不同的应力和应变场。破坏点可能出现在不同的位置，其延伸和扩展可能采用不同的方式，路面结构的破坏可能表现出不同的形态，破坏时的路表弯沉值可能具有不同的数值。例如，无机结合料类基层上的沥青路面，其破坏点可能首先出现在基层底面（由于该处的弯拉应力超过了材料的疲劳强度），这时路表的变形量很小；而后，裂缝一方面在基层内部扩展，另一方面向沥青面层扩展；随后，路表出现裂缝或网裂，变形量增大。由此可以定义基层底面出现裂缝时为路面结构破坏的临界状态，也可以定义路表出现裂缝或网裂、变形较大时为路面结构破坏的临界状态。采用两种结构破坏定义的路面，具有差别很大的路表弯沉值。又如，粒料类基层上的沥青路面，其破坏点可能出现在沥青面层的底面（由于该处的弯拉应变超出了材料的疲劳应变），而后裂缝不断扩展并反映到路表；破坏点也可能出现在沥青面层内部，由于剪切变形的发展和累积，路表出现影响行车安全的车辙变形。这两种不同的损坏形态都可以定义为路面结构破坏的临界状态，但它们可以具有不同的路表弯沉量。

弯沉设计指标的非唯一性特性，实质上来源于不同结构层组合和材料类型组成的路面结构具有不同的应力、应变场，相应地具有不同的结构破坏形态，可以采用不同的破坏标准。而路表弯沉由于是一项综合性的、表观性的指标，无法与具有多种破坏类型和破坏标准的不同路面结构建立起统一的、协调的、稳定的关联。1978版规范在研究容许弯沉关系式时提出了较明确的路面损坏状况定义。但随后几版规范对容许（或设计）弯沉关系式进行的常数项修正（减小常数数值，即提高设计标准）或系数项增添，都没有相应地提出或明确交代路面损坏状况的定义或规定。而事实上这也很难提出来，因为路表弯沉容许（或设计）值与某种结构损坏类型没有特定的关联。

常用路面结构分析表明：无机结合料类基层沥青路面既不会出现沥青面层的疲劳开裂损坏，也不会产生水泥稳定碎石基层的疲劳开裂损坏。其中，各交通荷载等级的无机结合料类基层上沥青面层的底面均为压应力，沥青面层拉应力验算指标在厚度设计中不起作用；水泥稳定碎石基层底面虽然为拉应力，但与容许应力相比的比值仍不大，即在以设计弯沉作为控制指标时，无机结合料类基层拉应力验算指标在路面结构厚度设计中也不起决定作用；路面结构层的厚度完全由路表设计弯沉指标所控制。

（3）综合指标与单项指标

路面结构是一种多层次的复合结构。路面设计时设计人员可以选用不同的结构层组合和材料类型。路面结构的性能不仅依赖于复合结构整体所提供的性能，更取决于某一组成结构层次的性能，特别是在各结构层次的组合或材料性质不协调时。路表弯沉反映了路面结构整体的抗变形能力，它既不反映也不限定某结构层的抗变形能力。因此，具有相同路表弯沉值的两个路面结构,可能由于结构层组合或所选材料类型的不同而具有不同的承载能力或使用寿命,或者由于某个路面结构的结构层组合或材料选择不合理而过早地出现破坏。

为了避免结构层的不合理组合或材料的不合理选用,引起相对薄弱环节处出现某种类型的破坏,规范针对特定的破坏类型设置了相应的单项控制指标。1986 版规范增加沥青类层和无机结合料类层底面拉应力验算指标就是出于这样的考虑。由此就形成了综合设计指标和单项设计指标并存的局面。

既有综合指标又有单项指标,可以实施结构层组合和材料的合理设计,但也会出现综合指标与单项指标之间的相互关系以及它们之间相互协调的问题。一方面,如果用不同的单项指标来控制相关结构层次的特定损坏类型,那么综合指标用来控制路基和路面结构整体或者某结构层次的什么类型的损坏呢?另一方面,综合指标与单项指标的要求之间还存在着设计结果协调一致的问题。这两方面问题是采用综合指标与单项指标共存的设计指标体系时必须作出回答的。然而,2006 版规范设计方法对此并未作出明晰的分析和说明,也未给出合理的回答。事实上,路表弯沉指标既无法与路面的结构损坏相关联,也难以使综合指标与单项指标相协调,要么二者矛盾,要么有一方形同虚设。

(4) 路表弯沉与路基变形

上述分析表明,路表弯沉既不能用以控制沥青面层的损坏,也无法控制无机结合料基层的损坏。路表弯沉是一项反映路基和路面结构总刚度(即抗变形能力)的指标。规范的主要制定者认为,"容许弯沉值是为防止路面发生沉陷、弹簧、网裂等综合强度不足的破坏而采用的指标"。在无法控制沥青面层和无机结合料基层损坏,而无机结合料类基层沥青路面结构本身的竖向位移(永久变形)又不会很大的情况下,这项指标留存的主要用途便在于控制路基的变形量了,即保证路面结构具有足够的刚度,使传到路基的应力水平不会产生过量的永久变形,导致路面结构出现损坏。早期的路面结构设计就是采用这种思路来建立所需厚度关系式的。

随着设计轴次的减少,路表设计弯沉值增加,路面结构层厚度变薄,路基顶面竖向压应变相应增大,路基顶面竖向压应变与路表设计弯沉呈对应递增的关系,并可相互置换。类似于路表容许(或设计)弯沉与设计轴次的关系式[式(1-8)],在路基顶面,容许竖向压应变与设计轴次之间也可建立相应的关系式:

$$\varepsilon_z = AN^{-b} \qquad (1-8)$$

式中 ε_z——路基顶面容许竖向压应变;

N——标准轴载累计作用次数;

A,b——试验回归系数。

然而,如果路面结构组合方案是多样的,如不同的基层或底基层模量或厚度,仍有可能在同一个路基顶面容许压应变值时得到不同的路表设计弯沉值,或者同一个路表设计弯沉值时得到不同的路基顶面容许压应变值。由此,虽然路基条件和指标相同,如果此路基顶面压应变为容许值,则很难选定合适的控制路基变形量的路表弯沉指标值。反之,如果选定了某个路表弯沉值作为设计指标值,则由于路基顶面压应变值的不同,某些路面结构可能出现过量的路基变形。出现这种不同路面结构组合的路表弯沉与路基竖向压应变不完全对应的现象，主要是由于路表设计弯沉与损坏类型或标准不对应。因此，与其采用综合性指标路表弯沉来控制路基的变形，不如直接采用单项指标，如路基顶面竖向压应变，来控制路基的永久变形量。当然，单从检测便利来说，路表弯沉要比路基压应变简便得多，但从设计指标的针对性和设计结果的合理性方面来看，路基压应变要比路表弯沉优越得多，更何况，并非每一项设计指标都需要或要求能得到实际检测（面层和基层的拉应力就没有提出这种检测要求）。

(5) 验收和评定指标

我国历版沥青路面设计规范均以路表弯沉作为主要设计指标。经过半个多世纪的工程应用，路表弯沉指标已在技术人员中形成了传统概念和习惯，以此作为衡量路面结构承载能力的唯一指标和标准。而弯沉测定作为路面结构（整体或部分）刚度或承载能力的一种无破损检测手段，与其他方法相比，具有使用简便、直观、经济和较快速的优点，因而还会长期广泛地应用于施工质量检验、工程验收以及路面结构状况和性能的评定。

虽然由于路表弯沉指标的整体性、综合性和表观性特性，作为设计指标存在着非唯一性、与路面结构损坏无特定关联以及与各个单项指标难以协调等缺点，但对于同一种或同一段面结构，路表弯沉指标仍能反映出该路面结构的承载能力，其测定结果具有可比性，可用于判断和比较。因此，对于新建路面，可以将设计路面结构所应具有的弯沉值提供给施工、监理、质检和管理部门，作为质量检查和工程验收的一项指标；而对于已有或改建路面，可以将路面结构的实测弯沉值作为评定路面结构状况（承载能力）或使用性能的一项指标，作为改建设计的依据。

2. 沥青层底面拉应力指标

从1986版规范起，各版规范都增加了一项限制沥青层底面拉应力的指标，以控制沥青层的疲劳开裂破坏。然而，容许拉应力计算式[式(1-3)、式(1-6)]的建立，存在着两方面问题。

(1) 疲劳关系式的形式

沥青层底面容许拉应力与荷载作用轴次的关系，即为沥青层的疲劳关系式。1986版、1997版、2006版这三版规范的疲劳关系式，采用了应力比（容许拉应力与弯拉强度或劈裂强度之比）与结构强度系数（达到疲劳损坏时的荷载作用轴次的函数）相关的形式。这种形式的疲劳关系式，主要适用于无机结合料类材料。无机结合料类材料的应力与应变关系接近于线弹性，试验温度对试验结果的影响极小，加载频率的影响较小。选用应力比作为变量，可以较为稳定地反映所施加的重复应力的级位大小，不受或少受疲劳试验和一次加载试验时材料性质变异的影响。

沥青混合料是黏弹性材料，其应力与应变的关系受试验温度、加载频率和应力级位等许多因素的影响较大。不同试验温度、加载频率或重复应力级位下，重复加载应力与一次加载的强度之间，由于材料性质非线性变异的影响，不可能建立起稳定的应力比级位。因此，迄今为止，国外研究人员都是以重复应变或应力作为变量，与疲劳寿命（材料疲劳破坏时的累计作用次数）建立沥青混合料的疲劳关系式：

$$N_\mathrm{f} = a\varepsilon_\mathrm{t}^{-b} \tag{1-9}$$

$$N_\mathrm{f} = c\sigma_\mathrm{t}^{-d} \tag{1-10}$$

式中 ε_t——重复拉应变；

σ_t——重复拉应力；

N_f——疲劳破坏时的累计作用次数；

a,b,c,d——与材料性质有关的试验参数。

Pell 所做的疲劳试验及对试验结果的整理分析表明,不同温度和加载速率条件下得到的试验结果,在将重复拉应力除以混合料的劲度模量而变成重复拉应变后,可以在重复拉应变和疲劳寿命的双对数坐标系上回归整理成一条直线,而温度和加载速率的影响可以反映在劲度模量内。为此,他认为疲劳寿命主要受重复拉应变大小的控制,而非重复拉应力大小,沥青混合料的疲劳方程宜采用式(1-9)表述。

有些国家对疲劳试验结果的整理分析认为,疲劳寿命还与混合料的劲度模量有关(不同劲度模量的混合料有相应的 N_f-ε_t 疲劳曲线),因而建议采用下述疲劳方程形式：

$$N_\mathrm{f} = c\varepsilon_\mathrm{t}^{-d}S^{-e} \tag{1-11}$$

式中 S——沥青混合料的劲度模量；

c,d,e——试验参数。

(2) 疲劳关系式的适用范围

疲劳关系式是由试验结果回归得到的经验关系式。经验关系式都有一定的适用范围。例如,Pell 指出他的双对数直线关系式的适用范围为 $N_\mathrm{f}=10^4\sim10^8$。超出这一范围,便不一定存在此关系,而是否可以外延,需要通过试验进行验证。通常,范围外与范围内的关系曲线呈折线状。

1986 版规范和 1997 版规范中,采用式(1-10)所示的疲劳关系式整理疲劳试验结果,并将关系曲线段向后外延到原点($N_\mathrm{f}=1$)处,得到 $N_\mathrm{f}=1$ 时的重复拉应力值,在假设 $N_\mathrm{f}=1$ 时的拉应力即为一次荷载作用造成破坏的应力,即在极限抗拉强度的前提下,将极限抗拉强度引入疲劳方程中,推演出反映混合料疲劳特性的抗拉强度结构系数公式：

$$k_1 = \frac{f_\mathrm{rl}}{\sigma_\mathrm{rl}} = AN^{0.22} \tag{1-12}$$

式中 A——考虑各种修正后的参数,其余符号见式(1-6)和式(1-7)。

将疲劳关系式后延到 $N_\mathrm{f}=1$,并认为此时的拉应力就是极限抗拉强度,但缺乏足够的论据和试验验证。按照规范所提出的抗拉强度结构系数 k_1 公式,在 $N_\mathrm{f}<56\,682$ 次时(高速公路、一级公路),将出现 $k_1<1$ 的情况,即容许拉应力大于极限抗拉强度。显然,这种靠外延建立疲劳关系式的推演方法,只能得到错误的疲劳寿命预估结果。

3. 材料性质参数

材料性质参数是正确进行路面结构分析和损坏预估的基础。规范设计方法对材料性质参数的相应规定为：①路基回弹模量采用承载板法或贝克曼梁弯沉法在不利季节实测或者查表法确定；②无机结合料类材料的压缩模量采用顶面法实测或查表法确定,劈裂强度采用间接拉伸试验实测或查表法确定,试件龄期为 120 天(水泥类)或 180 天(石灰或石灰粉煤灰类);③沥青结合料类材料的压缩模量和劈裂强度的实测或查表法与无机结合料类材料相同,试件温度为 20℃(模量)或 15℃(劈裂强度)。

进行路面结构分析时,都假设路面结构为弹性层状体系。而路基和路面材料,除了无机结合料类材料外,都是弹塑性或黏弹性材料,其力学性质具有应力(级位和速率或频率)依赖性及环境(温度或湿度)依赖性。材料的力学性质与弹性层状体系的假设有很大的出入。为使分析结果与实际相符,应尽量考虑采用与材料性质及所处受力和环境条件相吻合的试验测定方法和指标。为此,半个多世纪以来,国内外许多研究人员致力于材料力学性质、测试方法和指标的研究,取得了丰富的成果,对材料力学性质有了深入的理解和掌握,并研制了新的测试方法和指标。

2006 版及以前的沥青路面设计规范所采用的材料性质参数的测试方法和指标显得简单、粗糙,不能真实反映其力学特性,也很难正确地用于分析路面结构的力学响应。

4. 结论

通过各国科研人员半个多世纪的共同努力,沥青路面结构设计的力学-经验法已由构想发展到成熟,在设计思想和框架、材料特性和测试方法、荷载作用和环境因素影响、结构分析方法、结构损坏机理、使用性能预估模型、路面结构的无破损检测、理论和方法的试验验证等方面均取得了较为深入的认识和应用成果。

力学-经验法由力学和经验两方面组成。由于路面材料组成和性质的复杂性和高变异性,荷载作用和环境因素影响的随机性,非工厂化现场施工的质量不稳定性,路面结构设计不可能完全采用纯力学分析的方法,而经验部分便成为调节理论与实践关系的杠杆。材料和结构的理论研究成果为我们提供了正确的思维方法,帮助我们掌握其发展的内在规律和机理,建立各种合理的计算分析和预估模型;通过现场试验或工程经验的标定、验证和调整,使所建立的各种模型和各项参数能得到同实际相吻合的分析结果。

我国沥青路面设计方法以解析法为基础,以路表设计弯沉为主要设计指标,并辅以沥青类层和无机结合料类层的层底容许拉应力验算指标。路表弯沉指标具有整体性、综合性和表观性特性,作为设计指标存在着非唯一性、与路面结构损坏无特定关联以及与各个单项指标难以协调等缺点。路面结构是多层次复合结构,可以由不同的结构层组合,选择不同类型的材料组成,具有不同的应力和应变状况以及相应的损坏形态。因此,沥青路面结构设计宜采用多个单项指标,分别针对和控制相应的特定损坏类型。

1.2 2017 版规范设计方法及变化

21 世纪初,针对我国沥青路面设计方法不能适应公路建设需要的情况,交通运输部先后立项:沥青路面设计指标体系研究、沥青路面设计指标和参数研究(交通运输部西部交通建设科技项目,编号:200431800004)、基于多指标的沥青路面设计方法研究(交通运输部西部交通建设科技项目,编号:200831800099),系统地开展了我国沥青路面设计方法研究,全面解决了以往设计方法难以针对性控制路面各项损坏,难以真实反映路面结构实际承载的交通荷载作用、温湿度等环境影响,难以体现道路材料非线性、黏弹性特性等技术难题,建立了基于多指标的新一代沥青路面设计方法。

自2011年开始,根据交通运输部《关于下达2011年度公路工程标准制修订项目计划的通知》(交公路发〔2011〕115号)要求,历时五年,完成了对2006版规范的修订工作,并于2017年正式颁布实施。2017版规范以国内外近年来研究成果和工程实践为依托,按继承与发展相结合的原则对2006版规范中的交通与气候参数、设计参数、设计指标和相关性能模型进行了系统修订。

1. 指导思想

2017版规范所构建的沥青路面结构设计新指标和参数体系,能够反映沥青路面的结构性能和材料的力学特性以及各级路面不同的使用性能要求,充分考虑行车荷载的作用和环境因素的影响,吸取国内外沥青路面的修筑和使用经验以及已有的研究成果。2017版规范修订过程中具体采用了下述指导思想。

(1) 沥青路面结构设计方法遵循力学-经验法。20世纪50年代以来,我国各版路面设计规范均采用力学方法(解析法)分析路面结构的行车荷载响应,没有考虑过采用经验法,也未进行过建立经验法所依据的足尺路面结构试验,因而缺乏试验研究结果和数据,现今也就无法采用经验法建立沥青路面结构设计方法。国外在20世纪60年代以后,持续开展了解析法和力学经验法的研究工作,提供了许多研究成果以及试验和验证数据,并相应建立了多个结构设计方法。基于现状和发展趋势,决定继续采用力学-经验法的基本思路和要义来构建我国的沥青路面结构设计方法。

(2) 针对沥青路面为多层次的层状复合结构以及损坏类型多样化的特点,采用多个单项设计指标体系,各项指标分别控制对应的损坏类型;按照使用要求和结构层组合特性,针对各等级路面的主要损坏类型选择相应的设计指标和标准;各项指标和标准之间应相互协调,使整个路面结构达到平衡设计的要求。

(3) 各种损坏模型(使用性能分析或预估模型)的建立,以室内试验为基础,限于数据积累,室外标定和验证工作进行了少量路面加速加载试验(Accelerated Loading Facility, ALF),主要依赖国外许多足尺试验路(环道或加速加载试验)和长期使用性能(Long Term Pavement Performance, LTPP)项目的试验和观测数据。在初步建成损坏预估模型后,实际路面使用效果的检验有待今后长期使用和观测,以便在积累经验和数据后对模型的有关系数值进行逐步修正。

(4) 行车荷载作用在设计分析期内对路面的累积损伤,仍采用当量损耗法进行分析,即采用当量设计轴载作用次数、当量温度等概念考虑荷载和环境对路面的损伤影响。虽然美国力学-经验法设计指南采用的增量损伤法(incremental damage),可以计算分析设计期内逐个时段(月)轴载和环境对路面结构的各种损伤,符合荷载和环境对路面结构损伤的渐进性和逐步累积规律,并且也便于对各个损坏模型进行验证分析,但对于新建路面结构的设计,要准确可靠地提供(预估)设计期内各时段的荷载和环境参数并非易事,特别是对于交通荷载迅猛发展的发展中国家更难办到。虽然现在计算工具的运算能力足够强大和快速,在缺乏可靠且可信的参数数据的条件下,所得到的设计结果是难以置信的。因此,与其采用貌似考虑细致、科学而先进的增量损伤法,耗费大量精力进行数据采集和计算分析工作,不如依然采用较为简便且直观的当量损伤法,考虑行车荷载的累积损伤作用和环境因素的影响。

(5) 路基土和路面材料的力学性质指标的选用,应能充分反映它们在行车荷载和环境因素作用下的性状(应力依赖性、温度依赖性和湿度依赖性),并与路面损坏模型中所选用的土和材料的性质变量协调一致。这些性质指标,按现有的认知和发展水平,采用科学的试验方法测定。虽然这样做会带来设备更新、概念和认知的更新以及对新参数值的适应等问题,但它可提供并积累较为科学的试验数据,推动人们对土和材料性质的认识不断深化。

(6) 按所设计项目的重要性(等级)、工程规模和投资量的不同,即设计要求的精确性和可靠程度的不同,对土和材料性质参数的采集要求分为三个水平,分别规定不同精细程度或准确程度的方法。第一水平,制定标准试验规程,通过直接试验测定取得参数数值;第二水平,建立土和材料性质指标与相关物性指标的经验关系,通过较简便的物性指标试验,利用经验关系确定参数数值;第三水平,提供标准条件下的参数参考值,供设计人员直接选用。

(7) 路面结构在交通荷载和环境因素作用下的力学响应,仍利用弹性层状体系理论和相应的解析解程序进行分析。虽然二维或三维有限元数值分析方法和计算程序已相当成熟,具有可以考虑非线性性质的优点,但用于设计仍显得较为繁杂。分析时,土和材料性质参数值的选用须考虑温度和湿度的地区差异(采用当量温度和湿度调整系数)。

2. 设计标准

(1) 路面结构可靠度

沥青路面结构的目标可靠度和目标可靠指标不应低于表 1-5 的规定。

表 1-5　　　　　　　　　　目标可靠度和目标可靠指标

公路等级	高速公路	一级公路	二级公路	三级公路	四级公路
目标可靠度/%	95	90	85	80	70
目标可靠指标 β	1.65	1.28	1.04	0.84	0.52

(2) 设计使用年限

新建沥青路面结构设计使用年限不应低于表 1-6 的要求,应根据公路等级、经济、交通荷载等级等因素综合确定。改建路面结构设计可根据工程实际情况选取适宜的设计使用年限。

表 1-6　　　　　　　　　　路面结构设计使用年限

公路等级	高速公路、一级公路	二级公路	三级公路	四级公路
设计使用年限/年	15	12	10	8

表 1-6 列数值是对新建公路沥青路面结构设计使用年限的最低要求。对于扩建项目,通常要求加铺后路面与拼宽部分新建路面具有相同的设计使用年限。对于在运营期进行结构补强的改建项目,其路面结构设计使用年限的确定较为复杂:可考虑补强后路面达到既有路面的设计使用年限,此时改建路面结构的设计使用年限为既有路面的剩余设计使用年限;也可考虑通过改建延长既有路面结构设计使用年限,此时改建路面结构的设计使用年限为既有路面剩余使用年限加上延长的年限。

（3）设计轴载

路面设计应采用轴重为 100 kN 的单轴-双轮组轴载作为设计轴载，计算参数按表 1-7 确定。应根据路面结构设计使用年限，按 2017 版规范附录 A 确定当量设计轴载累计作用次数。

表 1-7　　　　　　　　　　　　设计轴载的参数

设计轴载/kN	轮胎接地压强/MPa	单轮接地当量圆直径/mm	两轮中心距/mm
100	0.70	213.0	319.5

通过分析 2011 年全国 10 余个省份的轴重数据可知，高速公路超载 30% 以上的货车比例基本在 10% 以下，超载 50% 以上的货车比例基本在 5% 以下。此外，通过轴载换算，可在一定程度上考虑部分超载对路面损坏的影响。因此，设计轴载仍维持轴重为 100 kN 的单轴-双轮组轴载作为设计轴载不变。

路面结构所承受的交通荷载按表 1-8 进行分级。

表 1-8　　　　　　　　　　　　设计交通荷载等级

设计交通荷载等级	极重	特重	重	中等	轻
设计使用年限内设计车道累计大型客车和货车交通量/($\times 10^6$,辆)	≥50.0	50.0～19.0	19.0～8.0	8.0～4.0	<4.0

注：大型客车和货车为 2017 版规范附录 A 中表 A.1.2 所列的 2～11 类车。

路面结构设计采用多项设计指标，不同设计指标分别采用不同的轴载换算参数，从而对应不同的当量设计轴载累计作用次数。如采用当量设计轴载累计作用次数划分交通荷载等级，需针对各设计指标分别提出划分标准，应用不便。此外，不同等级公路设计使用年限不同，日平均交通量无法反映设计使用年限内累计交通量。综上，采用以设计使用年限内累计大型客车和货车交通量之和划分交通荷载等级。考虑到集装箱运输公路和运煤公路等货运通道在轴载、交通组成等方面的特殊性，在原有的四个交通荷载等级的基础上，增加了极重交通荷载等级。

（4）路基顶面回弹模量

路基顶面回弹模量应符合表 1-9 的规定。不满足要求时，应采取改变填料、设置粒料类或无机结合料稳定类路基改善层，或者采用石灰或水泥处理等措施提高路基顶面回弹模量。

表 1-9　　　　　　　　　　路基顶面回弹模量要求　　　　　　　　　（单位：MPa）

交通荷载等级	极重	特重	重	中等、轻
回弹模量≥	70	60	50	40

（5）路面使用性能要求

沥青路面结构使用性能设计指标应满足下列标准：

① 计算的沥青混合料层和无机结合料稳定层的疲劳开裂寿命，均不应小于设计使用年限内当量设计轴载累计作用次数。

② 计算的沥青混合料层永久变形量不应大于表 1-10 所列容许永久变形量。

表 1-10　　　　　　　　沥青混合料层容许永久变形量　　　　　　　　（单位：mm）

基层类型	沥青混合料层容许永久变形量	
	高速、一级公路	二级、三级公路
无机结合料稳定类基层、水泥混凝土基层和底基层为无机结合料稳定类的沥青混合料基层	15	20
其他基层	10	15

③ 路基顶面竖向压应变不应大于计算的容许值。

④ 计算的季节性冻土地区沥青面层低温开裂指数不宜大于表 1-11 所列数值。表中所规定的低温开裂指数要求是路面竣工时的验收标准，只计入路面低温缩裂产生的裂缝，不包含反射裂缝和纵向裂缝。

表 1-11　　　　　　　　　　低温开裂指数要求

公路等级	高速、一级公路	二级公路	三级、四级公路
低温开裂指数 $CI \leqslant$	3	5	7

注：低温开裂指数 CI 是指竣工验收时 100 m 调查单元内横向裂缝条数。贯穿全幅的裂缝按 1 条计；未贯穿且长度超过一个车道宽度的裂缝按 0.5 条计；不超过一个车道宽度的裂缝不计入。

⑤ 高速公路、一级公路以及山岭重丘区二级和三级公路的路面在交工验收时，其抗滑技术指标应满足表 1-12 的技术要求。

表 1-12　　　　　　　　　　抗滑技术要求

年平均降雨量/mm	交工检测指标值	
	横向力系数 SFC_{60}	构造深度 TD/mm
>1000	≥54	≥0.55
500~1 000	≥50	≥0.50
250~500	≥45	≥0.45

注：1. 横向力系数 SFC_{60} 采用横向力系数测试车在 60 km/h±1 km/h 车速下测定。
　　2. 构造深度 TD 采用铺砂法测定。

3. 规范组成与主要变化

2017 版规范由 8 章、7 个附录构成，主要内容包括设计标准、结构组合设计、材料性质要求和设计参数、路面结构验算、改建设计和桥面铺装设计等。较 2006 版规范主要变化有：

（1）规范了轴载谱及交通参数的调查分析方法；
（2）引入了温度调整系数和等效温度；
（3）改变了路面材料的设计参数，调整了相应的测试和取值方法；
（4）增加了沥青混合料层永久变形量、路基顶面竖向压应变和路面低温开裂指数三项设计指标，改进了沥青混合料层和无机结合料稳定层疲劳开裂预估模型，沥青混合料层设计

指标由层底拉应力改为层底拉应变,路表弯沉设计指标改为检验指标;

(5) 梳理了章节安排,突出了结构组合设计要求,规范了术语和符号。

1.3 小结

1. 结论

2017版规范根植于国内长期工程实践和研究成果,同时注意借鉴吸收国际主流设计方法发展趋势,构建了基于力学-经验法的沥青路面设计多指标体系,建立了与力学特性相适应的材料性质参数体系及测试方法,具有可拓展性,并能与国际接轨。2017版规范设计方法创新之处主要包括:

(1) 新指标——沥青层底拉应变、路基顶面压应变、沥青蠕变劲度、蠕变曲线斜率、断裂应变、临界开裂温度。

(2) 新参数——土和粒料重复加载回弹模量、沥青混合料周期加载动态模量、土和粒料湿度调整系数、沥青层底弯拉应变、无机结合料层底弯拉应力、路基顶面压应变的温度调整系数和沥青层永久变形的等效温度。

(3) 新试验规程——沥青弯曲梁流变、直接拉伸、动态剪切流变试验,沥青混合料疲劳、轮辙、动态压缩模量试验,无机结合料稳定材料单轴压缩弹性模量试验,土和粒料动态三轴压缩模量试验。

2. 存在的不足与建议

2017版规范设计方法存在的主要不足有:

(1) 损坏模型有待试验路段观测和使用经验的进一步验证、修正。

(2) 材料性质参数有待提高类型代表性和试验数据量。

(3) 无机结合料层损坏模型的修正和弹性模量衰变规律需要进一步研究探索。

据此,建议今后需继续研究的内容主要包括:

(1) 无机结合料类结构层:室内试件与结构层疲劳寿命的差异、模量衰变规律和结构层疲劳损坏标准。

(2) 沥青面层低温缩裂开裂量预估模型的补充验证和修正。

(3) 粒料的永久变形还需进行长期试验研究。

(4) 既有路面结构层性能评价及模量反算需继续研究。

3. 展望

(1) 2017版规范设计方法是基于中国21世纪初以来经济、社会、自然环境、研究成果及工程实践,并吸纳了欧美研究成果和工程经验的基础上建立的,是地域和历史阶段的产物,并不完善,需要不断地完善和修订。

(2) 规范指导设计,但不能成为设计的桎梏。设计方法和设计规范应用要注意与当地的环境、地质、材料和工程实践相结合,不能生搬硬套,有条件的地方应制定设计细则。

(3) 借助互联网、大数据和云计算技术创新,沥青路面领域应努力推动国家沥青路面数据系统性积累和分析,实现共享、共用。

(4) 随着路面主动感知技术、自主适应技术、信息交互技术能量收集与利用技术、智能建造与管养技术、生态与环保技术的逐渐成熟,绿色智能路面将会不断地得到应用和发展。

(5) 沥青路面既有理论、结构、材料及工艺面临着前所未有的人类认知瓶颈,同时也孕育着实现重大突破的历史性时机,应该摒弃一切传统的思维惯式,解放思想,积极创新,寻求突破。

第 2 章
交通荷载分析

交通荷载是路面结构分析和设计中最重要的内容之一,同时也是最难准确预测的因素。我国之前的路面结构设计方法是将混合交通换算成当量轴载作用次数。当量轴载作用次数是以对路面结构造成相同的破坏为原则,将路面实际承受的混合交通换算成标准轴载的作用次数。当量轴载换算受路面结构类型、结构厚度、轴载类型、路面损坏类型及性能指标等诸多因素的影响。

在我国之前的沥青路面设计方法中,各类车辆代表车型的轴重取典型值,而典型轴重值的选取有很大的随意性,经常根据许多年前调查得到的少量数据来确定,这使得利用当量轴载换算公式时对系数的取值造成较大的误差,从而造成计算的当量轴载作用次数不能很好地反映实际情况。实际上,各类车辆的轴重值是在不同轴重区间上的分布函数。由于我国不同地区在经济发展水平、经济特征、交通管理政策等方面有所不同,使得不同地区、不同等级道路上的交通荷载特性不可避免地存在着差别。同时,我国公路网中车辆超载现象越来越成为道路界关注的一个重点。所以有必要在我国不同地区、不同等级道路上连续收集车辆类型及轴重数据,分析这些交通量及轴重数据就可以得到各类车辆的类型分布系数、各种轴型的轴重分布系数(轴载谱)、交通量的大小及增长情况等。利用这些实测的数据进行当量轴载换算,就可以得到能反映实际情况的当量轴载换算系数,从而更客观和精确地反映交通荷载特性,为更合理地进行路面结构设计提供依据。本章主要介绍 2017 版沥青路面设计规范采用的交通荷载分析方法。

2.1 交通荷载数据调查与整理

交通荷载数据可通过交通量观测、车辆自动识别仪、称重仪等手段采集,称重仪包括静态称重仪和动态称重仪(Weight-In-Motion,WIM)。静态称重仪有固定式和移动式,使用静态称重仪,需要阻断交通,通常只能选择交通流中的部分车辆进行称重,所得结果可能不能全面地反映道路的交通荷载特性,且需要花费较多的人力和时间,效率较低。动态称重仪通常使用的测量传感器类型有弯板式、压电式和电容式等。动态称重仪分为低速动态称重仪(LS-WIM)和高速动态称重仪(HS-WIM),低速称重仪通常是在行车速度为 5~10 km/h 时进行称重,这种称重仪经常被用在收费站、称重站等。高速称重仪是对正常行驶速度下的车辆进行称重,这种称重仪对交通流没有任何干扰,可以对交通荷载数据实现连续、自动的采集,但是高速称重仪的精度受路面平整度、路面结构特性等因素的影响,所以对这类设备的标定工作就显得尤为重要。

采集的交通荷载数据主要包括车辆类型和数量,以及每个车辆的轴载数量、轴载类型、轴载重量、轮胎组成、速度、通过断面时间等。对采集到的交通荷载数据,按照表 2-1 和表 2-2 对轴型进行分类和编号。

表 2-1　　　　　　　　　　　　　轴型及编号

编号	轴载说明	编号	轴载说明
1	单轴(每侧单轮胎)	5	双联轴(每侧双轮胎)
2	单轴(每侧双轮胎)	6	三联轴(每侧单轮胎)
3	双联轴(每侧单轮胎)	7	三联轴(每侧双轮胎)
4	双联轴(每侧各一单轮胎、双轮胎)		

表 2-2　　　　　　　　　　　　　轴型及编号图示

编号	描述	示例
1	单轴单胎	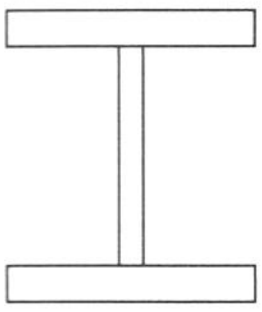
2	单轴双胎	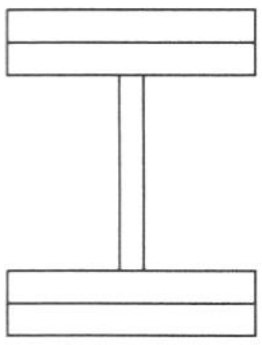
3	双联轴单胎	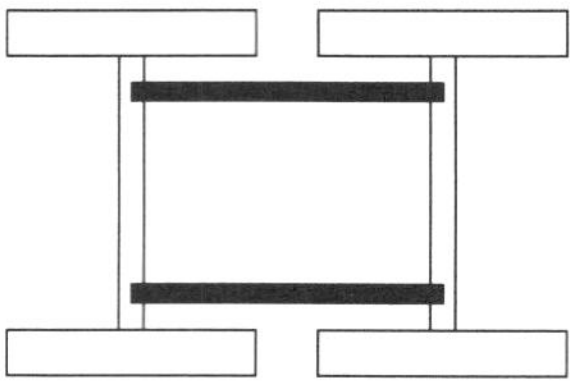
4	双联轴单、双胎	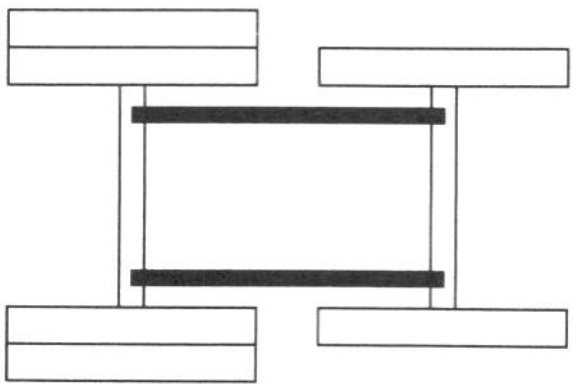
5	双联轴双胎	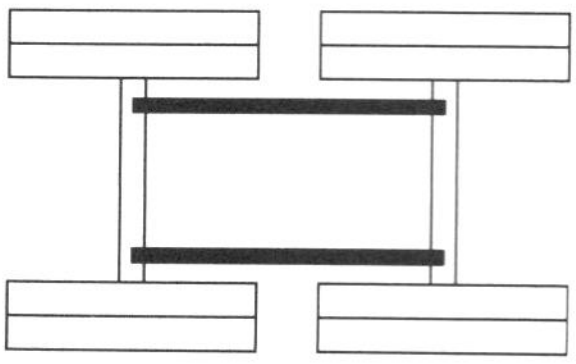

(续表)

编号	描述	示例
6	三联轴单胎	
7	三联轴双胎	

按轴型的组成及排列对车辆进行编号,即将车辆按照上述轴型进行描述,就可以确定该种车辆的轴型组成情况,比如"12"车型代表该车是由一个"1"型轴(单轴单轮胎)和一个"2"型轴(单轴双轮胎)组成。"157"车型则有一个"1"型轴(单轴单轮胎)、一个"5"型轴(双联轴双轮胎)和一个"7"型轴(三联轴双轮胎)组成。这种编号方法可以精确地反映车辆的轴载组成特性。对收集到的数据按照表2-3的格式进行整理,然后进行后续分析。

表2-3　　　　　　　　　　交通荷载数据整理格式

字段编号	字段名	备注
1	省市代码	
2	断面代码	
3	上行、下行	上行:1,下行:2
4	车道代码	
5	通过时间	示例:2007-12-17 11:28
6	车速	
7	客货车类型	客车:1,货车:2
8	车辆分类	
10	车轴类型编号	如表2-1和表2-2所示
11	车轴重量	单位为kg
12	车轴类型编号	
13	车轴重量	
…	……	按车轴组成依次记录

2.2 车辆分类

在我国各地的工程实践中,在进行当量轴载换算时,通常是将混合交通流中的车辆分成6种类型,比如小客车、大客车、小货车、中货车、大货车和集装箱车,并为每一类型车辆选一个代表车型及其典型轴重值。将所有车辆仅分为6种类型的方法可能对交通组成的度量过于粗糙,这样的分类方法可能会将轴载组合相差很大的车型归入同一类型中,导致每一车辆类型的标准车型并不具备很好的代表性。

我国目前公路网中车辆的轴载形式多种多样,这些轴载形式在各种车辆中又具有不同的数目及次序组合。所以,为了精确地描述交通荷载特性,有必要对车辆类型进行重新划分,以将荷载特性明显不同的车辆归入不同的类型。车辆分类越多,则对交通组成特性的度量越精确,这样计算得到的当量轴载作用次数越接近于真实情况。然而,车辆分类类别过多,将使数据的分析处理过于繁琐,不利于工程实际应用。因此,有必要根据我国公路网中的交通流实际组成情况,确定合理的车辆分类类型,并对分类方法和标准进行严格的定义,这样既能较精确地描述交通流的组成特性,又便于工程应用。

2.2.1 国外车辆分类

图 2-1 给出了美国联邦公路局(Federal Highway Administration,FHWA)的车辆分类系统。该分类系统被美国最新推出的路面力学-经验设计方法(Mechanistic-Empirical Pavement Design Guide,MEPDG)采用。在该分类系统中,所有车辆共分为 13 种类型。在 FHWA 车辆分类系统中,由于 1,2,3 类车重量轻,对路面的破坏可以忽略不计,所以 MEPDG 设计方法中只考虑第 4~13 类车辆。

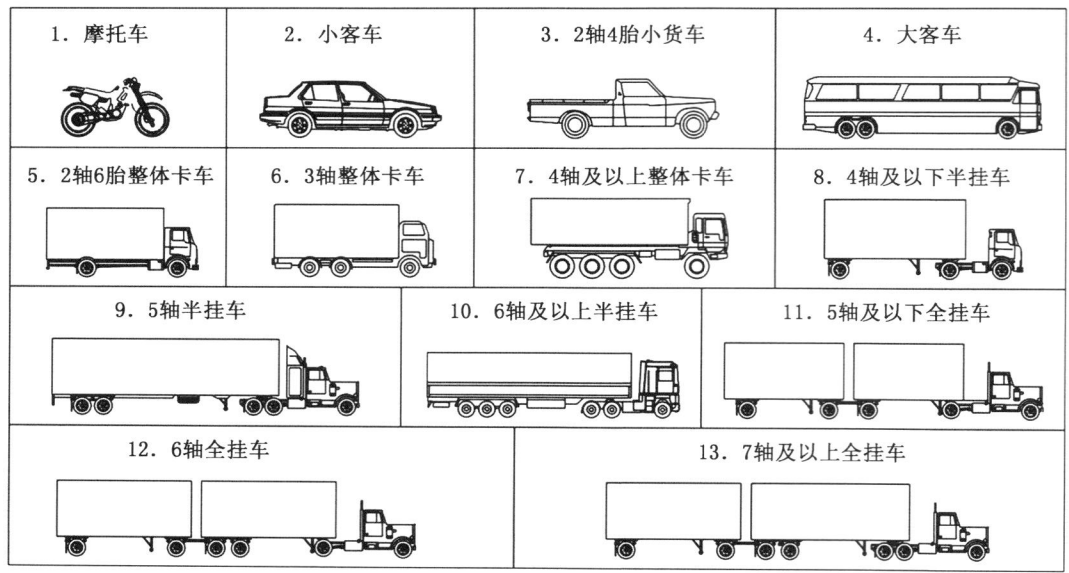

图 2-1 美国联邦公路局(FHWA)的车辆分类系统

图 2-2 给出了澳大利亚沥青路面设计方法中的车辆分类系统。该分类系统按挂车类型、轴载类型、轴载数目等因素分为 12 级,设计时需要确定各种轴载在总交通流中的百分比。此外,按一定间隔对轴重进行区间划分,并确定各种轴载类型在各轴重区间上的分布百分比。

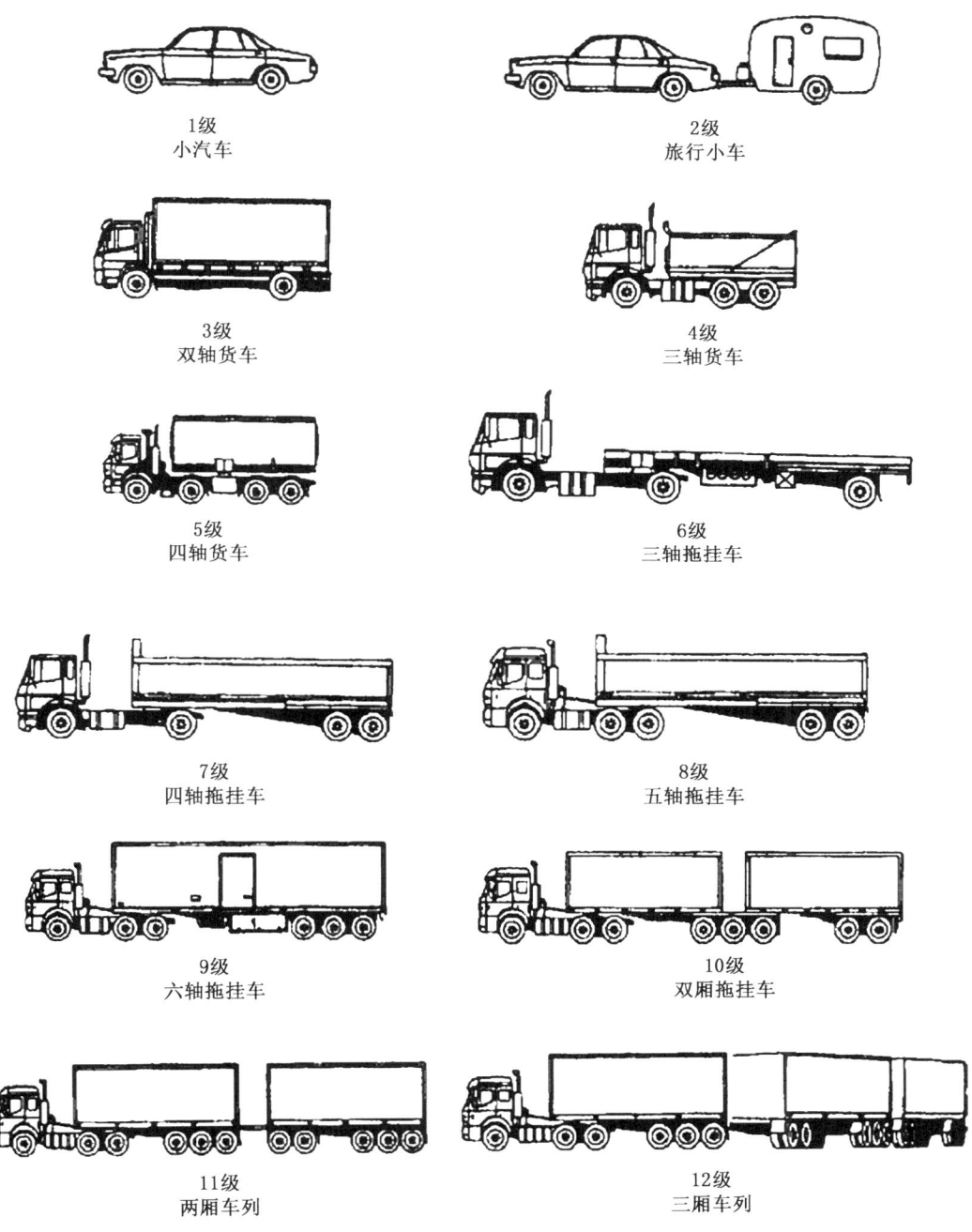

图 2-2　澳大利亚车辆分类系统

2.2.2 2017版规范车辆分类

车辆分类方法中车辆类别越多,则对交通组成特性的度量越精确。然而,车辆分类类别过多,将使数据的收集和分析过于繁琐,不利于工程实际应用。目前国外在路面结构设计方法中对车辆进行分类时,通常先按车辆的整体构造(整体车、半挂车、全挂车)进行区分,然后对每一种车辆再按其轴数进行细分,比如2.2.1节中介绍的美国FHWA的分类方法及澳大利亚的分类方法。对车辆进行分类的主要目的是将对路面结构破坏作用相近的车辆归入一类,从而可以更客观地描述交通荷载特性,使得路面结构设计结果的可靠性更高。为此,除了以上两个标准之外,还应分析不同车辆对路面的破坏作用,而不同车辆对路面的破坏作用可以用当量轴载换算系数(Equivalent Axle Load Factor,EALF)来反映。

在确定车辆分类方法中,对所占比例很小的车辆不做单独划分,将其与相近车辆合并,其余车辆按照车辆整体构造、轴组组成及对路面的破坏作用进行分类。通过对实测交通荷载数据的分析,表明11型车是我国公路网中的一个主要车型,虽然11型车在路面结构设计中可不予考虑,但为了明确现场交通整体组成,需要确定其比例,所以将11型车划为一类。在11型以上的整体车中,我国客车、12型车及15型车所占比例均较大,应各自单独划为一类。虽然我国17型车所占比例较小,但考虑到17型是具有三联轴的整体车,所以将其划为一类。对于半挂车,澳大利亚分类方法中将122型单独分为一类,而美国FHWA分类方法中则是将其与125型归为一类。由我国实测数据分析结果可知,我国122型比例很小,可将其与125型归为一类。155型和127型为轴数相同的半挂车,分析表明,这两种车辆对路面的破坏作用相差不大,且155型所占比例较小,所以将127型和155型归为一类。

我国车辆组成的一个特点是双前轴整体车或半挂车数量较多,分析表明,双前轴车辆对路面的破坏作用大于轴组组成相近的单前轴车辆,所以把双前轴的整体车和半挂车划为两个类型。对于全挂车,在我国只能在非高速道路上行驶,主要为1522型和1222型,因为我国公路网中全挂车的数量很少,且挂车基本上为22型,没有必要对全挂车再进行细分,所以将全挂车归为一种车型。综合以上分析,最终得到如表2-4所示的我国公路网中的车辆分类方法。

表2-4　　　　　　　　　　2017版规范车辆分类系统

车型编号	说明	主要车型及图示		其他车型
1类	2轴4轮车辆	11型车		
2类	2轴6轮及以上客车	12型客车		15型客车
3类	2轴6轮整体式货车	12型货车		

（续表）

车型编号	说明	主要车型及图示		其他车型
4 类	3 轴整体式货车（非双前轴）	15 型		
5 类	4 轴及以上整体式货车（非双前轴）	17 型		
6 类	双前轴整体式货车	112 型 115 型		117 型
7 类	4 轴及以下半挂货车（非双前轴）	125 型		122 型
8 类	5 轴半挂货车（非双前轴）	127 型 155 型		
9 类	6 轴及以上半挂货车（非双前轴）	157 型		
10 类	双前轴半挂式货车	1127 型		1122 型 1125 型 1155 型 1157 型
11 类	全挂货车	1522 型 1222 型		

2.3 交通荷载参数

1. 交通量及增长率

公路初期交通量和其他参数可参照可行性研究报告等有关交通量预测资料，结合当地交通观测站的观测和统计资料，或通过实地设立站点进行观测和统计。交通量的年平均增长率可根据公路等级和功能以及地区经济和交通发展情况等，通过调查分析确定。

2. 方向系数

方向系数是指某一个行驶方向上 2～11 类车辆数量在双向 2～11 类车辆数量中所占的比例。方向系数宜根据不同方向上实测交通量数据确定，无实测数据时可在 50%～60% 范围内选取。

3. 车道系数

车道系数是指某一车道上 2～11 类车辆数量在该方向 2～11 类车辆数量中所占的比例。车道系数可按三个水平确定：水平一，根据现场交通量观测资料统计设计方向不同车道上车辆的数量，确定车道系数；水平二，采用当地的经验值；水平三，采用表 2-5 的推荐值。改建设计应采用水平一，新建路面设计可采用水平二或水平三。

表 2-5　　　　　　　　　　　　　　　车道系数

单向车道数	1	2	3	≥4
高速公路	—	0.70～0.85	0.45～0.60	0.40～0.50
其他等级公路	1.00	0.50～0.75	0.50～0.75	—

注：交通受非机动车和行人影响严重时取低值，反之取高值。

4. 车辆类型分布系数

车辆类型分布系数是指 2～11 类车辆中，各类型车辆的数量在 2～11 类所有车辆数量中所占的百分比。车辆类型分布系数可按三个水平确定：水平一，根据交通观测资料分析 2～11类车型所占的百分比，得到车辆类型分布系数；水平二，根据交通历史数据或经验数据按表 2-6 确定公路 TTC 分类，采用该 TTC 分类车辆类型分布系数当地经验值；水平三，根据交通历史数据或经验数据按表 2-6 确定公路 TTC 分类，采用表 2-7 规定的车辆类型分布系数。改建设计应采用水平一，新建路面设计可采用水平二或水平三。

表 2-6　　　　　　　　　　　公路 TTC 分类标准(%)

TTC 分类	整体式货车比例	半挂式货车比例
TTC1	<40	>50
TTC2	<40	<50
TTC3	40～70	>20
TTC4	40～70	<20
TTC5	>70	—

注：表中整体式货车为表 2-4 中 3～6 类车，半挂式货车为表 2-4 中 7～10 类车。

表 2-7　　　　　　　　　不同 TTC 分类车辆类型分布系数(%)

车辆类型	2 类	3 类	4 类	5 类	6 类	7 类	8 类	9 类	10 类	11 类
TTC1	6.4	15.3	1.4	0.0	11.9	3.1	16.3	20.4	25.2	0.0
TTC2	22.0	23.3	2.7	0.0	8.3	7.5	17.1	8.5	10.6	0.0
TTC3	17.8	33.1	3.4	0.0	12.5	4.4	9.1	10.6	8.5	0.7
TTC4	28.9	43.9	5.5	0.0	9.4	2.0	4.6	3.4	2.3	0.1
TTC5	9.9	42.3	14.8	0.0	22.7	2.0	2.3	3.2	2.5	0.2

5. 平均轴数

平均轴数是指 2～11 类车辆中，每一种车型各种类型轴（单轴单胎/方向轴、单轴双胎、双联轴、三联轴)数量的平均值。平均轴数宜根据实测交通量数据确定。

6. 轴重分布系数(轴载谱)

轴重分布系数是指对给定的车型和轴载类型,轴重位于一定轴重区间的轴数在总轴数中所占的百分比,轴载分布系数从整体上精确地描述了轴载的重量分布情况。为了确定轴重分布系数,首先需要对各种轴型选择合适的轴重间隔,轴重间隔选择得越小,对轴重分布的描述越精确,但同时在使用时也越繁琐。轴重间隔选择过大时,会引起较大的分析误差。计算分析表明,单轴单胎、单轴双胎、双联轴、三联轴的轴重间隔可分别取 2.5 kN, 4.5 kN, 9.0 kN, 13.5 kN,这样既可保证分析的精度,又便于使用。

2.4 车辆当量设计轴载换算

2.4.1 当量轴载换算公式

当量轴载换算是将混合交通中不同轴重、不同轴组形式的轴载作用次数根据当量破坏的原则转化为设计轴载的作用次数。设计轴载的各参数如表 2-8 所示。

表 2-8　　　　　　　　　　　设计轴载参数

标准轴载 P/kN	100
轮胎接地压强 p/MPa	0.7
单轮传压面当量圆直径 d/cm	21.3
两轮中心距/cm	$1.5d$

设计轴载 P_s 在路面结构上作用一次所产生的损伤为 $D_s(=1/N_{fs})$,轴载 P_i 在同一个路面结构上作用一次所产生的损伤为 $D_i(=1/N_{fi})$。按损伤等效原则,轴载 P_i 作用 N_i 次所产生的损伤等于设计轴载 P_s 作用 N_s 次的损伤,即 $N_i D_i = N_s D_s$,则轴载换算系数 EALF 可由下式得到:

$$EALF_i = \frac{N_s}{N_i} = \frac{D_i}{D_s} = \frac{N_{fs}}{N_{fi}} \tag{2-1}$$

式中　$EALF_i$——轴载 P_i 作用次数转换为设计轴载 P_s 作用次数的当量轴载换算系数;
　　　N_{fs}, N_{fi}——设计轴载 P_s 和轴载 P_i 作用下路面结构达到某类使用性能损坏标准的寿命(作用次数),N_{fs}, N_{fi} 利用性能模型计算得到。

各类损坏的使用寿命 N_f 是路面结构、材料相关参数以及应力或应变变量 R 的函数,R 是轴载 P 作用下路面结构的力学响应量,由下式得到:

$$R = p\bar{\phi} \tag{2-2}$$

式中　p——作用压力;
　　　$\bar{\phi}$——应力或应变量系数,由弹性层状体系理论计算得到。

对于同一个路面结构而言,结构层厚度和材料力学参数不变,当轴载 P_i 也是单轴双轮组时,则式(2-2)中的应力或应变量系数 $\bar{\phi}$ 为一常量。因此,式(2-1)可改写为

$$EALF_i = \frac{N_s}{N_i} = \frac{D_i}{D_s} = \frac{N_{fs}}{N_{fi}} = \left(\frac{R_i}{R_s}\right)^b = \left(\frac{P_i}{P_s}\right)^b = \left(\frac{p_i}{p_s}\right)^b \tag{2-3}$$

式中 R_i, R_s——轴载 P_i 和设计轴载 P_s 所产生的关键应力或应变变量,如沥青层底面拉应变、沥青层不同位置竖向压应力、无机结合料结构层底面拉应力、路基顶面压应变等;

b——各类损坏预估模型中应力或应变变量项的幂乘数。

当 P_i 为单轴单轮组时,由于荷载模式不同,应力或应变量系数 $\bar{\phi}$ 和设计轴载的不同,则式(2-3)变为

$$\begin{cases} EALF_i = \dfrac{N_{fs}}{N_{fi}} = \left(\dfrac{R_i}{R_s}\right)^b = \left(\dfrac{p_i \bar{\phi}_i}{p_s \bar{\phi}_s}\right)^b = \left(\dfrac{2P_i \bar{\phi}_i}{P_s \bar{\phi}_s}\right)^b = a_1 \left(\dfrac{P_i}{P_s}\right)^b \\ a_1 = k \left(\dfrac{\bar{\phi}_i}{\bar{\phi}_s}\right)^b \end{cases} \tag{2-4}$$

式中 a_1——100 kN 的单轴单轮组相对于设计轴载的当量轴载换算系数,a_1 也称为轮组系数,对于双轮组,$a_1 = 1$。

当 P_i 为并联轴时,情况则比较复杂。图 2-3 中给出了当一个三联轴通过路面结构某一点时,在该点引起的响应波形曲线。为了确定当量换算系数,需要确定该响应曲线的有效响应。有效响应是指在性能模型中用于计算使用寿命的响应。用 R_1, R_2, R_3 来表示三联轴中三根轴分别引起的有效响应。根据性能模型,该三联轴作用一次引起的路面破坏可由下式得到:

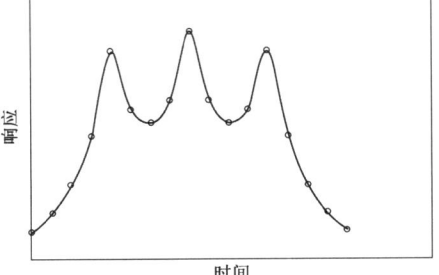

图 2-3 三联轴作用下路面结构内典型响应曲线

$$D = A(R_1)^b + A(R_2)^b + A(R_3)^b = A \sum_{i=1}^{n} R_i^b \tag{2-5}$$

式中 n——并联轴中轴的个数,双联轴,$n=2$,三联轴,$n=3$。

为便于表达,引入并联轴参考轴载的概念,双联轴的参考轴载是由两根设计轴载(BZZ-100)组成的双联轴,三联轴的参考轴载是由三根设计轴载组成的三联轴。一根总轴重为 P_{bi} 的并联轴相对于其参考轴载的当量轴载换算系数为

$$k_{bi} = \left(\frac{P_{bi}}{P_{br}}\right)^b \tag{2-6}$$

式中 P_{br}——并联轴参考轴载的轴重,$P_{br} = n \times 100$。

并联轴参考轴载相对于设计轴载的当量换算系数为

$$a_2 = \sum_{i=1}^{n} \left(\frac{R_{bi}}{R_r}\right)^b \tag{2-7}$$

式中 R_{bi}——并联轴参考轴载的有效力学响应;

R_r——设计轴载的有效力学响应。

一根总轴重为 P_{bi} 的并联轴相对于设计轴载的当量轴载换算系数为

$$EALF_i = a_2 \left(\frac{P_{bi}}{n \times 100}\right)^b \tag{2-8}$$

式中 a_2——轴型系数,是并联轴参考轴载相对于设计轴载的当量换算系数。

综合以上不同轴组的换算公式,可以得到以下一般的当量轴载换算公式:

$$EALF_i = a_1 a_2 \left(\frac{P_i}{n \times 100}\right)^b \tag{2-9}$$

式中 a_1——轮组系数。对于双轮组,$a_1 = 1$。

a_2——轴型系数。对于单轴,$a_2 = 1$。

P_i——单轴或并联轴的总轴重(kN)。

n——所分析轴载中轴的个数。单轴,$n=1$;双联轴,$n=2$;三联轴,$n=3$。

2.4.2 轴型系数

当并联轴通过路面结构某一点时,相距一定距离的两根轴或多根轴在不同深度处产生的力学响应波形之间会干涉或叠加。图 2-4 和图 2-5 给出了三联轴作用下两种典型的力学响应波形曲线。

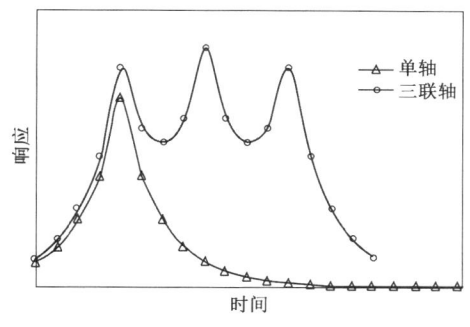

图 2-4 响应波形曲线(形式 1)

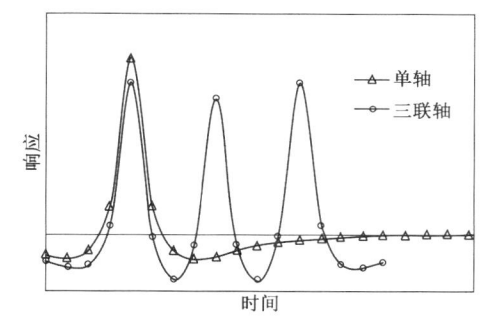

图 2-5 响应波形曲线(形式 2)

由于并联轴作用下响应波形曲线的复杂性,在路面分析和设计中,性能模型采用哪个响应值对分析结果有较大的影响。下面介绍常用的几种有效响应确定方法。

1. 多峰值法

在多峰值法中,取并联轴中各个曲线峰值为有效响应值。多峰值法又分为两种类型(A 型和 B 型),A 型多峰值法的有效响应如图 2-6 和图 2-7 所示。在 B 型多峰值法中,当响应曲线始终为正时,有效响应和 A 型一样,如图 2-6 所示。当响应曲线正负交替

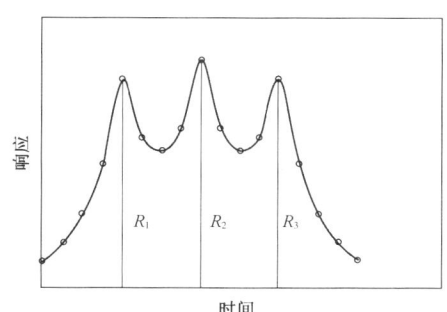

图 2-6 A 型多峰值法有效响应示意图一

时,有效响应如图 2-8 所示。

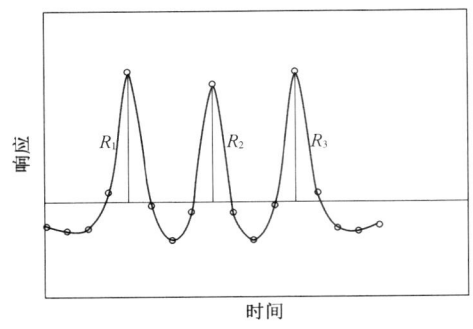

图 2-7　A 型多峰值法有效响应示意图二

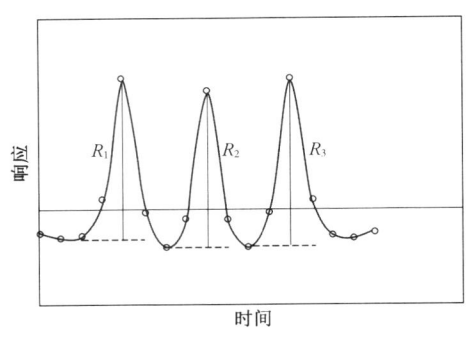

图 2-8　B 型多峰值法有效响应示意图

2. 峰值-中点法

峰值-中点法取每一个波峰和前一个波谷的差值为有效响应值。峰值-中点法同样也分为 A 型和 B 型,A 型峰值-中点法的有效响应如图 2-9 和图 2-10 所示。可见,当响应曲线正负交替时,A 型峰值-中点法的有效响应曲线和 A 型多峰值法的相同。当响应曲线始终为正时,B 型峰值-中点法的有效响应曲线和 A 型峰值-中点法的相同,如图 2-9 所示。当响应曲线正负交替时,B 型峰值-中点法的有效响应如图 2-11 所示。

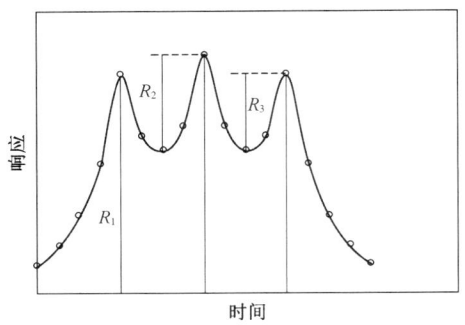

图 2-9　A 型峰值-中点法有效响应示意图一

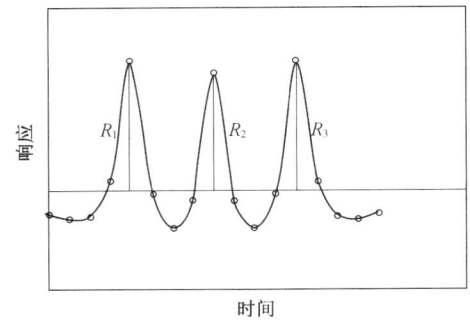

图 2-10　A 型峰值-中点法有效响应示意图二

3. 单峰值法

单峰值法中取响应曲线的最大值为有效响应。对于并联轴,单峰值法只有一个有效响应。单峰值法也分为 A 型和 B 型。A 型单峰值法的有效响应如图 2-12 和图 2-13 所示。当响应曲线始终为正时,B 型单峰值法的有效响应曲线和 A 型单峰值法的相同。当响应曲线正负交替时,B 型单峰值法的有效响应如图 2-14 所示。

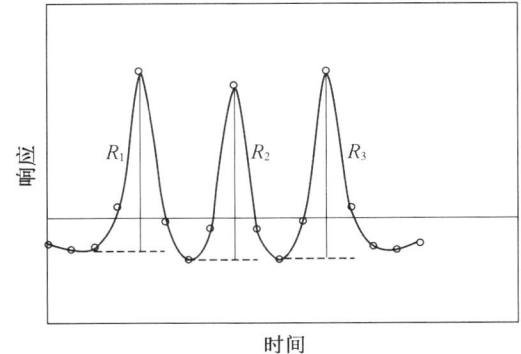

图 2-11　B 型峰值-中点法有效响应示意图

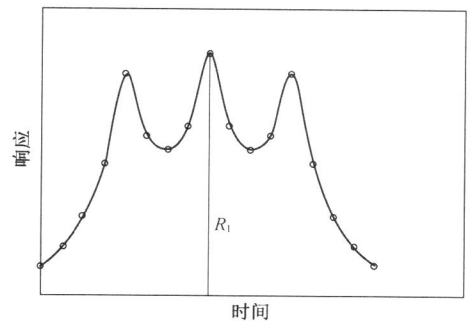

图 2-12　A 型单峰值法有效响应示意图一

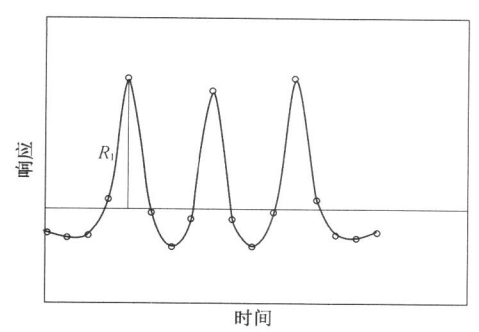

图 2-13　A 型单峰值法有效响应示意图二

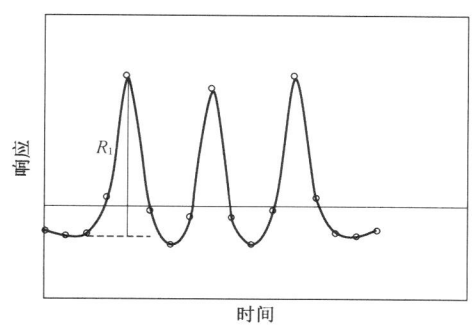

图 2-14　B 型单峰值法有效响应示意图

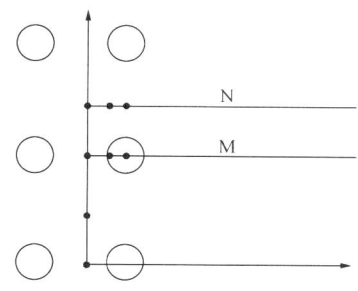

图 2-15　KENLAYER 法示意图

4. KENLAYER 法

KENLAYER 法是美国 Y. H. Huang 教授在 KENLAYER 路面分析和设计软件中采用的方法。对于双联轴，KENLAYER 法的有效响应曲线和 A 型峰值-中点法的相同。对于三联轴，如图 2-15 所示，KENLAYER 法首先计算 M 线上三个点的响应，取其最大值 R_a，然后确定 N 线上对应位置的响应 R_b，则有效响应分别为 R_a，$R_a - R_b$，$R_a - R_b$。

5. 等效厚度法

等效厚度法最初由美国工程师兵团提出，后经 NCHRP1-37A 课题组修改后用于 AASHTO 2002 设计方法中。以双联轴为例，如图 2-16 所示，该方法认为，在靠近路表面处，两个轴的响应没有重叠，每一个轴都形成一个响应峰值；在路面较深处，两个轴产生的响应开始重叠，在 2 倍轴距以下，响应完全重叠。在响应完全重叠区域，两个轴将产生一个合成的响应脉冲峰值；在响应部分重叠区域，响应脉冲峰值的个数随深度而变化。对于三联轴可以进行类似的分析。

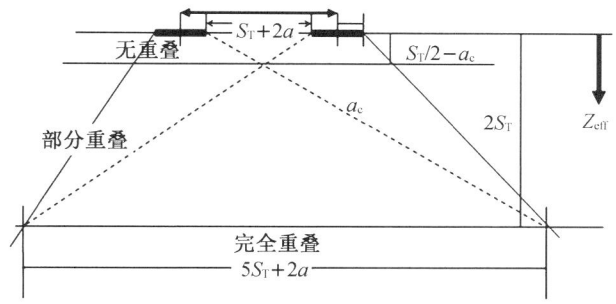

图 2-16　双联轴下应力峰值个数图示

响应峰值个数 N 由以下公式计算：

$$\lg N = a \lg Z_{\text{eff}} + b \quad (2\text{-}10)$$

式中 Z_{eff}——有效深度；

a, b——系数，是路面结构及轴组参数的函数。

为了确定有效深度，需要确定路面结构的等效厚度。路面结构在荷载作用下，应力由上到下扩散传播，每一层材料扩散荷载的能力是该层材料模量的函数，模量越大，扩散能力越强。等效厚度法将路面结构转化为各层模量均为土基模量、厚度为等效厚度的结构，并认为在等效路面结构中，应力沿 45° 角传播，进而得到路面结构不同深度处的有效深度。NCHRP1-37A 报告中给出了详细的计算公式和步骤。

轴型系数与路面结构、材料参数、性能指标等有关，也受有效力学响应确定方法的影响。针对大量的路面结构与材料组合工况，分析了不同性能指标下的轴型系数，表明采用不同有效力学响应确定方法得到的结果差别较大。对各种工况下的结果进行综合分析，取较大的轴型系数以策安全，最终得到轴型系数推荐值，如表 2-9 所示。

表 2-9　　　　　　　　　　　　　　轴型系数推荐值

设计指标	轮-轴型	a_2 取值
沥青混合料层层底拉应变 沥青混合料层永久变形量	双联轴	2.1
	三联轴	3.2
路基顶面竖向压应变	双联轴	4.2
	三联轴	8.7
无机结合料稳定层层底拉应力	双联轴	2.6
	三联轴	3.8

2.4.3　轮组系数

轮组系数与有效力学响应波形有关，具体形式可以分为 A 型和 B 型。峰值法 A 型中有效力学响应如图 2-17 和图 2-18 所示。当响应始终为正时，峰值法 B 型的有效力学响应和 A 型相同，如图 2-17 所示；当应正负交替时，峰值法 B 型的有效力学响应如图 2-19 所示。

针对不同的路面结构设计指标，分析了大量路面结构与材料参数的组合工况，表明有效

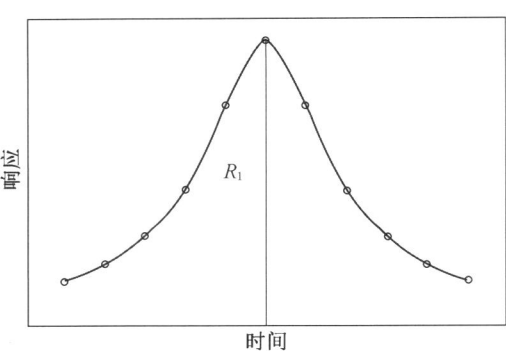

图 2-17　单轴峰值法 A 型有效响应示意图一

响应确定方法对轮组系数的影响并不明显，其中峰值法 A 型得到的轮组系数稍大。对各种工况结果进行综合分析，得到单轮组时轮组系数 $a_1 = 4.5$，双轮组时轮组系数 $a_1 = 1.0$。

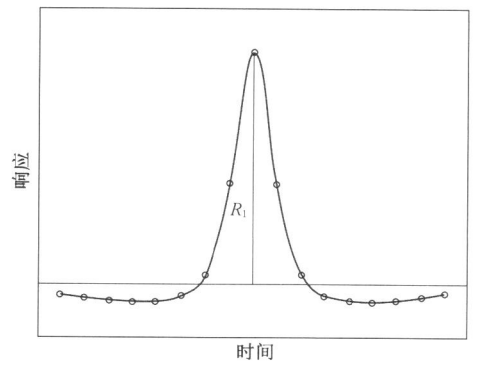
图 2-18 单轴峰值法 A 型有效响应示意图二

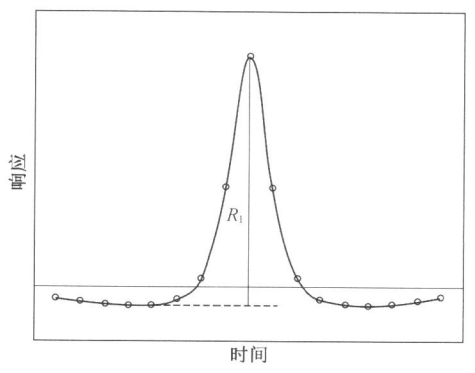
图 2-19 单轴峰值法 B 型有效响应示意图

2.4.4 当量设计轴载累计作用次数计算

2.4.4.1 当量设计轴载换算系数

在路面结构设计中,当量设计轴载累计作用次数是一个重要参数。为了准确确定当量设计轴载累计作用次数,需要确定各种车辆的当量轴载换算系数。目前在我国不少工程实践中,由于缺少现场实测轴重数据,工程师经常根据许多年前调查得到的少量车辆轴重数据来确定当量轴载换算系数,或者采用其他地区的换算系数,特别是在进行新建路面结构设计时,由于没有历史轴重数据,当量轴载换算系数选取有很大的随意性,从而造成计算的当量轴载作用次数不能很好地反映实际情况。

2017 版规范提出了各种车型当量轴载换算系数的新方法,可反映不同道路的交通荷载特点,并给出了推荐值,为工程应用提供方便。各类车辆当量设计轴载换算系数可按下列三个水平确定,高速公路和一级公路的改建设计应采用水平一,其他情况可采用水平二或水平三。

1. 水平一

采用称重设备连续采集设计车道上车辆类型、轴型组成和轴重数据,按下列步骤分析各类车辆当量换算系数。

(1) 分别统计 2~11 类车辆单轴单胎、单轴双胎、双联轴和三联轴的数量,再除以各类车辆总量,按式(2-11)计算各类车辆中不同轴型的平均轴数。

$$NAPT_{mi} = \frac{NA_{mi}}{NT_m} \tag{2-11}$$

式中 $NAPT_{mi}$——m 类车辆中 i 种轴型的平均轴数;
NA_{mi}——m 类车辆中 i 种轴型的总数;
NT_m——m 类车辆总数;
i——指代单轴单胎、单轴双胎、双联轴和三联轴;
m——图 2-4 所列的 2~11 类车辆。

（2）按式(2-12)计算 2～11 类车辆不同轴型在不同轴重区间所占的百分比,得到不同轴型的轴重分布系数,即轴载谱。确定轴载谱时,单轴单胎、单轴双胎、双联轴和三联轴应分别间隔 2.5 kN,4.5 kN,9.0 kN,13.5 kN 划分轴重区间。

$$ALDF_{mij} = \frac{ND_{mij}}{NA_{mi}} \tag{2-12}$$

式中 $ALDF_{mij}$——m 类车辆中 i 种轴型在 j 级轴重区间的轴重分布系数;

ND_{mij}——m 类车辆中 i 种轴型在 j 级轴重区间的数量;

NA_{mi}——m 类车辆中 i 种轴型的数量。

其他符号意义同式(2-11)。

（3）按式(2-13)计算 2～11 类车辆各种轴型在不同轴重区间的当量设计轴载换算系数,计算时取各轴重区间中点值作为该轴重区间代表轴重。

$$EALF_{mij} = a_1 a_2 \left(\frac{P_{mij}}{P_s}\right)^b \tag{2-13}$$

式中 P_s——设计轴载(kN)。

P_{mij}——m 类车辆中 i 种轴型在 j 级轴重区间的单轴轴载(kN)。对于双联轴和三联轴,为平均分配到每根单轴的轴载重量。

b——换算指数。分析沥青混合料层疲劳和沥青混合料层永久变形时,$b=4$;分析路基永久变形时,$b=5$;分析无机结合料稳定层疲劳时,$b=13$。

a_1——轮组系数,双轮组时 $a_1=1.0$,单轮时 $a_1=4.5$。

a_2——轴组系数。单轴时 $a_2=1.0$;前后轴间距大于 3 m 时,分别按单轴计算;轴间距小于 3 m 时,按并联轴计算,a_2 按表 2-10 取值。

表 2-10 轴型系数取值

设计指标	轮-轴型	a_2 取值
沥青混合料层层底拉应变 沥青混合料层永久变形量	双联轴	2.1
	三联轴	3.2
路基顶面竖向压应变	双联轴	4.2
	三联轴	8.7
无机结合料稳定层层底拉应力	双联轴	2.6
	三联轴	3.8

（4）按式(2-14)计算各类车辆当量设计轴载换算系数:

$$EALF_m = \sum_i \left[NAPT_{mi} \sum_j (EALF_{mij} \times ALDF_{mij}) \right] \tag{2-14}$$

式中 $EALF_m$——m 类车辆的当量设计轴载换算系数;

$NAPT_{mi}$——m 类车辆中 i 种轴型的平均轴数;

$ALDF_{mij}$——m 类车辆中 i 种轴型在 j 级轴重区间的轴重分布系数;

$EALF_{mij}$——m 类车辆中 i 种轴型在 j 级轴重区间的当量设计轴载换算系数,根据式(2-13)计算确定。

2. 水平二和水平三

采用水平二或水平三时,没有实测的交通荷载数据,如何在这种情况下合理地确定当量轴载换算系数,以减少误差,国内外进行了一些研究。在 MEPDG 设计方法的开发中,利用 LTPP 数据库中不同道路上收集的动态称重数据,分析了轴载谱和交通量的关系,发现二者并不相关。另外,MEPDG 设计方法中还尝试为不同交通组成分类(TTC)的道路确定推荐轴载谱,但是发现同一 TTC 内道路轴载谱的变异性和不同 TTC 道路之间的变异性一样,表明轴载谱和交通组成并没有关系。通过对我国 60 多条道路上实测的交通荷载数据进行分析,结果表明,当量轴载换算系数与交通量以及车辆类型分布系数都没有相关关系,这和 MEPDG 研究中得出的结论一致。MEPDG 方法在第三水平输入中是将所有道路的轴载谱进行平均,即以全部断面的平均值作为设计方法的推荐值。在第二水平输入时则是建议采用地方各断面轴载谱的平均值。采用全国或地方的平均值无法反映某条道路的具体情况,引起的误差较大。

2017 版规范提出在第二、第三水平时,按式(2-15)确定各类车辆的当量设计轴载换算系数。

$$EALF_m = EALF_{ml} \times PER_{ml} + EALF_{mh} \times PER_{mh} \qquad (2-15)$$

式中　$EALF_{ml}$——m 类车辆中非满载车的当量设计轴载换算系数;

　　　$EALF_{mh}$——m 类车辆中满载车的当量设计轴载换算系数;

　　　PER_{ml}——m 类车辆中非满载车所占的百分比;

　　　PER_{mh}——m 类车辆中满载车所占的百分比。

其中,各类车辆非满载车和满载车是以该类车辆的标准总重进行划分,低于标准总重的车辆(非超载车)为非满载车,大于标准总重的车辆为满载车。各类车辆的标准总重根据国家标准《汽车、挂车及汽车列车外廓尺寸、轴荷及质量限值》(GB 1589—2016)确定,具体如下。

(1) 车辆的轴载重量(简称轴重)认定标准:
- 单轴(每侧单轮胎)7 t;
- 单轴(每侧双轮胎)10 t;
- 并装双轴(每侧双轮胎)18 t(每少 2 个轮胎减 4 t);
- 并装三轴(每侧双轮胎)24 t(每少 2 个轮胎减 4 t)。

(2) 车辆的车货总重认定标准:
- 二轴货车 17 t;
- 三轴货车 25 t(由二轴汽车和一轴挂车组成的汽车列车为 27 t);
- 四轴货车 35 t(空气悬架、轴距≥1 800 mm 的为 37 t);
- 五轴货车 43 t;
- 六轴及六轴以上货车 49 t。

当车辆各轴对应的轴重认定标准之和与该车对应的车货总重认定标准不一致时,以二者之间的较小值者作为该车对应的公路承载能力认定标准。

为确定各类车辆的当量轴载换算系数，设计人员需要通过分析实测的或历史积累的车辆总重数据，或者根据以往的车辆超载情况调查结果，确定各种车型的非满载车和满载车的比例。对于式(2-15)中非满载车和满载车的比例和当量设计轴载换算系数，水平二时取当地经验值，水平三时取表2-11和表2-12所列全国经验值。研究表明，该方法在计算中考虑了设计道路的具体情况，而传统的采用平均值的方法无法进行这样的考虑，新方法可以显著降低分析结果的误差。在我国，各地积累了较多的车辆超载调查方面的数据和经验，为该方法的应用提供了方便。

表 2-11　　　　　　　　　2～11类车辆非满载车与满载车比例

车型	非满载比例	满载比例
2 类	0.80～0.90	0.10～0.20
3 类	0.85～0.95	0.05～0.15
4 类	0.60～0.70	0.30～0.40
5 类	0.70～0.80	0.20～0.30
6 类	0.50～0.60	0.40～0.50
7 类	0.65～0.75	0.25～0.35
8 类	0.40～0.50	0.50～0.60
9 类	0.55～0.65	0.35～0.45
10 类	0.50～0.60	0.40～0.50
11 类	0.60～0.70	0.30～0.40

表 2-12　　　　　　　　　2～11类车辆当量设计轴载换算系数

车型	沥青混合料层层底拉应变 沥青混合料层永久变形量		无机结合料稳定层 层底拉应力		路基顶面竖向压应变	
	非满载车	满载车	非满载车	满载车	非满载车	满载车
2 类	0.8	2.8	0.5	35.5	0.6	2.9
3 类	0.4	4.1	1.3	314.2	0.4	5.6
4 类	0.7	4.2	0.3	137.6	0.9	8.8
5 类	0.6	6.3	0.6	72.9	0.7	12.4
6 类	1.3	7.9	10.2	1 505.7	1.6	17.1
7 类	1.4	6.0	7.8	553.0	1.9	11.7
8 类	1.4	6.7	16.4	713.5	1.8	12.5
9 类	1.5	5.1	0.7	204.3	2.8	12.5
10 类	2.4	7.0	37.8	426.8	3.7	13.3
11 类	1.5	12.1	2.5	985.4	1.6	20.8

2.4.4.2　当量设计轴载累计作用次数

根据2.4.4.1节确定的车辆当量设计轴载换算系数，按公式(2-16)确定初始年设计车道日平均当量轴次 N_1。

$$N_1 = AADTT \times DDF \times LDF \times \sum_{m=2}^{11}(VCDF_m \times EALF_m) \qquad (2-16)$$

式中 $AADTT$—— 2 轴 6 轮及以上车辆的双向年平均日交通量(辆/d);
DDF—— 方向系数;
LDF—— 车道系数;
m—— 车辆类型编号;
$VCDF_m$—— m 类车辆类型分布系数;
$EALF_m$—— m 类车辆的当量设计轴载换算系数。

根据初始年设计车道日平均当量轴次 N_1、设计使用年限等,按式(2-17)计算设计车道上的当量设计轴载累计作用次数 N_e。

$$N_e = \frac{[(1+\gamma)^t - 1] \times 365}{\gamma} \times N_1 \qquad (2-17)$$

式中 N_e—— 设计使用年限内设计车道上的当量设计轴载累计作用次数(次);
t—— 设计使用年限(年);
γ—— 设计使用年限内交通量的年平均增长率;
N_1—— 初始年设计车道日平均当量轴次(次/d)。

交通荷载分析流程如图 2-20 所示。

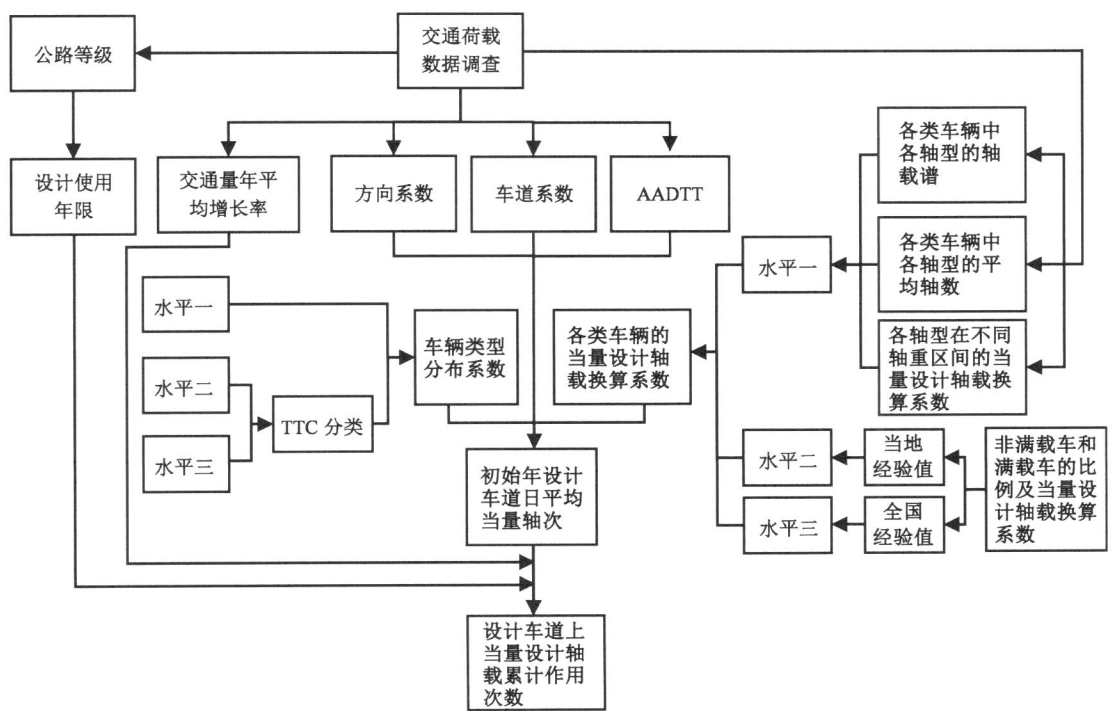

图 2-20 交通荷载分析流程图

2.5 示例

2.5.1 按照水平一的要求确定交通参数

华中地区某一级公路,设计年限为 15 年。根据 OD 分析,断面大型客车和货车交通量为 3 500 辆/d,交通量年增长率为 6.5%。方向系数取 0.55,根据表 2-3,车道系数取 0.50,则设计车道初始年大型客车和货车日均交通量为 962 辆/d,进而计算得到 15 年大型客车和货车累计为 850 万辆,可知设计交通荷载等级为重。根据对路段每辆车实际收集到的轴载组成数据,经统计分析后,得到车辆类型分布系数,列于表 2-13。

表 2-13　　　　　　　　　车辆类型分布系数

车辆类型	2 类	3 类	4 类	5 类	6 类	7 类	8 类	9 类	10 类	11 类
车型分布系数/%	6.4	15.3	1.4	0	11.9	3.1	16.3	20.4	25.2	0

分别统计 2~11 类车辆中单轴单胎、单轴双胎、双联轴和三联轴的数量,再除以各类车辆总量,按式(2-11)计算各类车辆中不同轴型的平均轴数,列于表 2-14。

表 2-14　　　　　　　各种车辆类型的不同轴型的平均轴数

车辆类型	2 类	3 类	4 类	5 类	6 类	7 类	8 类	9 类	10 类	11 类
单轴单胎	1.00	1.00	1.00	1.00	2.00	1.00	1.00	1.00	2.00	1.00
单轴双胎	1.00	1.00	0.00	0.00	0.34	1.07	0.92	0.00	1.00	2.00
双联轴	0.00	0.00	1.00	0.00	0.64	0.93	0.16	1.00	0.03	1.00
三联轴	0.00	0.00	0.00	1.00	0.02	0.00	0.92	1.00	0.98	0.00

按式(2-12)计算 2~11 类车辆不同轴型在不同轴重区间所占的百分比,得到不同轴型的轴重分布系数,即轴载谱。部分车辆类型的不同轴型的轴载谱如图 2-21—图 2-24 所示。

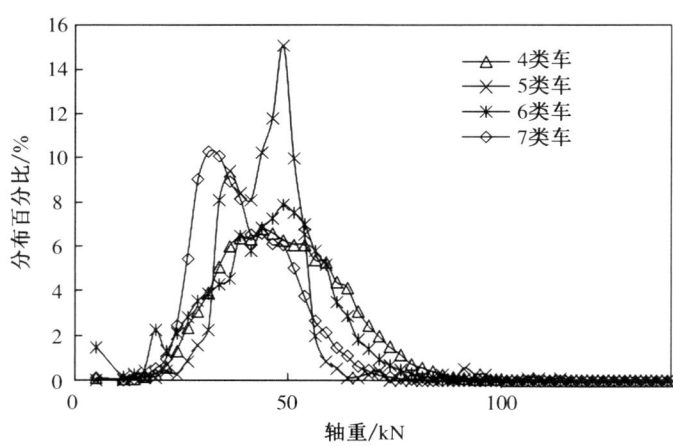

图 2-21　部分车辆类型的单轴单胎轴载谱

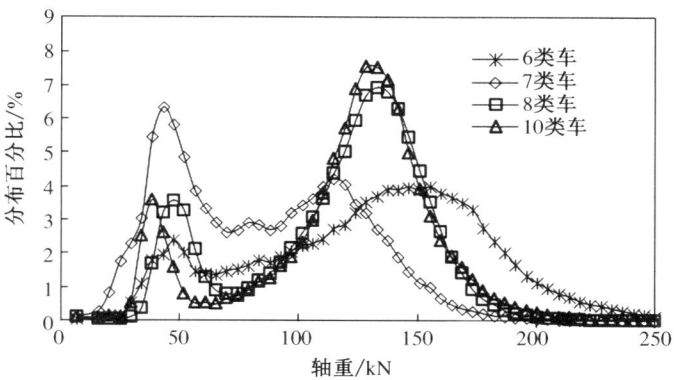

图 2-22　部分车辆类型的单轴双胎轴载谱

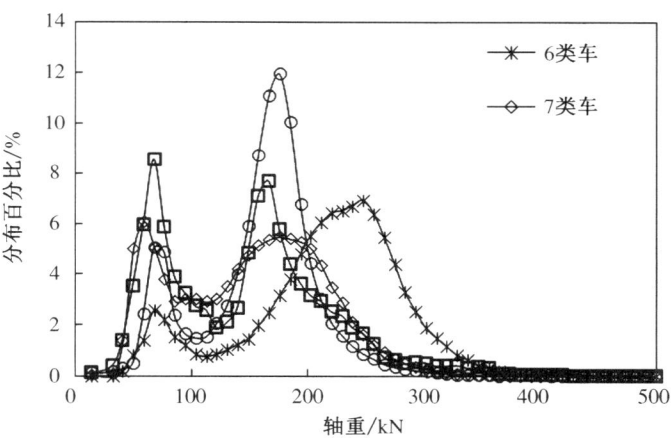

图 2-23　部分车辆类型的双联轴轴载谱

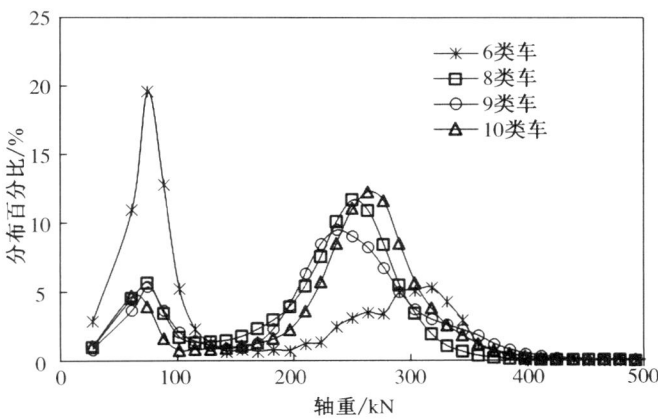

图 2-24　部分车辆类型的三联轴轴载谱

验算的设计指标包括沥青混合料层层底拉应变和永久变形量、无机结合料稳定层层底拉应力和路基顶面竖向压应变。针对这三个设计指标,按式(2-13)计算2～11类车辆各种轴型在不同轴重区间的当量设计轴载换算系数;然后按式(2-14)计算各类车辆的当量设计轴载换算系数,不同设计指标的各类车辆的当量设计轴载换算系数列于表2-15。

表2-15　　　　　　　　不同设计指标的各类车辆的当量设计轴载换算系数

车辆类型	2类	3类	4类	5类	6类	7类	8类	9类	10类	11类
沥青混合料层层底拉应变和永久变形量	0.7	0.8	2.0	0.5	5.2	2.9	4.5	3.8	5.5	8.5
无机结合料稳定层层底拉应力	1.1	39.8	16.0	5.1	1 144.3	156.7	524.0	345.3	528.1	1 115.4
路基顶面竖向压应变	0.6	1.0	3.7	0.7	11.4	5.0	8.2	9.8	10.4	14.7

根据表2-15的计算结果,按式(2-16)和式(2-17)计算设计车道上的当量设计轴载累计作用次数N_e。对应于沥青混合料层层底拉应变和永久变形量的当量设计轴载累计作用次数为3.23×10^7次;对应于无机结合料稳定层层底拉应力的当量设计轴载累计作用次数为3.71×10^9次;对应于路基顶面竖向压应变的当量设计轴载累计作用次数为6.55×10^7次。

2.5.2　按照水平二的要求确定交通参数

华中地区某一级公路,设计年限15年。基本交通参数见2.5.1节示例。

由车辆类型分布系数、累计货车和大型客车交通量计算得到的各类车型的交通量,结果列于表2-16。

表2-16　　　　　　　　车辆类型分布系数和各车型车辆的交通量

车辆类型	2类	3类	4类	5类	6类	7类	8类	9类	10类	11类
车型分布系数/%	6.4	15.3	1.4	0	11.9	3.1	16.3	20.4	25.2	0
交通量/万辆	54.3	129.9	11.9	0.0	101.0	26.3	138.4	173.2	214.0	0.0

水平二时,非满载车和满载车的比例参考工程所在地历史交通数据分析结果及经验确定,计算得到各类车型的非满载车和满载车数量,结果列于表2-17。

表2-17　　　　　　　　非满载车和满载车所占比例及相应交通量

车辆类型	2类	3类	4类	5类	6类	7类	8类	9类	10类	11类
交通量/万辆	54.3	129.9	11.9	0.0	101.0	26.3	138.4	173.2	214.0	0.0
非满载车比例	0.85	0.87	0.65	0.75	0.56	0.68	0.45	0.61	0.58	0.0
满载车比例	0.15	0.13	0.35	0.25	0.44	0.32	0.55	0.39	0.42	0.0

(续表)

车辆类型	2类	3类	4类	5类	6类	7类	8类	9类	10类	11类
非满载车交通量/万辆	46.2	113.0	7.7	0.0	56.6	17.9	62.3	105.7	124.1	0.0
满载车交通量/万辆	8.2	16.9	4.2	0.0	44.5	8.4	76.1	67.6	89.9	0.0

验算的设计指标包括沥青混合料层层底拉应变和永久变形量、无机结合料稳定层层底拉应力和路基顶面竖向压应变。针对这三个设计指标，根据当地经验值，得到各车型对应的非满载车和满载车的当量设计轴载换算系数，结果列于表2-18。

表2-18　　　　　　　　非满载车和满载车的当量设计轴载换算系数

车型	沥青混合料层层底拉应变和永久变形量		无机结合料稳定层层底拉应力		路基顶面竖向压应变	
	非满载车	满载车	非满载车	满载车	非满载车	满载车
2类	0.9	2.7	0.3	34.9	0.5	2.8
3类	0.3	4.2	1.2	313.6	0.6	5.8
4类	0.8	4.1	0.3	136.9	1.0	8.9
5类	0.5	6.4	0.5	73.9	0.8	12.3
6类	1.4	7.8	10.5	1 506.6	1.7	17.6
7类	1.5	5.9	7.9	556.1	1.8	11.9
8类	1.4	6.8	16.6	712.6	1.7	12.6
9类	1.6	5.1	0.6	204.5	2.9	12.9
10类	2.5	6.9	37.8	427.8	3.8	13.7
11类	1.4	12.2	2.6	986.6	1.7	18.9

根据表2-18，按式(2-16)和式(2-17)计算设计车道上的当量设计轴载累计作用次数N_e。对应沥青混合料层层底拉应变和永久变形量的当量设计轴载累计作用次数为2.74×10^7次；对应于无机结合料稳定层层底拉应力的当量设计轴载累计作用次数为1.91×10^9次；对应于路基顶面竖向压应变当量的设计轴载累计作用次数为5.22×10^7次。

2.5.3　按照水平三的要求确定交通参数

华中地区某一级公路，设计年限15年。基本交通参数见2.5.1节示例。

由车辆类型分布系数、累计货车和大型客车交通量计算得到的各类车型的交通量，结果列于表2-19。

表 2-19　　车辆类型分布系数和各车型车辆的交通量

车辆类型	2 类	3 类	4 类	5 类	6 类	7 类	8 类	9 类	10 类	11 类
车型分布系数/%	6.4	15.3	1.4	0	11.9	3.1	16.3	20.4	25.2	0.0
交通量/万辆	54.3	129.9	11.9	0.0	101.0	26.3	138.4	173.2	214.0	0.0

水平三时,非满载车和满载车的比例参照工程所在地历史交通数据分析结果及经验确定,计算得到各类车型非满载车和满载车数量,结果列于表 2-20。

表 2-20　　非满载车和满载车所占比例及相应交通量

车辆类型	2 类	3 类	4 类	5 类	6 类	7 类	8 类	9 类	10 类	11 类
交通量/万辆	54.3	129.9	11.9	0.0	101.0	26.3	138.4	173.2	214.0	0.0
非满载车比例	0.92	0.66	0.9	0.56	0.69	0.46	0.64	0.54	0.61	0.0
满载车比例	0.08	0.34	0.1	0.44	0.31	0.54	0.36	0.46	0.39	0.0
非满载车交通量/万辆	50.0	85.7	10.7	0.0	69.7	12.1	88.6	93.5	130.5	0.0
满载车交通量/万辆	4.3	44.2	1.2	0.0	31.3	14.2	49.8	79.7	83.5	0.0

验算的设计指标为沥青混合料层层底拉应变、沥青混合料层永久变形量和路基顶面竖向压应变。针对这三个设计指标,根据表 2-12,得到各车型对应的非满载车和满载车的当量设计轴载换算系数,结果列于表 2-21。

表 2-21　　非满载车和满载车的当量设计轴载换算系数

车型	沥青混合料层层底拉应变和永久变形量		无机结合料稳定层层底拉应力		路基顶面竖向压应变	
	非满载车	满载车	非满载车	满载车	非满载车	满载车
2 类	0.8	2.8	0.5	35.5	0.6	2.9
3 类	0.4	4.1	1.3	314.2	0.4	5.6
4 类	0.7	4.2	0.3	137.6	0.9	8.8
5 类	0.6	6.3	0.6	72.9	0.7	12.4
6 类	1.3	7.9	10.2	1 505.7	1.6	17.1
7 类	1.4	6.0	7.8	553.0	1.9	11.7
8 类	1.4	6.7	16.4	713.5	1.8	12.5
9 类	1.5	5.1	0.7	204.3	2.8	12.5
10 类	2.4	7.0	37.8	426.8	3.7	13.3
11 类	1.5	12.1	2.5	985.4	1.6	20.8

根据表 2-21,按式(2-16)和式(2-17)计算设计车道上的当量设计轴载累计作用次数 N_e。对应沥青混合料层层底拉应变和永久变形量的当量设计轴载累计作用次数为 $2.62×10^7$ 次;对应于无机结合料稳定层层底拉应力的当量设计轴载累计作用次数为 $1.64×10^9$ 次;对应于路基顶面竖向压应变当量设计轴载累计作用次数为 $4.82×10^7$ 次。

第3章
环境影响因素分析

3.1 路基湿度状况分析

外界环境的变化将引起路基湿度状况的改变。路基湿度是影响路基回弹模量值的重要因素,路基的回弹模量值在年循环内也会随湿度的周期性变化出现相应的周期性变化。路基回弹模量作为路面结构设计与评价的基础指标之一,其取值的准确性对结果的可靠性具有十分重要的意义。2006版规范仅按最不利时期的路基湿度状况选定路基回弹模量值,2017版规范在路面结构分析和设计时考虑了路基湿度季节性变化对路基回弹模量值的影响。

3.1.1 路基湿度来源

路基湿度状态主要与大气降水和蒸发、地下水位高低、温度等因素有关,其湿度来源及迁移如图3-1所示。

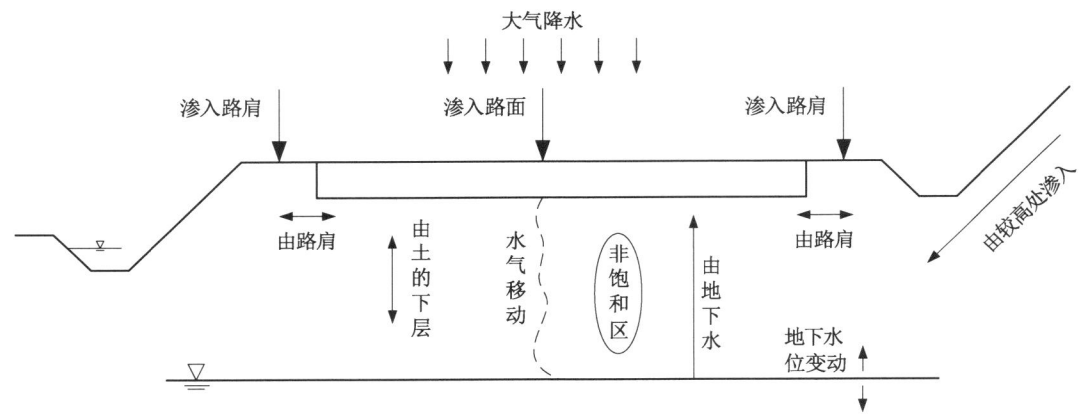

图3-1 路基湿度来源及迁移

1. 大气降水和蒸发

降水浸湿透水的路肩和边坡,通过毛细作用向路基内部扩散;降水还可通过透水路面,下渗而湿润路基,或者沿着不透水路面的接缝和裂隙渗入路基。蒸发循着与渗入相同的路径使水分从路基内逸出,但蒸发一般影响路基边缘和路肩处的湿度状况,而对路基中心处的湿度影响很小。

2. 地下水

地势低洼、排水不良时,积滞在邻侧沟渠或较高处土层内的水分,可通过毛细管润湿或渗流作用而进入路基;地下水位较高时,地下水通过毛细作用浸湿路基上部。

3. 温度

沿路基深度出现较大的温度梯度时，水分在温差的影响下以液态或气态由热处向冷处移动并不断积聚（或凝结）。在季节性冰冻地区，在负温差的影响下，水分在负温区和正温区内由高温处向低温处移动，并积聚在 0～－3℃ 的等温线附近。

4. 路面结构

降水和蒸发以及地下水对路基湿度状况的影响程度还与路面结构特性有关。

（1）面层、路肩均不透水

不透水面层将减少降水和蒸发对路基湿度的影响。铺面中心区域下路基湿度的变化在建成后 2～3 年内将逐渐趋于一稳定的波动范围（称为平衡湿度状况）。地下水位离地面较近时，路基的湿度主要受地下水位控制，并随地下水位的升降而围绕平衡湿度状况波动。根据世界不同地区的室外观测资料，湿度受地下水控制的临界水位深度随土质而异，黏土约为 6 m，砂质黏土或粉土约为 3 m，砂土约为 0.9 m。地下水位在此深度范围内时，路基的平衡湿度可根据地下水位的高度和土的吸湿能力来确定。在地下水位深于上述范围而降雨量较高（年降雨量大于 250 mm）的地区，路基的平衡湿度主要受气候因素（降雨量和蒸发量）和排水条件的影响。根据观测，路基的平衡湿度约等于当地无覆盖土、位于湿度波动区下面的土层湿度。对于干旱地区，不透水面层下路基的平衡湿度主要受空气相对湿度的控制，降水的影响很小，路基的平衡湿度约等于当地无覆盖土在相同深度处的湿度。路肩如为不透水的情况，则面层边缘处路基的湿度与铺面中心区下的路基相似。

（2）面层不透水、路肩透水

在路肩为透水的情况下，不透水面层边缘下路基的湿度，由于透水路肩处湿度的渗透和蒸发作用而经历较大的季节性变化。

（3）面层透水

当面层为透水性结构时，上层路基的湿度状况还将受到降水和蒸发的影响，其湿度值和波动范围均比不透水面层的大。

3.1.2 路基湿度类型划分

2006 版《公路沥青路面设计规范》按实际工程所属自然区划和路基潮湿类型来预估路基土的平均湿度。这种方法虽然简便、易于操作，但预估结果十分粗略。同时，按路床范围（路基顶面以下 80 cm）内平均稠度将路基湿度类型划分为干燥类、中湿类、潮湿类和过湿类，划分的标准沿用的是 20 世纪 50 年代末到 60 年代初的全国调查结果。另外，由于过湿类路基强度和稳定性均不足，在实际工程中，一般会对其采取处治措施改善路基土的湿度状况，因此，2017 版规范中对这种类型的路基不予考虑。

如前所述，路基湿度状况受大气降水和蒸发、地下水、温度和路面结构及其透水程度等多种因素的影响。然而，许多观测资料表明，在路面完工后的 2～3 年内，路基的湿度变化逐渐趋近于某种平衡湿度状态。

路基湿度状况主要受气候和地下水两个因素的控制。按照地下水对路基湿度的影响程度，即路基相对高度与毛细水上升最大高度之间的关系，将路基湿度状况划分为以下三类（图 3-2）。

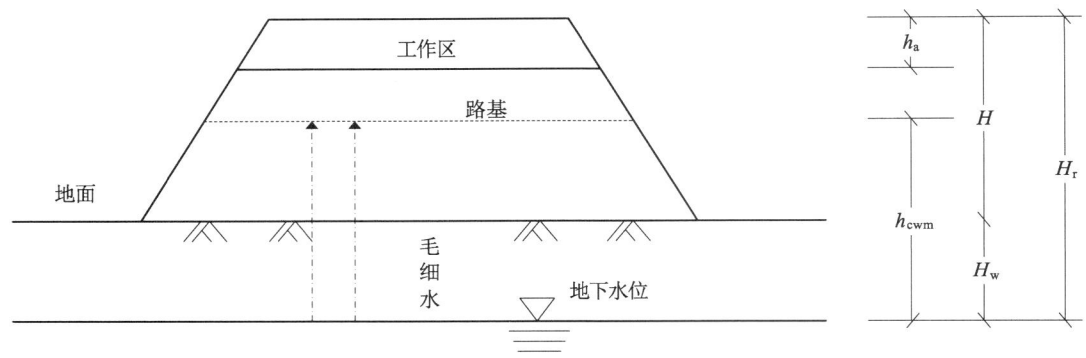

H—路基高度;H_r—路基相对高度,即地下水位高度H_{GWT};H_w—地下水位深度,$H_w=H_r-H$;
h_{cwm}—毛细水上升最大高度;h_a—路基工作区深度。

图 3-2 路基湿度状况划分示意图

1. 干燥类(气候因素控制类路基)

当地下水位很低时,路基工作区不受地下水及其上升毛细水的影响,即路基工作区处于地下水毛细湿润面之上。此时,路基平衡湿度由气候因素控制,路基湿度状态可定义为干燥类路基。路基相对高度 H_r 与毛细水上升最大高度 h_{cwm} 的关系为:$H_r > h_a + h_{cwm}$。

2. 潮湿类(地下水控制类路基)

当地下水位高或地表长期积水时,路基工作区整个土层均受地下水及其上升毛细水的影响,即路基工作区全部处于地下毛细润湿影响范围内。此时,路床的湿度主要受地下水控制,路基湿度状态可定义为潮湿类路基。H_r 与 h_{cwm} 的关系为:$H_r \leqslant h_{cwm}$。

3. 中湿类(兼受地下水和气候因素影响的路基)

当地下水位较高时,路基工作区下部土层受到地下水及其上升毛细水的影响,但上部土层未受影响,即路基工作区被地下毛细润湿面分为上、下两部分。此时,路床的湿度兼受地下水(下部)与气候因素(上部)共同影响,路基湿度状态可定义为中湿类路基。H_r 与 h_{cwm} 的关系为:$h_{cwm} < H_r \leqslant h_a + h_{cwm}$。

3.1.3 路基湿度预估方法

1. 路基湿度表征

路基的湿度可以采用含水率和饱和度表征。质量含水率 w 与体积含水率 w_v 之间的关系可按下式确定:

$$w_v = w \frac{\gamma_s}{\gamma_w} \tag{3-1}$$

式中 γ_s,γ_w——土的干密度和水的容重(g/cm³)。

饱和度 S 与含水率之间的关系为

$$S = \frac{w}{\frac{\gamma_w}{\gamma_s} - \frac{1}{G_s}} \quad \text{或} \quad S = \frac{w_v}{1 - \frac{\gamma_s}{G_s \gamma_w}} \tag{3-2}$$

式中 G_s——土的比重。

若 G_s 和 γ_s 已经确定,知道 w、S 和 w_v 三个变量中的任何一个,就可求出另外两个。由于大多数情况下,土体体积随着湿度的变化而变化,这样即使质量含水率不变,体积含水率和饱和度都会变化,因而表征湿度时,需要考虑质量含水率(反映绝对含水率大小)和土体孔隙率(反映土体密实度)两个因素,饱和度和体积含水率均包含了绝对含水率和密实度两个方面的影响。由于饱和度概念相对简单,便于理解,因此,采用饱和度作为路基湿度状况的评价指标。

2. 基质吸力与土-水特征曲线

路基土的湿度,除了受环境因素和路基路面结构特性的影响外,还主要取决于土本身吸持水分的能力。土对水分的吸持能力,可归之于土基质的土颗粒分子引力作用和孔隙毛细管引力作用,称作土的基质吸力。路基土通常为非饱和土,其湿度(饱和度)与土的基质吸力密切相关。土中的水分还受到重力、大气压力、水中溶质的渗透引力和荷载应力的作用。

(1) 对于非饱和土,在一般情况下,重力和大气压力的作用等于零,而渗透引力和荷载应力的作用很小,可以忽略不计。

(2) 对于饱和土,其基质吸力为零,土中水分受其他作用力(重力、大气压力和荷载)的影响。土基质吸力的测定可以采用张力计法或滤纸法。

一般而言,土中渗透吸力在量值上和对土的工程性质的影响上均小于基质吸力,所以在土力学中考虑的吸力一般均指基质吸力。土-水特征曲线(Soil-Water Characteristic Curve,SWCC)是指土的吸力与含水率之间的关系曲线,该曲线反映了在非饱和状态下土中水的能态与土中水的含量之间的关系,如图 3-3 所示。

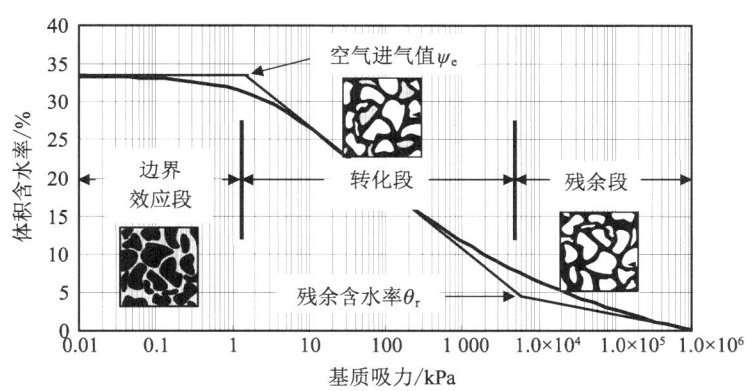

图 3-3 典型土组的土-水特性曲线

因此,对处于非饱和状态的路基土来说,基质吸力是土中含水率的单值函数,可用来间接表征路基的湿度状况。另外,Richards(1974)的研究表明,相对于常规湿度表征指标(含水率、饱和度等),基质吸力在以下两个方面具有明显的优越性:

(1) 基质吸力受地下水位、气候条件及土组性质的综合影响,在一定的环境条件下,路基某一深度处的基质吸力会趋于一平衡值,基质吸力沿路基深度的分布是趋于稳定和连续的;而含水率(或饱和度)对土组性质(土组类型、黏粒含量、压实度等)极为敏感,沿深度的分布有很大的变异性和不连续性。因此,基质吸力能更为准确有效地表征路基的湿度状况,易于进行准确预估。

(2) 土组的渗透系数、抗剪强度参数以及回弹模量等物理力学参数均与基质吸力有较好的相关性,而单一指标含水率(即不引入土性参数、压实度等)与这些指标的相关性较差。

因此,通常采用基质吸力并结合土-水特征曲线标定的方法来实现路基湿度的预估,其原理如图 3-4 所示。该方法将非饱和土力学理论与现有基于经典土力学的回弹模量研究成果有效地结合了起来,是较为可靠、先进的方法。

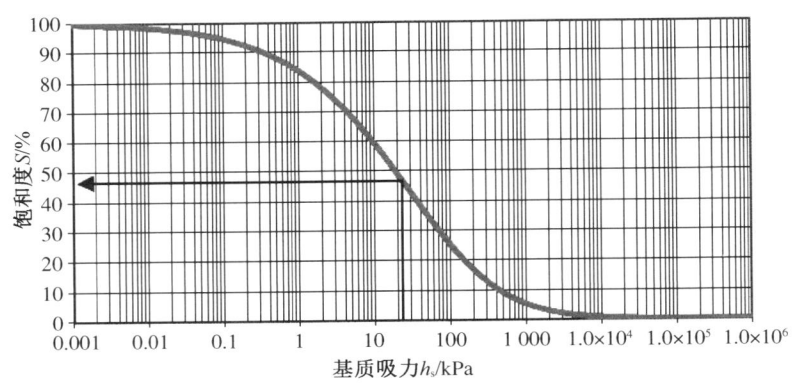

图 3-4 土-水特征曲线预估湿度原理

3. 湿度(基质吸力)预估模型

(1) 地下水位模型(地下水位控制类路基)

根据 Perera 的研究成果,当地下水位较高,即地下水位距离路基顶面小于 3 m 时,基质吸力与地下水位之间呈现较为明显的线性关系,此时,建立如式(3-3)所示的地下水位模型预估基质吸力。

$$h_s = y\gamma_w \tag{3-3}$$

式中 h_s—— 基质吸力(kPa);

y—— 计算点与地下水位之间的竖向距离(cm);

γ_w—— 水的重度($\times 10^{-3}$ N/cm³)。

地下水位模型只有在地下水位较高,通常在毛细水影响范围内时,路基土基质吸力使用该模型预估才较为准确(图 3-5)。

根据土-水特征关系、路基土组类别及地下水位高度,潮湿类路基的平衡湿度(饱和度)可通过表 3-1 获得。

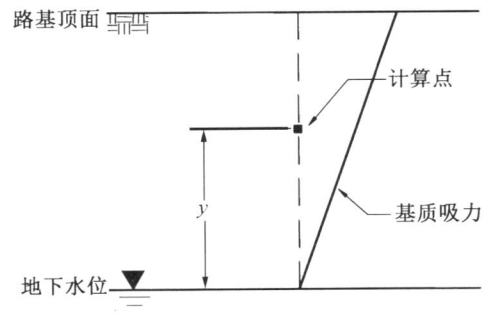

图 3-5 地下水位与基质吸力关系图

表 3-1　　　　　　　各路基土组距地下水位不同高度处的饱和度(%)

土　组	计算点距地下水或地表长期积水水位的距离/m						
	0.3	1.0	1.5	2.0	2.5	3.0	4.0
粉土质砾(GM)	69～84	55～69	50～65	49～62	45～59	43～57	—
黏土质砾(GC)	79～96	64～83	60～79	56～75	54～73	52～71	—
砂(S)	95～80	70～50	—	—	—	—	—
粉土质砂(SM)	79～93	64～77	60～72	56～68	54～66	52～64	—
黏土质砂(SC)	90～99	77～87	72～83	68～80	66～78	64～76	—
低液限粉土(ML)	94～100	80～90	76～86	83～73	71～81	69～80	—
低液限黏土(CL)	93～100	80～93	76～90	73～88	70～86	68～85	66～83
高液限粉土(MH)	100	90～95	86～92	83～90	81～89	80～87	—
高液限黏土(CH)	100	93～97	90～93	88～91	86～90	85～89	83～87

注：1. 对于砂(SW、SP)，D_{60}大时平衡湿度取低值，D_{60}小时平衡湿度取高值。
　　2. 对于其他含细粒的土组，通过 0.075 mm 筛的颗粒含量大和塑性指数高时，取高值，反之，取低值。

(2) 基于 TMI 的预估模型(气候因素控制类路基)

地下水位低的路基，其平衡湿度主要受气候因素影响。已有的研究表明，路基土的基质吸力主要受气候因素和土类型的影响。许多研究者致力于土的基质吸力与气候参数之间的相关关系，用于预估路基土的基质吸力，并进而预估路基的平衡湿度。

英国、澳大利亚和美国的一些研究结果表明，以 Thornthwaite 的湿度指标(简称 TMI)表征气候因素特性，可以在路基湿度与气候因素之间建立良好的相关关系。TMI 值按式(3-4)计算，不同自然区划的 TMI 值是利用全国 400 个气象站的降水量和蒸发量观测数据，按 Thornthwaite 的方法计算月潜在蒸散量，并采用土层平均储水能力为 100 mm 的假设，计算各月的水不足量和径流量后得到的。

$$TMI = \frac{100R - 60DF}{PE} \quad (3-4)$$

式中　R——年水径流量(cm)；
　　　DF——年水不足量(cm)；
　　　PE——年潜在蒸散量(cm)。

将这些站点的 TMI 值按所在地的公路自然区划归并后，可得到表 3-2 所示的各公路自然区划的 TMI 值变动范围。

表 3-2　　　　　　　　　　　　　　不同自然区划的 *TMI* 值范围

区划	亚区	*TMI* 范围	区划	亚区	*TMI* 范围
I	I$_1$	−5.0～−8.1	IV	IV$_6$	27.0～64.7
	I$_2$	0.5～−9.7		IV$_{6a}$	41.2～97.4
II	II$_1$ 黑龙江	−0.1～−8.1		IV$_7$	16.0～69.3
	II$_1$ 辽宁、吉林	8.7～35.1		IV$_{7b}$	−5.4～−23.0
	II$_{1a}$	−3.6～−10.8	V	V$_1$	−25.1～6.9
	II$_2$	−7.2～−12.1		V$_2$	0.9～30.1
	II$_{2a}$	−1.2～−10.6		V$_{2a}$	39.6～43.7
	II$_3$	−9.3～−26.9		V$_3$	12.0～88.3
	II$_4$	−10.7～−22.6		V$_{3a}$	−7.6～47.2
	II$_{4a}$	−15.5～17.3		V$_4$	−2.6～50.9
	II$_{4b}$	−7.9～9.9		V$_5$	39.8～100.6
	II$_5$	−1.7～−15.6		V$_{5a}$	24.4～39.2
	II$_{5a}$	−1.0～−15.6	VI	VI$_1$	−15.3～−46.3
III	III$_1$	−21.2～−25.7		VI$_{1a}$	−40.5～−47.2
	III$_{1a}$	−12.6～−29.1		VI$_2$	−39.5～−59.2
	III$_2$	−9.7～−17.5		VI$_3$	−41.6
	III$_{2a}$	−19.6		VI$_4$	−19.3～−57.2
	III$_3$	−19.1～−26.1		VI$_{4a}$	−34.5～−37.1
	III$_4$	−10.8～−24.1		VI$_{4b}$	−2.6～−37.2
IV	IV$_1$	21.8～25.1	VII	VII$_1$	−3.1～−56.3
	IV$_{1a}$	23.2		VII$_2$	−49.4～−58.1
	IV$_2$	−6.0～34.8		VII$_3$	−22.5～82.8
	IV$_3$	34.3～40.4		VII$_4$	−5.1～−5.7
	IV$_4$	32.0～67.9		VII$_5$	−20.3～91.4
	IV$_5$	45.2～89.3		VII$_{6a}$	−10.6～−25.8

Perera 对路基基质吸力与不同的气候参数(如年均相对湿度、年均降雨天数、地下水位、*TMI* 等)、土性参数(如细粒含量等)进行了相关性分析,结果表明,不同土组的基质吸力与 *TMI* 相关性最好。因此,以 wPI 表征不同土组特性,以 *TMI* 表征不同环境条件对路基平衡湿度状态下基质吸力的影响,建立如式(3-5)所示的基质吸力预估模型。

$$h_s = \alpha \left[e^{\beta/(TMI+101)+\gamma} + \delta \right] \tag{3-5}$$

由于上述模型综合考虑了气候因素、地理位置和土质类型等对路基平衡湿度的影响,因此具有较高的精确性和通用性。式中的 $\alpha, \beta, \gamma, \delta$ 为模型的回归系数，TMI 后加上常数 101 是为保证分母"$TMI+101$"不为0。同济大学学者在 Perera 模型的基础上，对其进行了简化，得到式(3-6)所示的基于 TMI 的基质吸力预估模型。

$$h_s = \alpha e^{\beta/(TMI+101)} + \gamma \tag{3-6}$$

式中　α, β, γ——模型的回归系数，其值与土的物理性质(I_P, $P_{0.075}$ 或 wPI)有关；
　　　I_P——塑性指数(%)；
　　　$P_{0.075}$——以十进制表示的通过 0.075 mm 筛的土粒含量；
　　　wPI——加权塑性指数，其值等于 I_P 与 P_{200} 之积。

表 3-3 列出了各路基土组在不同 TMI 值时的饱和度。

表 3-3　　　　　　　　　各路基土组在不同 TMI 值时的饱和度

土组	TMI					
	−50	−30	−10	10	30	50
砂(S)	20~50	25~55	27~60	30~65	32~67	35~70
粉土质砂(SM)	45~48	62~68	73~80	80~86	84~89	87~90
黏土质砂(SC)						
低液限粉土(ML)	41~46	59~64	75~77	84~86	91~92	92~93
低液限黏土(CL)	39~41	57~64	75~76	86	91	92~94
高液限粉土(MH)	41~42	61~62	76~79	85~88	90~92	92~95
高液限黏土(CH)	39~51	58~69	85~74	86~92	91~95	94~97

注：1. 砂的饱和度取值与 D_{60} 相关。D_{60} 大时(接近 2 mm)取低值，D_{60} 小时(接近 0.25 mm)取高值。
　　2. 粉土质砂、黏土质砂或细粒土的饱和度取值与细粒土含量和塑性指数相关，细粒土含量高、塑性指数大时取低值，反之取高值。

(3) 兼受地下水和气候因素影响的路基湿度预估

中湿类路基的平衡湿度可参照图 3-6，先对路基工作区上部和下部分别确定其平衡湿度，再以厚度加权平均计算路基的平衡湿度。地下水毛细润湿面以上的路基工作区上部，按路基土组类别和 TMI 值确定其平衡湿度；地下水毛细润湿面以下的路基工作区下部，按路基土组类别和距地下水位的距离确定其平衡湿度。

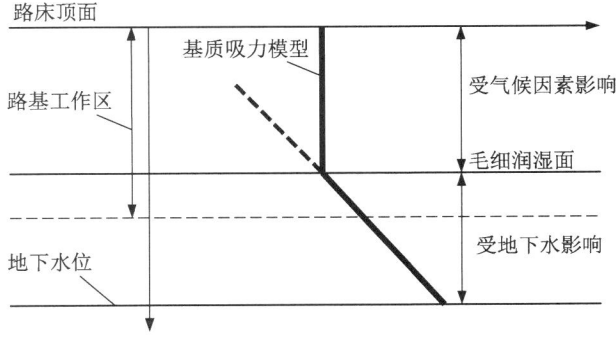

图 3-6　中湿类路基的湿度状况

4. 路基干湿类型划分

路基湿度可划分为不同类型：干燥类、中湿类和潮湿类。根据路基相对高度与毛细水上升最大高度或（地下水位）临界深度的关系，确定路基湿度类型，进而提出不同湿度类型路基平衡湿度预估方法与推荐值。

当路基为潮湿类路基时，采用地下水位模型预估其平衡湿度；当路基为干燥类路基时，采用 TMI 模型预估其平衡湿度；当路基为中湿类路基时，上部采用 TMI 模型预估湿度，而下部则采用地下水位模型预估湿度。

$$\begin{cases} h_s = y\gamma_w, & 地下水位模型 \\ h_s = \alpha e^{\beta/(TMI+100)} + \gamma, & TMI\ 模型 \end{cases} \quad (3-7)$$

针对不同湿度类型的路基，采用不同的模型预估其平衡湿度，因此，判断路基湿度类型成为平衡湿度预估的基础。

当地下毛细水上升到最大高度时，此处由地下水位模型预估得到的基质吸力最大，根据其与 TMI 模型预估得到的基质吸力关系（偏大还是偏小），分两种情况进行讨论。

（1）毛细水上升最大高度 h_{cwm} 大于或等于临界深度 y_2（$h_{cwm} \geqslant y_2$）

假设地下水毛细上升高度 h_{cw} 到达路基顶面时，由地下水位模型预估得到的路基顶面处土的基质吸力刚好等于由 TMI 模型预估得到的基质吸力，如图 3-7 所示的 2 线，此时对应的地下水位高度 H_{GWT2} 称为临界深度 y_2。

同理，地下水毛细上升高度 h_{cw} 到达路床底面时，由地下水位模型预估得到的路床底面处（路基顶面以下 0.8 m）土的基质吸力刚好等于由 TMI 模型预估得到的基质吸力，如图 3-7 所示的 1 线，称此时对应的地下水位高度 H_{GWT1} 为临界深度 y_1（$y_1 = y_2 + 0.8$ m，0.8 m 即为路床深度）。

一般地，当毛细水上升最大高度 h_{cwm} 大于或等于临界深度 y_2 时，由地下水位模型预估得到的路基土的基质吸力与由 TMI 模型预估得到的基质吸力相比较，根据地下水位高度 H_{GWT} 的不同，分为以下三种情况：

① $H_{GWT} \leqslant y_2$，由地下水位模型预估所得基质吸力如图 3-7 中的 b 线所示，此时，路床范围内湿度主要受地下水影响，定义路基湿度状态为潮湿状态，由地下水位模型预估路基湿度。

② $y_2 < H_{GWT} < y_1$，由地下水位模型预估所得基质吸力如图 3-7 中的 c 线所示，此时，路床下部的湿度主要受地下水影响，而上部主要受气候因素的影响，定义路基湿度状态为中湿状态，由地下水位模型（下部）与 TMI 模型（上部）共同预估路基湿度。

③ $H_{GWT} \geqslant y_1$，由地下水位模型预估所得基质吸力如图 3-7 中的 a 线所示，此时，整个路床部位主要受气候因素的影响，定义路基湿度状态为干燥状态，由 TMI 模型预估路基湿度。

（2）毛细水上升最大高度 h_{cwm} 小于临界深度 y_2（$h_{cwm} < y_2$）

当毛细水上升最大高度 h_{cwm} 小于临界深度 y_2 时，由地下水位模型预估得到的路基土的基质吸力与由 TMI 模型预估得到的基质吸力相比较，根据地下水位高度 H_{GWT} 的不同，可分为以下三种情况：

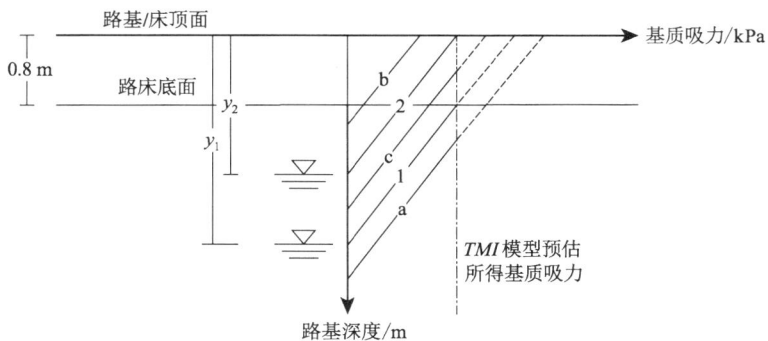

图 3-7　路基湿度类型划分示意图

① $H_{GWT} \leqslant h_{cwm}$，如图 3-8 中的 b 线所示，此时，路床范围内湿度主要受地下水影响，定义路基湿度状态为潮湿状态，由地下水位模型预估路基湿度。

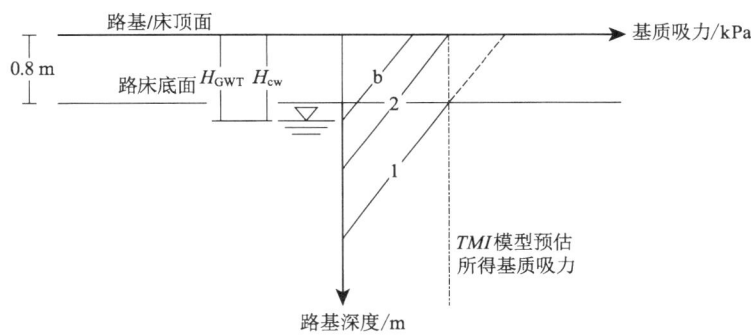

图 3-8　潮湿类路基 ($h_{cwm} < y_2$)

② $h_{cwm} < H_{GWT} < h_{cwm} + 0.8\,\text{m}$，如图 3-9 中的 c 线所示，此时，路床下部的湿度主要受地下水影响，而上部主要受气候因素的影响，定义路基湿度状态为中湿状态，由地下水位模型（下部）与 TMI 模型（上部）共同预估路基湿度。

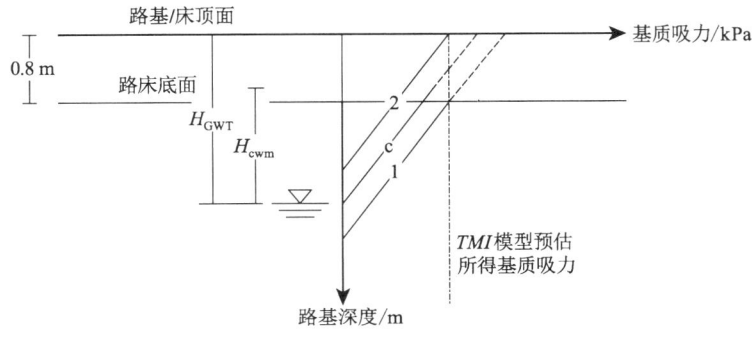

图 3-9　中湿类路基 ($h_{cwm} < y_2$)

③ $H_{GWT} \geqslant h_{cwm} + 0.8\,\text{m}$，如图 3-10 中的 a 线所示，此时，整个路床部位主要受气候因素的影响，定义路基湿度状态为干燥状态，由 TMI 模型预估路基湿度。

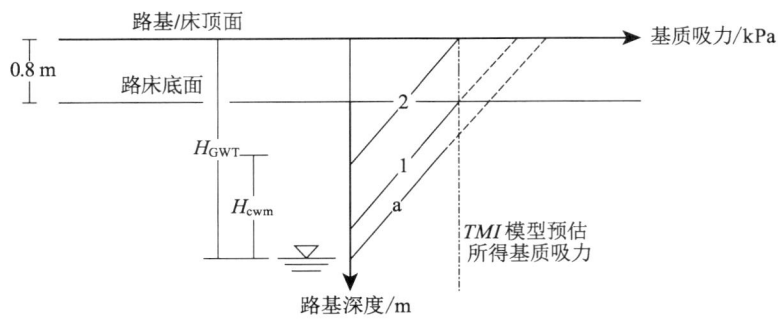

图 3-10　干湿类路基 ($h_{cwm} < y_2$)

3.1.4 路基湿度调整系数的确定

1. 路基回弹模量设计值及基本要求

2006 版规范按最不利时期的路基湿度状况选定路基回弹模量值,在设计期间并未充分考虑路基湿度季节性变化对路基回弹模量值的影响,其设计状态不明确,且无法建立路基施工时湿度、回弹模量与最不利时期的路基湿度和回弹模量之间的定量关系。2017 版规范以最佳含水率和最大干密度时的路基湿度作为标准状态,并通过引入湿度调整系数考虑平衡湿度状态下湿度变化、干湿循环或冻融循环对路基回弹模量的影响,最终以平衡湿度状态下路基顶面回弹模量作为设计值。

新建公路路基回弹模量设计值 E_0 可由标准状态下的路基回弹模量按式(3-8)确定,并应满足式(3-9)的要求。

$$E_0 = K_s K_\eta M_R \tag{3-8}$$

$$E_0 \geqslant [E_0] \tag{3-9}$$

式中　E_0——路基顶面回弹模量设计值(MPa)。

　　　$[E_0]$——路面结构设计的路基回弹模量要求值(MPa)。

　　　M_R——标准状态(最佳含水率、最大干密度)下路基顶面回弹模量值(MPa)。

　　　K_s——路基顶面回弹模量湿度调整系数,为平衡湿度(含水率)状态下的回弹模量与标准状态下的回弹模量之比。

　　　K_η——干湿循环或冻融循环条件下路基土模量折减系数,通过试验确定。初步设计时,非冰冻地区可根据土质类型、失水率确定,季节性冰冻地区可根据冻结温度、含水率确定,折减系数可取 0.70～0.95。非冰冻地区粉质土、黏质土,失水率大于 30%,取小值,反之取大值;粗粒土取大值。季节性冻土地区粉质土、黏质土冻结温度低于 -15℃,冻前含水率高,取小值,反之取较大值;粗粒土取大值。

2. 湿度调整系数的定义与取值模型

非最佳含水率状态(即平衡湿度状态)下的路基(当量)回弹模量 M_R 与最佳含水率状态下的模量 $M_{R,opt}$ 之比定义为路基回弹模量湿度调整系数 F_s,即

$$F_s = \frac{M_R}{M_{R,opt}} \tag{3-10}$$

非冰冻地区路基平衡湿度随季节变化波动较小,可采用单一的回弹模量湿度调整系数,即路基处于平衡湿度状态时的调整系数。

确定路基在平衡湿度状态下的回弹模量,首先需要确定相应的湿度调整系数 F_s,然后乘以最佳含水率状态下的 $M_{R,opt}$,便可得到平衡湿度状态下的 M_R。借鉴 NCHRP 1-37A 的研究成果,提出路基在平衡湿度状态下的回弹模量湿度调整系数模型:

$$\lg F_s = \lg \frac{M_R}{M_{R,opt}} = a + \frac{b-a}{1+\exp[\ln(-b/a)+c(S_r-S_{opt})]} \tag{3-11}$$

$$F_s = 10^{a+\frac{b-a}{1+\exp[\ln(-b/a)+c(S_r-S_{opt})]}} \tag{3-12}$$

式中 M_R——路基平衡湿度状态下的回弹模量值(MPa),即 $M_{R,equ}$;

$M_{R,opt}$——标准状态(最佳含水率状态)下的回弹模量值(MPa);

a——$\lg(M_R/M_{R,opt})$ 的最小值;

b——$\lg(M_R/M_{R,opt})$ 的最大值;

c——模型回归参数;

$S_r - S_{opt}$——饱和度的变化值,对于非冰冻地区,S_r 为路基处于平衡湿度状态时的饱和度。

粗粒土和细粒土路基模型参数 a,b,c 的推荐值如表 3-4 所示。

表 3-4 模型参数 a,b,c 的推荐值

参数	土组	
	粗粒土	细粒土
a	−0.313 2	−0.593 4
b	0.3	0.4
c	6.815 7	6.132 4

3. 干燥类路基湿度调整系数取值

干燥类(气候因素控制类)路基的回弹模量湿度调整系数可参照表 3-5 查取。

表 3-5 干燥类路基的回弹模量湿度调整系数

土组	TMI					
	−50	−30	−10	10	30	50
砂(S)	1.30~1.84	1.14~1.80	1.02~1.77	0.93~1.73	0.86~1.69	0.80~1.64
粉土质砂(SM)	1.59~1.65	1.10~1.26	0.83~0.97	0.73~0.83	0.70~0.76	0.70~0.76
黏土质砂(SC)						

(续表)

土组	TMI					
	−50	−30	−10	10	30	50
低液限粉土(ML)	1.35～1.55	1.01～1.23	0.76～0.96	0.58～0.77	0.51～0.65	0.42～0.62
低液限黏土(CL)	1.22～1.71	0.73～1.52	0.57～1.24	0.51～1.02	0.49～0.88	0.48～0.81

注：1. 砂的回弹模量调整系数，D_{60}大时(接近 2 mm)取低值，D_{60}小时(接近 0.25 mm)取高值。
2. 粉质土、黏质土或细粒土的饱和度取值与细粒土含量和塑性指数相关，细粒含量大、塑性指数大时取低值，反之取高值。

4. 潮湿类路基湿度调整系数取值

潮湿类(地下水控制类)路基的回弹模量湿度调整系数可参照表 3-6 查取。

表 3-6　　　　　　　干燥类路基的回弹模量湿度调整系数

土质类型	砂	细粒土质砂	粉质土	黏质土
路基工作区顶面	0.8～0.9	0.5～0.6	0.5～0.7	0.6～1.0
路基工作区底面	0.5～0.6	0.4～0.5	0.4～0.6	0.5～0.9

注：1. 砂的回弹模量调整系数，D_{60}大时取高值，D_{60}小时取低值。
2. 细粒土质砂的回弹模量调整系数，细粒含量大、塑性指数高时取低值，反之取高值。
3. 粉质土和黏质土的回弹模量调整系数，路基高度低时取低值，反之取高值。

5. 中湿类路基

中湿类(兼受地下水和气候因素影响类)路基的回弹模量湿度调整系数，可按路基工作区内两类湿度来源的上部和下部分别确定其湿度调整系数，并以路基工作区上、下部的厚度加权计算路基总的回弹模量湿度调整系数。

3.2 沥青路面温度状况分析

沥青路面结构完全处在自然环境中，大气温度、太阳辐射和天空辐射在年内和日内发生着周期性的变化，沥青面层温度也相应地在年内和日内发生着周期性的变化。沥青混合料是典型的温度敏感性材料，其劲度和强度性质具有强烈的温度依赖性，随着温度上升，其劲度和强度均下降。沥青路面的结构响应(应力和变形)、使用性能(疲劳开裂和永久变形)和使用寿命，都与其温度状态密切相关。因此，在沥青路面结构分析和设计时，应充分考虑路面温度状况的影响。

3.2.1 路面结构温度场

1. 研究状况

路面温度场的研究已有 80 余年历史。早在 1925 年，美国在 Arlington 试验路进行了路面温度状况实测。随后，美国、苏联、德国、英国、日本等许多国家均对路面温度状况开展了试验研究。路面温度场的研究方法可分为两类：一是统计分析法，通过在路面结构层内部不同深度处埋设测温元件实测路面结构层温度变化，并采集当地的气象要素资料(包括太阳辐射、气温、日照时间、风速、降水等），利用统计方法进行回归分析，建立路面温度与当地气象要素之间的定量关系。较有影响的有美国 SHRP 计划、LTPP 项目，加拿大 C-SHRP 计划，Baltzer 等的 BELLS 模型等，国内有景天然、贾璐和秦健等学者的研究工作。统计分析方法的优点在于预测模型形式和求解过程都比较简单，缺点是应用于其他地区时，精度和可靠性不高。二是理论分析法，根据气象学和传热学的基本原理建立路面温度场的预测模型。较有代表性的有 Barber(1957)、Schenk(1963)、P. C. Pretorius(1969)、Christison 和 Andenson(1972)、B. H. Sass(1997)、Hermansson(2000)、严作人(1982)、吴赣昌(1992)、谈至明(1999)、孙立军(2007)、邹晓翎(2011)等学者的研究工作。理论分析法可较好地考虑环境因素和材料特性，但由于涉及的参数过多，且各参数值的规律难以把握，使得理论分析法难以直接指导工程实践。

2. 数据来源和分析方法

西部交通建设科技项目"基于多指标的沥青路面结构设计方法研究"课题中，在广州、宁波和大同的气象站内铺设了沥青混凝土和水泥混凝土路面结构的试验块，埋设了温度传感器；在哈密、齐齐哈尔、镇江、济南的高速公路上埋设了温度传感器并在现场设置了小型气象站，前者用于建模，后者用于模型检验，采集到的物理参数和数据类型列于表 3-7。

表 3-7　　　　　　　　　　路面结构温度场的测站和数据类型

用途	所在地	数据类型
建模数据	广　州	面温度（分钟数据）；小时气温数据、日最高气温、日最低气温；分钟太阳辐射（净辐射、总辐射）、日最大太阳辐射；地温、气压、空气湿度、风向风速、云量云状、能见度、降水、蒸发、日照、雪深
	宁　波	
	大　同	
模型检验	哈　密	路面温度（10 min 数据）；辐射、气温、风速（10 min 数据）
	齐齐哈尔	仅路面温度数据（10 min 数据）
	镇　江	路面温度（15 min 数据）、气温、风速、太阳辐射（15 min 数据）
	济　南	路面温度（30 min 数据）、气温、风速（10 min 数据）

路面温度场 $T_i(z, t)$ 的偏微分方程如式(3-13)所示，层间无脱空及隔热层时的层间条件如式(3-14)所示。

$$\frac{\partial T_i(z, t)}{\partial z} = \alpha_i \frac{\partial^2 T_i(z, t)}{\partial z^2}, \quad i=1, 2, \cdots, m, 0 \tag{3-13}$$

$$\begin{cases} T_i(z, t)\big|_{z=z_i} = T_{i+1}(z, t)\big|_{z=z_i} \\ \lambda_i \dfrac{\partial T_i(z, t)}{\partial z}\bigg|_{z=z_i} = \lambda_{i+1} \dfrac{\partial T_{i+1}(z, t)}{\partial z}\bigg|_{z=z_i} \end{cases} \tag{3-14}$$

式中　α_i——第 i 层路面结构层的导温系数(m^2/h)；

λ_i——第 i 层路面结构层的导热系数[$W/(m \cdot K)$]；

h_i——第 i 层路面结构层的结构层厚度(m)。

求解偏微分方程式(3-13)需已知初始时刻 $t=0$ 的路面温度 $T_i(z,0)$,以及路表边界的温度 $T_1(0,t)$,或路表热流 $q_1(0,t)$。路表热流 $q_1(0,t)$ 可表示为

$$q_1(0,t) = -\lambda_1 \frac{\partial T_1(0,t)}{\partial x} = \alpha_s q_s(t) - B_c[T_1(0,t) - T_a] - C(\varepsilon_p T_s^4 - \alpha_a \varepsilon_a T_{sky}^4) + \Theta \tag{3-15}$$

式(3-15)右边第一项 $\alpha_s q_s(t)$ 为路面吸收太阳辐射量。其中,α_s 为路表对太阳辐射的吸收率;$q_s(t)$ 为太阳辐射强度,可表示为

$$q_s = k\hat{q}_{sun} \sin h_\odot \tag{3-16}$$

式中　k——云、水汽、浮尘等影响的折减系数;

$\hat{q}_{sun}$——太阳辐射强度常数(1 353 W/m²);

$h_\odot$——太阳高度角,与地理纬度、太阳赤纬以及时刻有关。

式(3-15)右边第二项 $B_c[T_1(0,t)-T_a]$ 为路面与空气热对流交换的热流损失。其中,系数 B_c 称为地气对流传热系数,它与风速、空气湿度等因素有关,一般在 18～26 W/(m²·K) 之间变化。

式(3-15)右边第三项 $C(\varepsilon_p T_s^4 - \alpha_a \varepsilon_a T_{sky}^4)$ 为路面与天空相互辐射的热流损失量。其中:

C——黑体辐射常数,其值为 5.673×10^{-8} W/(m²·K⁴);

ε_p——路面辐射发射率,取值为 0.60～0.66;

ε_a——天空辐射发射率,取值为 0.87～0.91;

α_a——路表长波吸收率,取值为 0.82～0.88;

T_s——路表温度(K);

T_{sky}——天空有效温度(K)。

式(3-15)右边第四项 Θ 为雨水吸热以及水蒸发热,此影响较为复杂,与降水时长、降水强度以及路面材料的密水性、蓄水率等因素有关,目前大多被忽略。

对微分方程式(3-15)进行差分解,结果表明:①未设如 EPS 等高效隔热层时,将多层路面结构温度场求解简化为半无限体的热传导问题是基本可行的,偏差一般不超过 0.5℃;②路面与天空相互辐射与路表温度和天空有效温度的 4 次幂有关,以往研究中大多进行了一阶泰勒近似,这种近似可能引起路表最高温度偏差超过 1℃。上述两个问题,就当前数值计算能力而言,已无必要。

以往大多数研究中存在着一个较大的问题,将表征天空指向地面的大气辐射总量的温度参数——天空有效温度 T_{sky} 与近地的大气温度 T_a 相混淆。天空有效温度 T_{sky} 与所在地区的时(季节)空(纬度、海拔)、空气湿度和云量等因素有关。当云层厚且低时,天空逆辐射以云层为主,T_{sky} 接近气温;在无云干燥天气,臭氧的辐射量比例增大,T_{sky} 向臭氧层温度靠近。有研究指出,我国的 T_{sky} 值与气温 T_a 的差值从南到北递增,夏季变化在 -16～-12℃,冬季变化在 -27～-15℃。由于天空有效温度 T_{sky} 的影响因素众多,且未列于气象监测项目,因此,被过去研究者所忽视。

图 3-11 给出了天空有效温度 T_{sky} 与气温 T_a 之差 $\Delta T(=T_a-T_{sky})$ 为 10℃，20℃ 和 30℃ 时，天空有效温度 T_{sky} 与仍按气温 T_a 取值，造成的路面最高温度偏差值与温度日较差偏差值。从图中可以看到，天空温度 T_{sky} 用气温 T_a 代替，会使路面结构的整体温度偏高，但对温度日较差的影响稍小；随着深度增加，最高温度的偏差量减小甚微，而温度日较差的偏差有增大之势，也就是说，天空有效温度将对路面温度场带来全局性的不利影响。

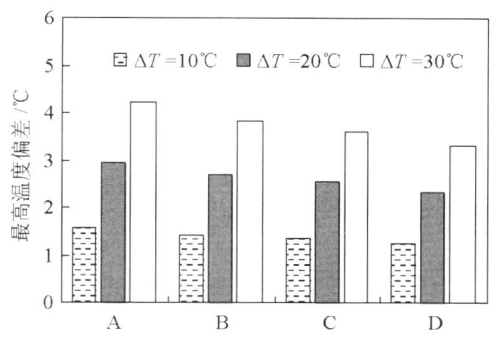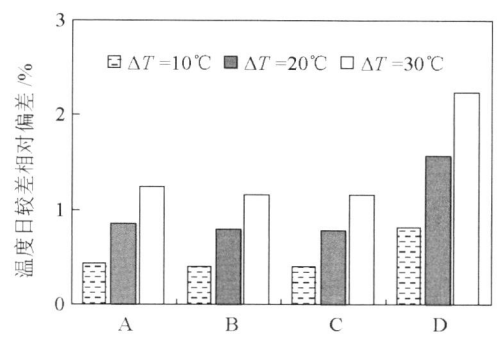

A：路表；B：沥青面层底层（$z=15$ cm）；C：基层底面（$z=40$ cm）；D：土基顶面（$z=80$ cm）

图 3-11　天空有效温度估计偏差的影响

图 3-12 给出了宁波 2009 年夏季连续 11 d 根据路表热通量反算的天空有效温度 T_{sky} 与气温 T_a 之差值 $\Delta T(=T_a-T_{sky})$。由图可见，宁波夏季的天空有效温度 T_{sky} 比气温低 15～32℃；天空有效温度变化较为复杂，规律难寻。因此，准确地估计天空有效温度将成为路面温度场研究的关键问题之一。

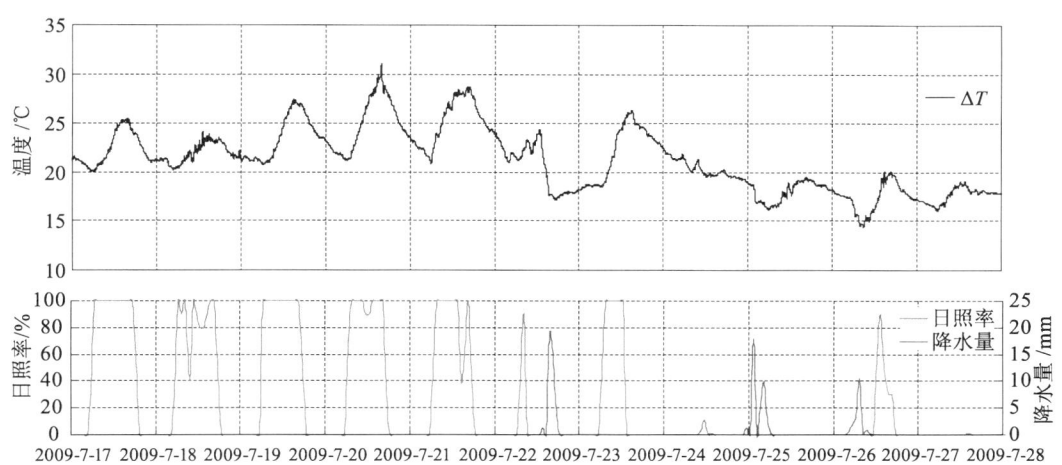

图 3-12　天空有效温度与气温之差值 ΔT

应用差分数值解，对路面材料的热工参数进行反演和标定，标定结果列于表 3-8。差分解在晴、多云和阴天可获得令人满意的拟合结果；但在降水时段，由于未考虑雨水吸热以及水蒸发热影响，拟合精度不高，若不考虑降雨对路面的降温作用，可能造成路表温度理论解偏高 3～4℃，如图 3-13 所示。

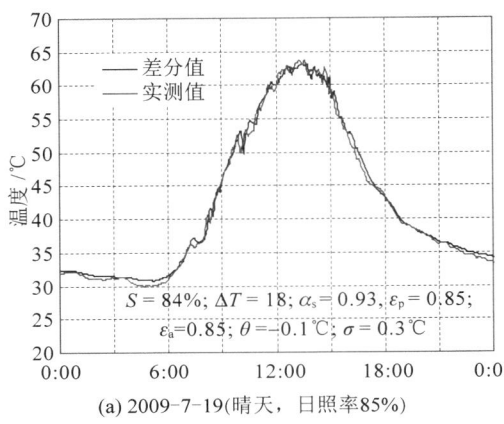
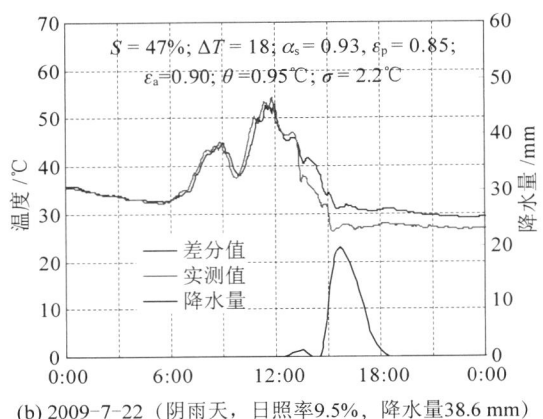

(a) 2009-7-19(晴天，日照率85%)　　　　(b) 2009-7-22（阴雨天，日照率9.5%，降水量38.6 mm）

图 3-13　路表温度差分值与实测值(宁波站)

表 3-8　　　　　　　　　　沥青路面结构热工参数

α_s	0.88~0.95	ε_p	0.80~0.90
$\lambda/(W \cdot m^{-1} \cdot K^{-1})$	0.9~1.1	ε_a	0.76~0.92
$a_1/(m^2 \cdot h^{-1})$	0.0024~0.0028	α_s	0.82

3. 路面结构温度特征值

根据能量守恒关系，考虑太阳辐射（短波）、对流换热、大气和路面的长波辐射之间的热量平衡，利用有限差分法反演了各地路面材料的热工参数。同时，选择与路表热流组成要素相对应的气象要素特征值作为影响变量，采用广义多元回归方法确定了各影响变量的回归系数，建立了既具普适性且精度较高的理论-经验路面结构温度特征值估算模型。

（1）路表温度日极值

路表日最高温度 $T_{s,h}$ 的回归式如式(3-17)所示；路表日最低温度 $T_{s,l}$ 的回归式如式(3-18)所示。

$$T_{s,h} = T_{a,h} + e^{-0.015v} \left[0.08 \frac{\sqrt{a_1} \alpha_s}{\lambda} \frac{Q_s}{\sqrt{t_d}} - 10(\varepsilon_p - \alpha_p \varepsilon_a) \cdot \frac{T_{a,hl}^{0.25}}{0.3 + 0.0128\overline{w}} - \frac{0.1}{\lambda}(\overline{T}_a^{2d} - \overline{T}_a) + 0.2\overline{T}_a^{30d} \right] \quad (3\text{-}17)$$

$$T_{s,l} = T_{a,l} + e^{-0.015v} \left[-3.0(\varepsilon_p - \alpha_p \varepsilon_a) \frac{T_{a,hl}^{0.25}}{0.3 + 0.0128\overline{w}} - \frac{0.2}{\lambda}(\overline{T}_a^{2d} - \overline{T}_a) + 0.12\overline{T}_a^{30d} \right] \quad (3\text{-}18)$$

图 3-14 给出了利用回归式(3-17)、式(3-18)得到的各地路表温度日极值估计值和实测值的散点图。路表日最高温度估算值与实测值残差 S 的平均值 A_s 和标准差 σ_s 分别 -0.1℃，2.9℃（广州）；0.5℃，3.3℃（宁波）；0.4℃，3.6℃（大同）。大同、宁波、广州三地的路表日最低温度估算值与实测值残差 S 的平均值 A_s 不超过±0.3℃，标准差 σ_s 小于1.5℃。

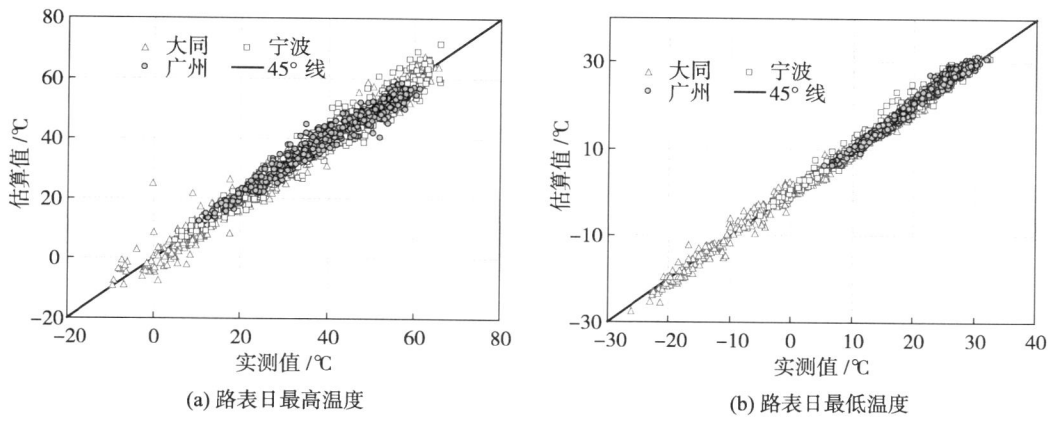

图 3-14 沥青路表温度日极限实测值与估算值

（2）温度日较差的深度衰减系数

路面结构不同深度处的温度日较差 T_{hl}（日最高温度 T_h 与日最低温度 T_l 之差）随距路表深度 z 增加而减小，给定深度 $z=z_0$ 处的温度日较差 $T_{hl}(z_0)$ 与路表温度日较差 $T_{hl}(0)$（记作 $T_{s,hl}$）之比称为温度日较差深度衰减系数 ξ，其回归式为

$$\xi(z) = \exp\left[-0.42\left(\frac{z}{\sqrt{\alpha}}\right)^{0.92}\right] \tag{3-19}$$

（3）日平均温度

消除昼升夜降变化之后的路面结构层任一深度 z 的日平均温度 $\bar{T}(z)$ 可视为以年平均温度 $\bar{T}_y(z)$ 为基准的周期振荡变化，振荡幅度随着深度增大而逐渐减小，其变化规律可表示为

$$\begin{cases} \bar{T}(z) = \bar{T}_y(z) + k(\bar{T}_s^{id} - \bar{T}_{s,y}) \\ k = 1 - 0.026\dfrac{z}{\sqrt{\alpha}} \end{cases} \tag{3-20}$$

式中 $\bar{T}_s^{id}$——i 日的路表平均温度；

$\bar{T}_{s,y}$——路表的年平均温度；

k——日平均温度振幅衰减系数。

路表温度平均值 $\bar{T}_s^{id}$ 的统计时间长度与深度 z 有关，$z<100\,\text{mm}$ 时，$\bar{T}_s^{id}$ 为当日的路表平均温度，即 $i=1$；$z \geqslant 100\,\text{mm}$ 之后，每增加 100 mm，$\bar{T}_s^{id}$ 的统计时间长度向前增加一天，即

$$i = \text{int}(z/100) \tag{3-21}$$

由于路表太阳辐射吸收率高于普通裸地土面，因此，路面结构内的年平均温度 $\bar{T}_y$ 高于气象参数之一的裸地年平均温度 $\bar{T}_{soil,y}$，沥青路面高出 4℃ 左右，水泥混凝土路面高出 2℃ 左右。因此，新建道路的路面结构存在持续向土基输热效应，从而造成了路面结构年平均温度

$\bar{T}_y$ 随深度递减的现象。统计发现,一年期的路面温度测站的路面结构年平均温度 $\bar{T}_y$ 可表示为

$$\bar{T}_y(z) = \bar{T}_{\text{soil},y} + (\bar{T}_{s,y} - \bar{T}_{\text{soil},y})\exp\left[-0.42\left(\frac{z}{\sqrt{\alpha}}\right)^{0.92}\right] \quad (3\text{-}22)$$

(4) 温度日正较差

路面温度日正较差(日最高温度与日平均温度之差)大于其温度日负较差(日平均温度与日最低温度之差),随着深度的增加,这种差距会逐渐减弱。温度正较差之比 θ 的定义与回归式为

$$\theta(z) = \frac{T_h(z) - \bar{T}_z}{T_{hl}(z)} = 0.53 + 0.13\exp\left(-0.581\frac{z}{\sqrt{\alpha}}\right) \quad (3\text{-}23)$$

(5) 任一深度的日温度极值

路面结构任一深度的日温度极值——日最高温度 T_h 和日最低温度 T_l 可表示为

$$\begin{cases} T_h(z) = \bar{T}_y(z) + k(\bar{T}_s^{id} - \bar{T}_{s,y}) + \xi(z)\theta(z)T_{s,hl} \\ T_l(z) = \bar{T}_y(z) + k(\bar{T}_s^{id} - \bar{T}_{s,y}) - \xi(z)[1 - \theta(z)]T_{s,hl} \end{cases} \quad (3\text{-}24)$$

利用此公式得到的宁波、大同、广州三地,江苏镇溧高速公路、山东济莱高速公路两地的路面温度日最高、最低温度估计值与实测值之残差 S 的均值 A_s 不超过 1.5℃,标准差 σ_s 不超过 0.6℃。

4. 路面温度日变化规律

(1) 路表温度

路表温度日变化规律采用二阶段法拟合,如图 3-15 所示。白天升温过程及高温区段采用余弦函数表征,降温过程采用负指数函数表征:

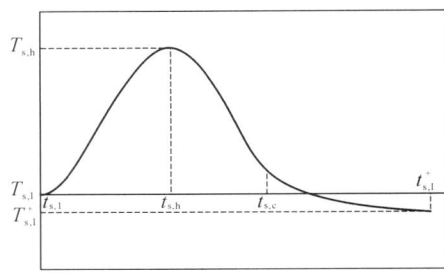

图 3-15 路表温度日变化拟合示意图

$$T_s(t) = \begin{cases} \dfrac{T_{s,h} + T_{s,l}}{2} - \dfrac{T_{s,h} - T_{s,l}}{2}\cos\left(\pi\dfrac{t - t_{s,l}}{t_{s,h} - t_{s,l}}\right), & t_{s,l} \leqslant t < t_{s,c} \\ (T_{s,c} - A)\exp[-\beta_s(t - t_{s,c})] + A, & t_{s,c} \leqslant t < t_{s,l}^+ + 24 \end{cases} \quad (3\text{-}25)$$

$$A = \frac{T_{s,l}^+ - T_{s,c}\exp[-\beta(t_{s,l}^+ + 24 - t_{s,c})]}{1 - \exp[-\beta(t_{s,l}^+ + 24 - t_{s,c})]}$$

式中 $T_{s,l}$——路表日最低温度(℃);

$T_{s,h}$——路表日最高温度(℃);

$t_{s,l}$——路表日最低温度出现时刻;

$t_{s,h}$——路表日最高温度出现时刻;

$t_{s,c}$——二阶段交接时刻;

$T_{s,c}$——二阶段交接时刻的路表温度,用 $t_{s,2}$ 代入第一阶段方程求得;

$t_{s,l}^+$ —— 第二天路表最低温度出现时刻；

$T_{s,l}^+$ —— 第二天路表最低温度(℃)；

β —— 降温速率的参数；

β_s —— 路表降温速率的参数。

路表日最低温度出现时刻 $t_{s,l}$ 的统计结果表明，路表日最低温度出现时刻 $t_{s,l}$ 可取日出时间 t_{sunrise}(真太阳时)；路表日最高温度出现时刻 $t_{s,h}$ 可近似取 13:00(真太阳时)。两阶段交接点时刻 $t_{s,c}$ 可取日落前 1/6 日长 t_d 对应的时刻，即

$$t_{s,c} = t_{\text{sunrise}} + \frac{5}{6} t_d \tag{3-26}$$

降温速率参数 β_s 与降温总量和云量等因素有关，可近似表示为

$$\beta_s = 0.07 \ln(T_{s,h} - T_{s,l}^+), \quad T_{s,h} > T_{s,l}^+ + 1 \tag{3-27}$$

路表温度拟合值与实测值之间残差 S 的标准差 σ_s 在 0.9~2.5℃ 之间，平均残差 A_s 在 -1.0~0.3℃ 之间。其中，晴天和阴雨天的 σ_s 在 0.5~1.0℃ 之间，A_s 在 -0.2~0.34℃ 之间，说明各测站晴天和阴雨天的拟合值与实测值能较好地吻合。但对于多云天气，拟合值与实测值之间 σ_s 为 1.0~2.8℃，A_s 为 -1.7~-0.5℃，说明多云天气的路面温度拟合值普遍高于实测温度。为此，引入多云天气修正系数 ξ，通过修正路表日最高温度 $T_{s,h}$，使其拟合曲线的日平均温度与实际值相同。多云天气修正系数 ξ 的回归式为

$$\xi = \begin{cases} 1, & S \geqslant 0.8 \\ 0.9 + S/8, & 0 < S < 0.8 \end{cases} \tag{3-28}$$

式中 S —— 日照率。

(2) 不同深度处的路面温度

与路表温度日变化规律类似，不同深度处的路面温度日变化 $T(t,z)$ 也可用式(3-25)所示的二阶段模型进行拟合。但是，路面结构的日最低温度出现时刻 t_l、日最高温度出现时刻 t_h、二阶段分界时刻 t_c 均比路表温度的 $t_{s,l}$、$t_{s,h}$、$t_{s,c}$ 延后，它们可近似表示为

$$\begin{cases} t_l(z) = t_{s,l} + 2\tau(z) \\ t_h(z) = t_{s,h} + 3.5\tau(z) \\ t_c(z) = t_{s,c} + 3\tau(z) \end{cases} \tag{3-29}$$

式中 $\tau(z)$ —— 理论滞后时间，$\tau(z) = z\sqrt{\dfrac{\pi}{24\alpha}}$。

3.2.2 沥青面层温度场的分布规律

收集到 98 个城市的多年完整性气象资料，包括气温、太阳辐射、日照率、湿度、风速等。按标定的路面材料热力参数，重构沥青路面温度场，进而总结沥青路面温度场的分布规律。

1. 沥青路表温度

全国各地沥青路表温度的分布形态有三类。

第一类是不对称双峰形态[图3-16(a)]。这种形态下的沥青路面平均温度的分布频率在两个温度区间段内达到峰值，可称其为"高温区峰值"和"低温区峰值"。高温区频率峰值和低温区频率峰值之差通常在1‰以内，双峰间距随着纬度的增加而增大。该类曲线分布形态最为广泛，其分布区域包括华北地区中南部、华中地区、华东地区大部、西北地区东部、西南地区。

第二类是单峰形态[图3-16(b)]。这种形态下的沥青路面平均温度的分布频率只有一个峰值突起，其值大于第一类形态的峰值。随着层厚增加，峰值逐渐增大，平均温度的跨度减小。该类曲线分布的主要区域为华南地区。

第三类是过渡形态[图3-16(c)]。这种形态介于前两类曲线形态之间；或者虽能看出双峰形态，但低温区峰值明显低于高温区峰值；或者前一个峰比较平缓，没有明显突起；或者呈多峰形态。但是，这一类形态的高温区峰值仍比较明显。代表区域为东北地区、华北地区北部、西北地区大部及部分西南地区。

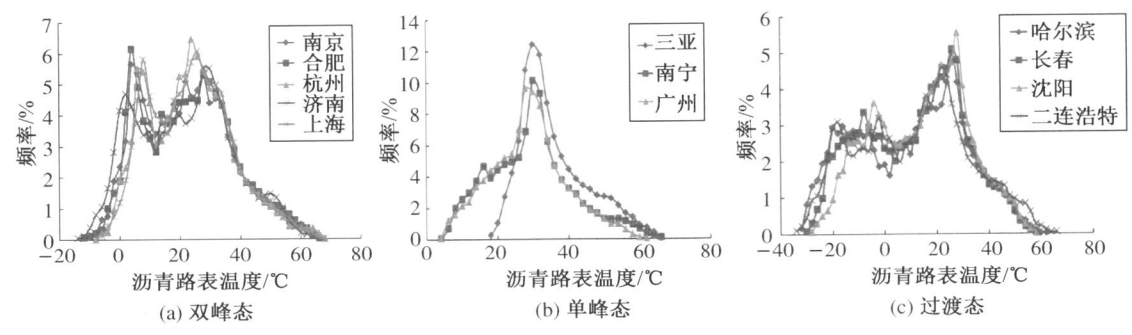

图 3-16　沥青路表温度的分布形态

沥青路表温度的年均值 μT_s 与年标准差 σT_s 与一些气象参数之间具有良好的相关关系，在已知太阳辐射量的情况下，路表温度年均值 μT_s 与年标准差 σT_s 可表示为

$$\begin{cases} \mu T_s = 1.108\mu T_a + 0.30\bar{Q}_d - 0.078\sigma T_a + 1.21 \\ \sigma T_s = 0.918\sigma T_a + 0.31\bar{Q}_d + 2.59 \end{cases} \quad (3-30)$$

式中　μT_a——年均气温(℃)；

　　　σT_a——气温年标准差(℃)；

　　　$\bar{Q}_d$——年平均日太阳辐射量[kJ/(m² · d)]。

若缺少太阳辐射量资料，路表温度的年均值 μT_s 与年标准差 σT_s 可近似为

$$\begin{cases} \mu T_s = 1.124\mu T_a + 0.56H + 4.00 \\ \sigma T_s = 0.949\sigma T_a + 0.44H + 6.34 \end{cases} \quad (3-31)$$

式中　H——地区的海拔(km)。

98个城市的路表温度年均值回归值[式(3-30)]与实际值之残差的标准差仅为0.22℃，年标准差回归值与实际值之残差的标准差为0.54℃。回归式(3-31)的精度稍低于回归式(3-30)的精度，路表温度年均值回归与实际值之残差的标准差为0.64℃，年标准差回归值

与实际值之残差的标准差为 0.87℃。

2. 沥青层平均温度

新建沥青面层平均温度的年均值 μT_z 随着深层厚度的增加有逐渐减小的趋势,其原因是沥青路面的路表太阳辐射吸收率高于普通裸地土面,具有持续向土基输热效应,随着建成年限增加,此现象逐渐消失。

沥青面层平均温度年分布形态与路表的相同,其标准差 σT_z、变异系数 $C_v T_z$、偏态系数 $C_s T_z$ 均随着层厚的增加逐渐减小,其中,标准差 σT_z 与沥青层厚 h_a 的关系可表示为

$$\sigma T_z = \sigma T_s e^{-0.85 h_a} \tag{3-32}$$

3. 沥青层温度梯度

沥青层温度梯度的日变化规律与路面温度的日变化规律有着相似之处,均呈现周期性变化。表层的最大峰值出现在正午时刻,最小峰值出现在日落后。随着层厚的增加,最大峰值和最小峰值的绝对值均逐渐减小,出现的时间也相应推后,这与沥青层温度的日变化规律相同。

沥青面层的温度梯度随同层平均温度的升高而增大,其变化规律可以分为三个阶段:第一阶段曲线的斜率较小;第二阶段曲线斜率趋近于零,呈平缓过渡状;第三阶段曲线的斜率明显增大,层温度梯度值随层均温度的升高快速增大。第一阶段和第二阶段的转换点不明显,但第二阶段和第三阶段的转换点对应的层均温度随着纬度的减小而升高。随着沥青面层厚度增加,沥青面层内的最大正温度梯度减小,最小负温度梯度变化不明显。

图 3-17 所示为大同站、宁波站和广州站沥青层温度梯度变化。

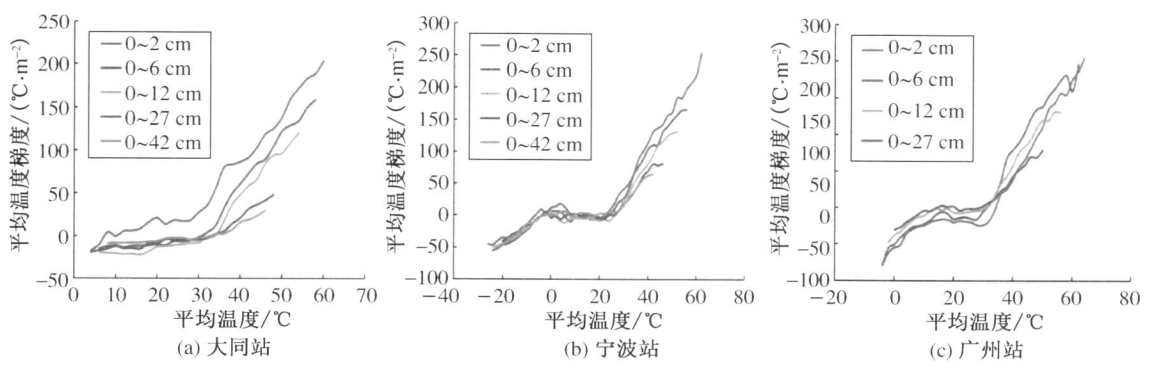

图 3-17 沥青层温度梯度变化

3.2.3 沥青面层的等效温度

1. 等效温度的构建思路与原则

计入路面温度场对沥青路面路用性能影响的对策有两大类。一类是计算不同路面温度状况下轴载作用引起的路面结构响应,然后按 Miner 叠加原理累积其总损伤,如 AASHTO 的 MEPDG,此方法需要详尽的路面温度场资料,且设计过程十分繁琐。另一类是等效温度法,即按沥青层等效温度计算路面结构的力学响应,如 Shell 设计方法。沥青层等效温度的

获取有两个途径：其一是计算典型路面温度场和轴载谱条件下的路面结构响应，按总损伤等效原则推算得到对应路面结构和温度场的沥青面层等效温度，然后汇总得到沥青面层等效温度的回归式；其二是根据大量、长期的试验数据，直接推算沥青面层等效温度，再与相关的气候参数、路面结构参数建立经验关系式。此方法应用简便，但精度受到等效温度来源和回归精度的影响。

AASHTO 对路面温度场的处理方法较为合理，它考虑了不同地区路面温度场的差异，通过细划沥青面层能较好地计入沥青面层不同温度分布对路面结构响应的影响，从而精确地估计沥青路面的疲劳寿命。但该方法需要大量、长期的气象数据库。

Shell 设计方法根据沥青层的有效黏度等效原则，建立了平均气温与沥青层等效温度之间的关系，并以此为依据，提出了基于气温和沥青面层厚度的等效温度推算方法。Shell 方法的不足是未能仔细考虑沥青面层复杂的非线性温度分布对路面结构响应的影响。

美国 Witczak 对沥青路面等效温度的研究开展得较早，其最初成果见诸 SHRP A-407 和 SHRP A-001 项目中，其中指出，沥青面层疲劳等效温度用面层 1/3 深度处的年均温度 $MAPT$ 近似，而车辙等效温度仅与车辙容许深度和地理位置有关。

Andres Sotil、Mohamed El-Basyouny 和 Myung Goo Jeong 陆续对 Witczak 方法和回归式进行补充和完善，纳入了更多的影响因素，包括：路面有效深度、沥青面层厚度、气温、风速、降雨量、日照百分比、相对湿度、胎压、轴载作用频率等。

孙立军、栗培龙、李静等人参照美国 Witczak 处理方法，以总损伤量等效原则反算了沥青面层疲劳、车辙的等效温度。这些研究均不考虑面层不同温度分布对路面结构响应的影响，实质上是难以满足总损伤量等效原则的。

在前述的我国沥青路面温度场分布规律研究成果的基础上，分析沥青面层不同温度分布与车辆荷载共同作用下路面结构的力学响应规律，进而按照损伤线性叠加原理，求解针对路面结构中具体计算点和具体路用性能（疲劳寿命、车辙）的路面等效温度，为沥青路面设计提供参考。

2. 等效温度的计算方法

当沥青面层温度场 $T(z,t)$ 已知时，根据沥青混合料模量的热敏关系式 $E[T(z,t)]$，可推算出沥青面层的模量分布状况，由此可细分沥青面层，进而应用弹性层状体系理论，或根据其他数值计算方法或回归式，计算出任一时刻 t 在标准轴载作用下的路面结构响应，例如，沥青面层层底的弯拉应变 ε_a、土基顶面压应变 ε_z、基层层底的弯拉应力 σ_b、沥青面层的压应力 σ_a。

根据沥青路面材料的疲劳方程，可推算出任一时刻 t 的路面结构疲劳寿命 $N(t)$，此时若已知车辆轴载在时间上的分布规律，根据损伤线性累加的 Miner 叠加原理，计算出指定的设计指标在路面结构整个设计期的疲劳总损伤 D：

$$D = n_0 \int_0^{t_0} \frac{f_n(t)}{N(t)} dt \tag{3-33}$$

式中　n_0——路面结构在整个设计期的标准轴载作用次数；

f_n——标准轴载的时间分布密度函数。

根据积分中值定理,可找到一沿沥青层厚度均匀分布的温度 T_e,使其求得的路面在整个设计期的疲劳总损伤 D_f 与式(3-33)求得的 D 相等,这一温度即为沥青面层的等效温度。

在沥青面层等效温度的处理中,采用的假设和疲劳方程如下:

(1) 标准轴载的时间分布近似视为均匀分布。

(2) 温度在面层厚度方向的线性分布,即沥青面层温度场 $T(z, t)$ 表示为

$$T(z, t) = \mu T_a(t) + \mu T_g(t) \cdot \left(z - \frac{h_a}{2}\right) \tag{3-34}$$

(3) 沥青层模量 E_a 与温度 T 的关系:

$$E_a(T) = E_{a,20} \cdot 10^{\alpha(20-T)} \tag{3-35}$$

式中 $E_{a,20}$——20℃ 时沥青混合料的模量(MPa);

α——沥青混合料的热敏系数(℃$^{-1}$)。

(4) 路面各设计指标的疲劳方程分别如下:

① 沥青混合料疲劳开裂

$$N_{a,f} = f_a(\varepsilon_a, E_a) = A_a \left(\frac{1}{\varepsilon_a}\right)^{B_a} \left(\frac{1}{E_a}\right)^{C_a} \tag{3-36}$$

式中 A_a、B_a、C_a——回归系数,其中,$B_a = 3.9 \sim 4.3$;C_a 与加载条件有关,常应变加载时,$C_a = 1.58$,常应力加载时,$C_a = 1.15$。

② 刚性、半刚性基层疲劳开裂

$$N_{b,f} = f_b(\sigma_b) = \frac{A_b}{\sigma_b^{B_b}} \tag{3-37}$$

式中 A_b、B_b——回归系数,其中,B_b 可称之为基层疲劳指数,贫混凝土的 B_b 值接近16,石灰粉煤灰碎石和水泥稳定碎石的 B_b 值为 $12 \sim 14$。

③ 路基永久变形

$$N_{s,f} = f_s(\varepsilon_z) = \frac{A_s}{\varepsilon_z^{B_s}} \tag{3-38}$$

式中 A_s、B_s——回归系数,其中,$B_s = 3.7 \sim 5.2$。

④ 沥青面层车辙

$$N_{r,f} = A_r \left\{\int_0^{h_a} \frac{\varepsilon_z(z)}{E_a[T(z, t)]} dz\right\}^{B_r} \tag{3-39}$$

式中 A_r、B_r——回归系数,其中,$B_r = 0.3 \sim 0.5$。

3. 沥青层基准等效温度

任何一个沥青路面的设计指标均受沥青层温度变化的影响,其影响程度与路面结构组合、结构层厚度、材料模量、沥青混合料的热敏性等因素有关,其疲劳寿命除了与设计指标值

有关之外,还与材料抗力相关。为了简化计算,针对不同路面结构设计指标设定不同的基准路面结构,其技术参数如下:

(1) 沥青面层疲劳开裂和路基永久变形

沥青面层:层厚 $h_a=0.18$ m,20℃ 时弹性模量 $E_{a,20}=4\,000$ MPa,沥青混合料热敏系数 $\alpha=0.02$;

粒料基层:层厚 $h_b=0.40$ m,弹性模量 $E_b=400$ MPa;

路基:弹性模量 $E_0=100$ MPa。

(2) 基层疲劳开裂

沥青面层:层厚 $h_a=0.18$ m,20℃ 时弹性模量 $E_{a,20}=4\,000$ MPa,沥青混合料热敏系数 $\alpha=0.02$℃$^{-1}$;

半刚性基层:层厚 $h_b=0.30$ m,弹性模量 $E_b=7\,000$ MPa,基层疲劳指数 $B_b=12$;

路基:弹性模量 $E_0=100$ MPa。

(3) 沥青面层车辙

沥青面层:层厚 $h_a=0.18$ m,20℃ 时弹性模量 $E_{a,20}=4\,000$ MPa,沥青混合料热敏系数 $\alpha=0.02$;

路基:弹性模量 $E_0=100$ MPa。

计算得到了具有完整气象资料的全国 98 个地区不同路面结构设计指标的沥青层基准等效温度,并与当地的海拔 H(km) 以及路表温度统计值 μT_s, σT_s 之间建立了回归式。

$$\hat{T}_{ef,i}=\mu T_s+a_{e,i}\sigma T_s-b_{e,i}H-c_{e,i},\quad i=\text{a, b, s, r} \tag{3-40}$$

式中 $a_{e,i}$, $b_{e,i}$, $c_{e,i}$——与设计指标有关的回归系数,见表 3-9。

表 3-9 基准等效温度的回归系数 $a_{e,i}$, $b_{e,i}$, $c_{e,i}$

设计指标		$a_{e,i}$	$b_{e,i}$	$c_{e,i}$	残差标准差 /℃
沥青面层疲劳开裂	常应变加载	0.64	0.45	5.8	0.14
	常应力加载	0.75	0.53	6.7	0.49
基层疲劳开裂		0.96	0.90	6.5	0.61
路基永久变形		0.11	0.55	1.3	0.35
沥青面层车辙		1.06	0.55	5.2	0.56

上述 4 种标准等效温度中,路基永久变形的基准等效温度 $\hat{T}_{ef,s}$ 最小,面层疲劳的基准等效温度 $\hat{T}_{ef,a}$ 次之,车辙的基准等效温度 $\hat{T}_{ef,r}$ 最大。以常应变面层疲劳基准等效温度 $\hat{T}_{ef,a\varepsilon}$ 为基准,常应力面层疲劳基准等效温度 $\hat{T}_{ef,a\sigma}$ 高 1℃ 左右,路基永久变形基准等效温度 $\hat{T}_{ef,s}$ 低 4~8℃,基层疲劳等效基准温度 $\hat{T}_{ef,b}$ 偏大 1~5℃;车辙等效温度 $\hat{T}_{ef,r}$ 偏大 5~10℃。以当地年均气温为基准,面层疲劳基准等效温度 $\hat{T}_{ef,a}$ 高 7~14℃,基层疲劳基准等效温度 $\hat{T}_{ef,b}$ 高 9~20℃,车辙基准等效温度 $\hat{T}_{ef,r}$ 高 11~24℃,路基永久变形基准等效温度 $\hat{T}_{ef,s}$ 高 4~6℃。

4. 非基准结构的影响

对一般路面结构的沥青层等效温度的计算结果分析表明，影响沥青层等效温度的因素除了设计指标与所在地区之外，主要有沥青混合料模量的热敏系数 α、沥青面层厚度 h_a、沥青混合料 20℃ 模量与路基模量比 λ_E、面层与基层的刚度比 λ_I，以及材料的疲劳指数（沥青混合料的 B_a，C_b，B_r；基层材料的 B_b；路基材料的 B_s）。

随着热敏系数 α 的增大，所有设计指标的等效温度均升高，二者关系近似为线性；沥青面层厚度 h_a 的影响稍复杂，在面层较薄时，等效温度随面层厚度的增大而升高，在面层厚度 0.2 m 附近转为下降；随着面层与路基的模量比 λ_E 增大，沥青面层疲劳开裂指标和路基永久变形指标的等效温度均升高，但增大速率逐渐减小；随着面层、基层弯曲刚度比增大，车辙等效温度呈下降之势。

为了方便应用，对车辙等效温度的回归式作了进一步简化，保守地忽略了影响较小的海拔 H 的影响，并将自变量路表温度统计值 μT_s 和 σT_s 改为两个气象统计参数：年均气温 μT_a 和最热月平均气温与最冷月平均气温之差 $\Delta T_{a,mon}$，非基准结构的影响仅纳入了影响较为显著的沥青面层厚度 h_a 一个因素。简化后的回归式如下：

$$T_\xi = 1.04\mu T_a + 0.22\Delta T_{a,mon} + 0.016 h_a \tag{3-41}$$

式中　h_a——沥青面层厚度（m）。

3.2.4　沥青面层等效温度系数

1. 等效温度系数定义

为了应用方便，对沥青面层疲劳开裂、基层疲劳开裂和路基永久变形三个设计指标的验算中，未采用等效温度概念，而采用等效温度系数直接修正路面结构的设计疲劳寿命，等效温度系数定义为

$$k_{T,i} = \frac{N_{i,f}(20℃)}{N_{i,f}(T_{ef,i})}, \quad i = a, b, s \tag{3-42}$$

根据调研结果以及沥青混合料弹性模量范围值，对前述的基准路面结构进行了微调。沥青混合料 20℃ 的弹性模量改为 8 000 MPa，热敏系数改为 0.01 ℃$^{-1}$。

2. 基准等效温度系数

根据具有完整气象资料的全国 95 个地区的沥青面层基准等效温度系数 $\hat{k}_{T,i}$ 的计算结果，建立了更方便使用的回归式(3-43)，回归式中的自变量仅采用两个气象统计参数：年均气温 μT_a 和最热月平均气温与最冷月平均气温之差 $\Delta T_{a,mon}$，并将差异较小的相对于沥青面层、基层疲劳开裂设计指标的基准等效温度系数 $\hat{k}_{T,a}$，$\hat{k}_{T,a}$ 的回归式合一。

$$\begin{cases} \hat{k}_{T,i} = a_{T,i}x^2 + b_{T,i}x + c_{T,i}, & i = a, b, s \\ x = \mu T_a + d_{T,i}\Delta T_{a,mon} \end{cases} \tag{3-43}$$

式中　$a_{T,i}$，$b_{T,i}$，$c_{T,i}$，$d_{T,i}$——与设计指标有关的回归系数，见表 3-10。

表 3-10　　　　　　　　　　　　基准等效温度系数的回归系数

设计指标	$a_{T,i}$	$b_{T,i}$	$c_{T,i}$	$d_{T,i}$
沥青面层疲劳、基层疲劳	0.000 6	0.027	0.71	0.05
路基永久变形	0.001 3	0.003	0.73	0.08

沥青面层疲劳的等效温度系数 $\hat{k}_{T,a}$、基层疲劳的等效温度系数 $\hat{k}_{T,b}$ 和路基永久变形的等效温度系数 $\hat{k}_{T,r}$ 是根据回归式(3-43)推算得到的。

3. 非基准结构的修正

通过对常见路面结构的沥青面层等效温度系数 $K_{T,i}$ 的变化规律的研究,在固定材料疲劳指数并忽略影响量小于 10% 的结构参数变动条件下,回归得到了一般路面结构的沥青面层等效温度系数的计算式:

$$k_{T,i} = A_{h,i} A_{E,i} \hat{k}_{T,i}^{1+B_{h,i}+B_{E,i}} \tag{3-44}$$

式中　λ_E——20℃ 沥青面层模量与基层模量比,$\lambda_E = E_a/E_b$;

　　　λ_h——沥青面层厚度与基层厚度比,$\lambda_h = h_a/h_b$;

　　　A_h, A_E, B_h, B_E——回归系数,见表 3-11。

表 3-11　　　　　　　沥青面层等效温度系数的回归系数 A_h, A_E, B_h, B_E

设计指标	A_i 函数式	参数 a 取值		B_i 函数式	参数 b 取值	
		A_E	A_h		B_E	B_h
面层疲劳	$A_i = (\lambda_i/\bar{\lambda}_i)^a$	0.09	0.17	$B_i = b\ln\dfrac{\lambda_i}{\bar{\lambda}_i}$	0.14	0.23
基层疲劳	$A_i = 1 + a(\lambda_i/\bar{\lambda}_i - 1)$	0.11	0.33		0.15	0.44
土基疲劳		0.11	0.30		0.12	0.38

以上沥青层等效温度系数的分析和回归式均是建立在面层、基层和路基的三层路面结构模型之上。当沥青面层或基层由两层或两层以上不同材料结构层组成时,需按弯曲刚度相等原则近似成一均匀当量面层或基层。两层不同材料时,当量层厚度与模量计算式如式(3-44)所示,超过两层时,重复利用此式,自上而下逐层换算,简化为由当量沥青面层、当量基层和路基构成的三层路面结构。

$$\begin{cases} h_i^* = h_{i,1} + h_{i,2} \\ E_i^* = \dfrac{E_{i,1}h_{i,1}^3 + E_{i,2}h_{i,2}^3}{(h_{i,1}+h_{i,2})^3} + \dfrac{3}{h_{i,1}+h_{i,2}}\left(\dfrac{1}{E_{i,1}h_{i,1}} + \dfrac{1}{E_{i,2}h_{i,2}}\right)^{-1} \end{cases} \tag{3-45}$$

3.2.5　沥青面层等效温度和等效温度系数算例

1. 气候条件与路面结构

东北地区某公路,所在区域为北温带大陆性季风气候,自然区划属于Ⅱ-1,年平均气温为 6.3℃,月平均气温最低为 -14.5℃,月平均气温最高为 23.6℃。路面结构和结构层模量列于表 3-12。

表 3-12　　　　　　　　　水泥稳定碎石基层沥青路面结构及模量

结构层	材料类型	厚度/mm	结构层模量/mm
面层	AC13（SBS 改性沥青）	40	11 000
面层	AC20（90 号道路石油沥青）	60	9 000
面层	AC25（90 号道路石油沥青）	80	9 000
基层	水泥稳定碎石	360	10 000
底基层	级配碎石	200	250
路基	—	—	90

2. 温度调整系数和等效温度

（1）水泥稳定碎石基层疲劳温度调整系数

查表 3-10，水泥稳定碎石基层疲劳对应的温度调整系数的回归系数 $a_{T,b}=0.000\,6$，$b_{T,b}=0.029$，$c_{T,b}=0.71$，$d_{T,b}=0.05$。工程所在地年平均气温 $\mu T_a=6.3$℃，月平均气温最低为 -14.5℃，月平均气温最高为 23.6℃，则月平均气温年极差 $\Delta T_{a,mon}=38.1$℃。根据 $a_{T,b}$、$b_{T,b}$、$c_{T,b}$、$d_{T,b}$、μT_a、$\Delta T_{a,mon}$ 的取值，由式(3-43)计算得到基准路面结构温度调整系数 $\hat{k}_{Ti}=0.97$。代入结构层厚度和模量值，由式(3-44)和式(3-45)计算得到设计结构温度调整系数 $k_{Tb}=1.06$。

（2）沥青层永久变形等效温度

由年平均气温 $\mu T_a=6.3$℃，月平均气温的年极差 $\Delta T_{a,mon}=38.1$℃，沥青层厚度 $h_a=180$ mm，由式(3-41)计算得到沥青层永久变形等效温度为 17.8℃。

第4章
路面结构组合设计

路面结构是一种由多个层次、各层由不同类型和性质的材料组成的层状复合结构。各结构层分别承担不同的使命和任务,应具备不同的性能,满足不同的要求,并可由不同性质的材料组成。

沥青路面结构组合是沥青路面结构设计的重要内容。根据各结构层的特性,结合当地交通荷载、现有材料、地质地理、气候环境以及施工水平等要素,将路面构造物的各个组成部分以及路面结构的各个层次组合成满足使用性能要求的路面,是路面结构设计首要的内容和任务。

沥青路面结构类型可按基层材料性质分为无机结合料稳定类基层沥青路面、粒料稳定类基层沥青路面、沥青结合料类基层沥青路面和水泥混凝土基层沥青路面四种类型。路面结构组合设计主要应针对各种路面结构类型的力学特性、功能特性及其长期性能衰变规律和损坏特点,遵循路基路面综合设计的理念,保证路面结构安全、耐久和全寿命经济合理。

4.1 路面结构组合现状

常用沥青路面的结构层次,通常自上而下地分为面层、基层和路基三个基本层次,其中,面层和基层统称为路面结构。在路面各层的厚度较大或有功能划分需求时,可再细分为若干个层次,如面层分为表面层(或磨耗层)、中面层和下面层,基层分为基层和底基层等。

此外,路面结构内有时还设置起特殊作用(发挥特定功能)的层次,例如,起路面结构内部排水作用的排水层、缓解反射裂缝影响的应力吸收层或土工织物夹层、防止自由水下渗的封层或隔离层等。

表4-1为中国、美国和欧洲国家对沥青路面结构划分的层次和采用的术语,表中还附注了相应的英语术语。

表4-1　　　　　　　　　　各国沥青路面结构层次划分和术语

结构	中国	美国	欧洲国家	
路面结构 (pavement structure)	面层	面层 (surface course)	面层 (surfacing)	表面层或磨耗 (surface layer or wearing course)
	基层	基层 (base course)		联结层或结合层 [binder course(base course-UK)]
	底基层	底基层 (subbase)	基层 (base layer)	基层或上基层 [base course (road base-UK)]
	垫层			底基层或下基层(subbase)

(续表)

结构	中国	美国	欧洲国家
路基(subgrade)	路基	改善路基层 (prepared roadbed)	改善路基层或盖顶层 (capping layer-UK)
		路床土 (roadbed soil)	路基(subgrade)

注：UK 指该英文术语为英国所采用。

2006 版规范中，对处于过湿或潮湿状态的湿软路基要求设置垫层，并将其归入路面结构的范围内，同时又对路基提出了承载能力（回弹模量值）的要求。国外对路基提出了较明确的承载能力要求，在不满足承载能力要求的天然路基或路床上要求设置"盖顶层"（英国）、"改善路基层"（美国和法国），并归入路基范畴内。湿软路基显然不可能符合对路基承载能力的要求，需要对其湿度状况进行改善，而改善后的路基不再需要设置起排水或隔水作用的垫层了。将这个改善层次作为垫层放在路面结构内，必然会模糊对路基的要求。

垫层的主要作用为排水、隔水和防冻等。对于季节性冰冻地区的不均匀冻胀，也是路基的问题。当冰冻线深度达到中湿或潮湿路基的易冰冻土层内时，必须选用不易冻胀土（包括粒料和各种稳定土）置换冰冻线深度范围内的易冰冻土，以保证冰冻线内的路基不产生湿度积聚和冻胀病害。被置换层实际上是路基为了满足路面使用要求而设置的一个改善水温状况的层次，也可称作防冻层。它理应归入路基的范畴内，不宜单独列作路面结构的一个层次。

因此，将垫层归为路基结构的组成部分，主要功能是改善路基湿度状况、改善路基不均匀沉降和提高路基顶面回弹模量，而不再作为路面结构组合设计与验算的组成内容。

4.1.1 国外常用路面结构组合

1. 德国

德国的沥青路面典型结构层组合，按底基层类型的不同分为防冻层上沥青类基层、防冻层上沥青类基层和无机结合料稳定粗粒土底基层、防冻层上沥青类基层和无机结合料稳定级配碎石底基层、防冻层上沥青类基层和级配碎石底基层、防冻层上沥青类基层和级配砾石底基层、沥青类基层和级配碎石或级配砾石底基层 6 种形式。每种结构形式又可按交通荷载的繁重程度分为 7 个等级（标准轴载 100 kN），轻交通荷载等级的路面结构有些层次有所缺失。面层（表面层和联结层）和基层都采用热拌沥青混合料，表面层的厚度统一采用 40 mm，联结层的厚度采用 40 mm、80 mm 和不设三种，基层的厚度随交通等级的不同在 80～220 mm 范围内变化，分单层或多层铺设。底基层的厚度分为缺失、150 mm、200 mm 和 250 mm 四种。防冻层的厚度分为不设和随冻深变化两种。路面结构的总厚度按交通荷载等级的不同，分为 600～900 mm、500～800 mm 和 400～700 mm 三种，每一种厚度范围又可按防冻层厚度的不同分为 4 个级别（级差 100 mm）。路床顶面的回弹模量统一要求达到 45 MPa 以上，防冻层顶面的回弹模量为 100 MPa（最轻两个交通荷载等级）和 120 MPa（其他交通荷载等级）。沥青路面的各种典型结构组合汇于表 4-2。

表 4-2　　　　　　　　　　　德国沥青路面典型结构层组合

结构层位		材料类型	
面层	表面层	沥青玛蹄脂碎石、浇注式沥青混凝土、密级配沥青混凝土(厚 40 mm)	
	联结层	密级配沥青混凝土(厚 40 mm、80 mm 或缺失)	
基层	基层	密级配沥青混合料(厚 80～220 mm)	
	底基层	无机结合料稳定粗粒土或无机结合料稳定级配碎石 (厚 150 mm 或缺失)	级配碎石或级配砾石 (厚 150～250 mm 或缺失)
	防冻层	粒料(厚度视冰冻深度而定)或缺失	
路基	路基	路床顶面模量要求≥45 MPa	
总厚度		沥青层：120～340 mm*；路面结构：600～900 mm、500～800 mm 或 400～700 mm	

注：1. 最轻交通荷载等级除外。
　　2. * 指采用沥青碎石基层。

2. 法国

法国的公路分为高速公路和快速路(使用年限 30 年)、其他公路和城镇道路(使用年限 20 年)两类。交通荷载分为 8 个等级，标准轴载 130 kN。路基按承载能力分为 4 个等级，其路床顶面的回弹模量相应为 20～50 MPa，50～120 MPa，120～200 MPa，>200 MPa，并规定模量值为 20～50 MPa 的路基必须处理后才能应用。对各类公路分别制定了 25 种和 27 种典型路面结构组合。其中，沥青路面有 19 种和 21 种典型结构层组合。按基层和底基层类型的不同，分为基层和底基层均为热拌沥青混合料的全厚式基层、基层和底基层均为无机结合料类基层、基层为热拌沥青混合料而底基层为粒料类基层、基层为热拌沥青混合料而底基层为无机结合料组合式基层 4 种结构层组合(表 4-3)。3 种表面层的厚度为 25 mm 或 40 mm，联结层采用一层或两层，各层厚度为 40 mm 或 60 mm。

表 4-3　　　　　　　　　　　法国沥青路面典型结构层组合

结构类型		全厚式	沥青结合料类基层	无机结合料类基层	组合式基层
面层	表面层	特薄沥青混凝土(厚 25 mm)、薄沥青混凝土(厚 40 mm)、透水沥青混凝土(厚 40 mm)			
	联结层	半开级配或高模量沥青混凝土(厚 60 mm 或 60 mm+60 mm)、薄沥青混凝土(厚 40 mm)			
基层	基层	沥青碎石、高模量沥青混合料 (厚 140～380 mm)	沥青碎石 (厚 80～170 mm)	无机结合料稳定材料 (厚 220～450 mm)	沥青碎石 (厚 100～150 mm)
	底基层		碎石 (厚 200～350 mm)		无机结合料稳定材料 (厚 180～280 mm)
路基	改善层	无结合料改善材料、石灰或石灰+水泥或水泥稳定细粒土、石灰稳定粒料			
	整平层	压实土			
	天然路基	路堤或路堑			
总厚度		沥青面层：65～160 mm；路面结构：225～640 mm			

注：1. 无机结合料稳定基层和底基层材料包括水泥碎石、矿渣碎石、石灰硅铝粉煤灰碎石、水泥稳定砂、矿渣稳定砂等。
　　2. 路床顶面模量要求达到 50 MPa，120 MPa 或 200 MPa；改善层及其厚度按整平层的承载力和路床顶面模量要求进行设置。

3. 南非

南非的道路分为 4 类，交通分为 10 个等级。路基的承载力分为 4 等：$CBR<3\%$（要求采取特殊处理措施），$CBR=3\%\sim7\%$，$CBR=7\%\sim15\%$，$CBR>15\%$。其中，CBR 指路基土承载比（California Bearing Ratio）。路基顶上铺筑外选材料层后，承载力要求达到 $CBR\geqslant15\%$（第 4 类农村出入道路除外）。沥青路面结构层组合按基层类型的不同分为粒料基层、水结碎石基层、水泥稳定碎石基层和沥青混合料基层 4 类。这 4 类路面的典型结构层组合如表 4-4 所示。沥青面层很薄，热拌沥青混合料层的厚度仅为 $30\sim50$ mm。

表 4-4　　　　　　　　　南非沥青路面典型结构层组合

结构类型	粒料基层	水结碎石基层	水泥稳定碎石基层	沥青混合料基层
面层	热拌沥青混合料（厚 $30\sim50$ mm）、沥青表面处治（单层或多层）			
基层	级配碎石、天然砾石（厚 $100\sim150$ mm）	水结碎石（厚 $100\sim150$ mm）	水泥稳定天然砾石（厚 $100\sim200$ mm）	热拌沥青混合料（厚 $80\sim180$ mm）
底基层	水泥稳定天然砾石（厚 $100\sim300$ mm）	天然砾石、砾石土（厚 $100\sim200$ mm）		水泥稳定天然砾石（厚 $200\sim450$ mm）
路基	外选材料层： (1) $CBR=3\%\sim7\%$ 时，150 mm 碎石土（$CBR\geqslant7\%$）+150 mm 碎石土（$CBR\geqslant15\%$）； (2) $CBR=7\%\sim15\%$ 时，150 mm 碎石土（$CBR\geqslant15\%$）； (3) $CBR>15\%$ 时，不设			
	顶部 150 mm 翻松、重新压实			
总厚度	沥青层：$10\sim50$ mm；路面结构：$210\sim680$ mm			

4. 美国

在美国路面结构力学-经验法设计指南中，将沥青路面可能的结构层组合方案归纳为 6 类：常用结构、深厚式结构、全厚式结构、半刚性（沥青类基层）结构、半刚性（水泥类基层）结构和倒装式结构，如表 4-5 所示。

表 4-5　　　　美国路面结构力学-经验法设计指南中的沥青路面结构层组合

结构类型	常用	深厚式	全厚式	半刚性（沥青）	半刚性（水泥）	倒装式
面层	HMA	HMA	HMA	HMA	HMA	HMA
基层	粒料	HMA	HMA	沥青稳定碎石	水泥稳定碎石	粒料
底基层	粒料	粒料		粒料	粒料	沥青或水泥稳定碎石
路基	压实路基或外选材料改善层（路基模量<62 MPa 时）					
	天然路基					

注：HMA—热拌沥青混合料，包括密级配沥青混凝土、沥青玛蹄脂碎石、沥青稳定碎石、开级配沥青混合料。

5. 加拿大

加拿大的沥青路面结构层组合较为单一，主要选用粒料做基层和底基层。路基分为弱、中等和强 3 类。表 4-6 所示为加拿大各主要省的沥青路面典型结构层组合和标准轴载（80 kN）作用 10×10^6 次时各结构层的厚度。

表 4-6　　加拿大沥青路面典型结构和厚度　　（单位：mm）

路基类型	常用路面结构层	BC 省	AB 省	SK 省	MB 省	ON 省	QC 省	PW
弱 土类-CH $CBR\cong 3$	沥青混凝土	100	120	150	125	180	180	150
	沥青稳定粒料	—	50	—	—	—	—	—
	粒料基层	300	400	200	175	150	250	200
	粒料底基层	—	—	390	350	600～800	525～900	600
	选用粒料填筑	650	—	—	—	—	—	—
	总厚度	1 050	570	740	650	930～1 130	955～1 330	950
中等 土类-CL $CBR\cong 10～12$	沥青混凝土	100	120	130	125	180	180	150
	沥青稳定粒料	—	50	—	—	—	—	—
	粒料基层	300	230	200	150	150	250	200
	粒料底基层	—	—	280	225	450～600	525～675	400
	选用粒料填筑	425	—	—	—	—	—	—
	总厚度	825	400	610	500	780～930	955～1 105	750
强 土类-GC $CBR\cong 20$	沥青混凝土	100	100	90	125	180	180	150
	沥青稳定粒料	—	50	—	—	—	—	—
	粒料基层	300	250	230	100	150	250	200
	粒料底基层	—	—	—	100	300	300～450	300
	选用粒料填筑	0～300	—	—	—	—	—	—
	总厚度	400～700	400	320	325	630	730～880	650

注：BC—British Columbia；AB—Alberta；SK—Saskatchewan；MB—Manitoba；ON—Ontario；QC—Quebec；NF—New-Foundland；PW—公共工程。

4.1.2　国内路面结构组合现状

2017 版规范在修编之初，对国内的沥青路面典型结构组合进行了针对性的调研，涉及黑龙江、吉林、内蒙古、江苏、浙江、广东、福建、江西、湖南、四川、重庆、云南、贵州、山西、陕西、新疆、青海、甘肃等 18 个省（区）。调研的主要目的是掌握不同地区的常用路面结构形式、典型的病害类型及其发生时间。综合调研结果，国内目前的路面结构组合形式相对单一，基本以无机结合料稳定类基层沥青路面结构形式为主，根据交通量和公路等级，在各结构层厚度与材料选择方面有一定差异。表 4-7 列出了国内目前沥青路面的典型结构组合形式及其常用的结构层厚度范围。

表 4-7　　　　　　　　　国内常见的沥青路面典型结构和厚度

层位	常用结构层材料	常用结构层厚度/mm
面层	AC13 或 AC16	40 40～50
	AC20 或 AC25	50～60 60～80
	AC25/ATB25 或低等级、轻交通下不设该层	60～100 —
基层	水泥稳定碎石 石灰粉煤灰稳定碎石 水泥稳定砂砾(低等级、轻交通)	180～400
底基层	水泥稳定碎石 水泥稳定砂砾(或石屑) 石灰粉煤灰稳定碎石 石灰粉煤灰稳定土(低等级、轻交通) 或低等级、轻交通下不设该层	180～250
垫层	未筛分碎石 或天然砂砾 或不设置	150～200
路基模量要求	30～40 MPa	—

结合表 4-7,关于国内常见的沥青路面结构组合形式说明如下:

(1) 除福建等地区对倒装式结构(在沥青面层和无机结合料稳定类基层之间设置级配碎石过渡层)有较多应用外,国内最常见的路面结构形式为无机结合料稳定类基层沥青路面。相对国外而言,国内路面结构组合形式较为单一。

(2) 国内对沥青面层一般分表面层(磨耗层)、中面层和下面层 3 层设置。对于低等级或轻交通路段,通常按表面层(磨耗层)和下面层 2 层设置。

(3) 表面层(磨耗层)最常见的沥青混合料结构形式为 40 mm 密级配 AC-13C 型,也有部分地区采用 40～50 mmAC-16C 型。SMA-13 型的应用相对较少,OGFC-13 混合料未见大规模应用。表面层通常采用 SBS 改性沥青。

(4) 中面层最常见的沥青混合料结构形式为 50～60 mmAC-20C 型,也有部分地区采用 60～80 mm AC-25 型。由于中面层被认为是抗车辙结构功能层,因此,国内多数中面层结构采用改性沥青(低等级或轻交通路段除外)。改性沥青基本以 SBS 改性沥青为主,也有区域采用橡胶沥青或橡胶复合改性沥青。

(5) 下面层通常采用的沥青混合料结构形式为 AC-25 或 ATB-25,厚度一般在 60～100 mm 之间。下面层结构通常采用基质沥青,极少采用改性沥青。

(6) 基层通常采用水泥稳定碎石结构形式(对于低等级或轻交通路段,也有采用水泥稳定砂砾等方案),北方部分地区对石灰粉煤灰稳定碎石基层也有较多应用,厚度范围通常根据结构设计结合施工便利性,一般在 180～400 mm。对于厚度大于 250 mm 的情况,通常分两层(即上基层和下基层)进行施工。

(7) 底基层通常采用低剂量水泥稳定碎石、水泥稳定砂砾(或石屑),北方部分地区对石灰粉煤灰稳定碎石(或土)也有较多应用,厚度范围一般在 180～250 mm。在低等级或轻交通路段通常不设置底基层。

(8) 垫层通常采用未筛分碎石或天然砂砾,厚度范围一般在 150～200 mm,也有部分冰冻地区或潮湿路段设置的垫层厚度可达 400 mm。对于路基状况较好的(干燥、中湿)路段,或低等级、轻交通路段,通常不设置垫层。

(9) 对于路基模量的要求,除了部分省份或地区(如云南、新疆等)对部分高速和一级公路提出大于 50 MPa 的要求之外,国内绝大多数地区对路基顶面回弹模量的要求在 30～40 MPa 之间,相对国外的路基模量要求普遍偏低。事实上,路基整体强度的提高有利于改善路面结构的整体受力状况,新版规范相对旧版规范对路基顶面回弹模量的要求有了较大程度的提高。

(10) 目前国内沥青路面结构最主要的破坏形式是由于无机结合料稳定类基层干燥收缩、温度收缩产生的反射裂缝,其次为沥青层的车辙与坑槽病害。

1. 路基

根据调研,随着各地对路基对路面性能影响认识的深入,更加重视路基与路面的一体化设计,表现为强度的协调和排水系统的配合等方面。

根据调研结果(表 4-8),整体而言,公路等级越高、交通量越大,对路基模量要求越高,但变化范围不大,大部分在 30～40 MPa 之间,云南、新疆、青海、福建、陕西等省份部分项目要求路基模量在 40 MPa 以上。

表 4-8　　路基模量设计要求调研结果汇总　　(单位：MPa)

省份	公路等级	交通荷载等级			
		轻交通	中等交通	重交通	特重交通
云南	高速	40(50)	40(50)	40(50)	40(50)
	一级	50	50	60	60
	二级	40	50	40	40
	三级及以下	30	30	40	—
重庆	高速	35	40	40	40
	一级	35	40	40	40
	二级	30	30	40	40
	三级及以下	30	30	35	—
四川(交通未分级)	高速	—	30～40	—	—
	一级	—	30	—	—

(续表)

省份	公路等级	交通荷载等级			
		轻交通	中等交通	重交通	特重交通
四川（交通未分级）	二级	—	30	—	—
	三级	—	30	—	—
贵州	高速	40	40	40	—
	一级	同高速	—	—	—
	二级	30	30	—	—
	三级	30	—	—	—
黑龙江	高速	35	40	40	—
	一级	—	35	—	—
	二级	—	25～30	30	—
	三级及以下	—	25	30	—
陕西	高速	35～45	35～45	35～45	35～45
	一级	38	38	38	40
	二级及以下	—	30（40）	—	—
青海	高速	40	40	37～45	40
	一级	40～45	—	—	35～50
	二级	35～40	40	40	40
	三级及以下	—	40	40	—
新疆	高速	60	80	60	—
	一级	100	80	100	—
广东	高速	30	30	35	40
	一级	30	30	35	35
福建	高速	—	35～45	—	—
江西	高速	—	40（30）	40（35）	40
	高速	—	35	—	—
浙江	高速	—	30	40	40
	一级	—	—	40	—
	二级	—	30	40	40
江苏	高速	30	30	40	40
	一级	35	35	40	40
	二级	30	30	35	35

在路基与路面排水系统的配合方面，越来越重视路基排水对路面的影响，通过设置具有排水功能的路基改善层维持路基、无机结合料稳定基层的含水量稳定，如广东、贵州、江西、黑龙江、吉林、内蒙古等地在路基顶面设置粒料改善层（部分省份采用级配碎石下基层实现这一功能），四川、湖南在近年来逐步采用这一结构层次，福建省则要求路基顶面300 mm采用砂性土。

路基顶面排水层或排水下基层采用的材料主要包括级配碎（砾）石、天然碎（砾）石、碎（砾）石土等，厚度一般为15～200 mm。

2. 基层结构

基层材料仍以无机结合料稳定材料为主，部分项目采用无机结合料稳定材料与粒料或沥青碎石相组合。绝大多数高速公路基层都采用3层（500～600 mm）；一级公路基层大部分采用3层（500～600 mm，如黑龙江、吉林、内蒙古、广东、青海、江苏、浙江等），少数省份（四川等）采用2～3层（300～600 mm）；二级公路基层厚度变化较大，如青海、新疆等地采用1～2层（150～400 mm），黑龙江、吉林、内蒙古、陕西、甘肃、四川等地采用2～3层（300～600 mm）；三级公路一般采用1～2层。

上基层绝大多数采用无机结合料稳定材料，材料包括水泥（石灰粉煤灰）稳定土、水泥（石灰粉煤灰）稳定碎（砾）石等，近年来越来越倾向于采用综合性能较好且便于施工质量控制的水稳碎石，并且更加重视无机结合料稳定类材料的抗裂性能，如在高等级公路中采用骨架密实型水稳碎石等。

少数省份的下基层采用级配碎（砾）石等粒料类，如云南、贵州、江西和四川的部分项目。

部分省份对基层的组合形式进行了改进，如福建省高速公路将150～160 mm的级配碎石上基层与300～350 mm的水稳碎石下基层组合，并设置较厚的沥青面层（250～300 mm），取得了较好的效果；江西、广东的部分重交通公路上，在水稳碎石基层上设置了沥青稳定碎石基层（ATB25或ATB30）。调研显示，以上这些改进对提高路面性能的效果明显。

3. 沥青面层结构

（1）高速公路沥青面层结构

随着交通需求的增加以及对交通资金投入的增加，高速公路沥青层厚度有增加趋势，由最初的100 mm左右，逐步增加到150～180 mm，并进一步增加到200 mm以上，层数也逐步由2层增加到3层乃至4层。目前只有极少数地区在轻交通时采用2层结构，厚度在100～140 mm，如新疆、黑龙江等。应用最多的是3层结构，厚度多为150～220 mm，主要为150～180 mm，并呈增厚趋势。沥青层厚度除与交通状况密切相关外，与工程所在区域的经济发展状况也有一定的联系，经济条件越好的地区，越倾向于采用较厚的沥青层结构。

近年来，对于特重交通，或者一些省份作为对路面结构的改进，采用较厚的ATB替代原有的下面层AC25，或者直接在原有沥青面层基础上增加ATB结构层。对于前者，沥青层厚度多在200 mm以上，如山西对重车车道多采用此类，后者厚度可达220～280 mm，在江西省高速公路上得到大量的应用。

综上所述，对于高速公路无机结合料稳定材料类基层沥青路面，沥青层厚度可大致分为三类：①较薄的两层式沥青面层结构，厚度为100～150 mm，应用很少；②常规的三层式沥青面层结构,厚度为150～200 mm,应用最多;③增强的沥青面层结构,厚度为200～280 mm,应用不多,但呈增加趋势,代表了无机结合料稳定材料类基层沥青路面面层结构的发展方向。

(2) 一级公路沥青面层结构

一级公路沥青面层根据交通量不同,多为2～3层,厚度为70～180 mm。当交通状况为重交通或特重交通时,采用与高速公路相同的面层结构。

(3) 其他等级公路沥青面层结构

二级公路沥青面层多为2层,厚度为70～120 mm,少数省份在轻交通时采用1层结构,厚度为30～50 mm,个别省份在重交通时采用3层结构,厚度可达150～180 mm。

三级及三级以下公路的沥青面层多为1层结构,厚度为30～50 mm,少数项目采用2层结构,厚度为70～100 mm。

以上不同等级公路的面层材料,以沥青混凝土(AC)应用最多,部分三级及三级以下公路采用沥青表处、沥青贯入式以及沥青碎石(AM),极少量的高等级公路采用沥青碎石(AM),部分工程下面层或基层上层采用密级配沥青碎石(ATB),部分项目表面层采用沥青玛蹄脂碎石(SMA)。

沥青标号多采用70号,西北、东北地区采用90号或110号,东南地区部分项目采用50号。面层越来越多地采用改性沥青,其中高速公路、一级公路多用于表面层和中面层,二级公路多用于表面层。改性沥青以SBS改性沥青居多,其次是SBR改性沥青,其他改性方式如掺加抗车辙剂、橡胶粉等也有应用,但不是主流。

4.1.3 常用的路面结构组合实例

1. 无机结合料稳定类基层沥青路面结构

如前所述,我国公路沥青路面多采用无机结合料稳定类基层结构,积累了较多的经验和成果,总结的高速公路无机结合料稳定类基层沥青路面典型结构如表4-9所示。表4-9中结构1和结构2中路基改善层目前在部分省份得到应用,其应用规模呈增长趋势,从调研来看,其对于改善路面内部排水和基层潮湿状态、延缓反射裂缝处基层底部脱空等具有较好的效果。结构2和结构4下面层(上基层)采用较厚的ATB层,适用于重交通以及特重交通路面结构。

表 4-9　　高速公路无机结合料稳定类基层沥青路面典型结构

路面结构		结构1		结构2		结构3		结构4	
		厚度/mm	材料类型	厚度/mm	材料类型	厚度/mm	材料类型	厚度/mm	材料类型
面层	表面层	150～200	AC/SMA	200～260	AC/SMA	150～200	AC/SMA	200～260	AC/SMA
	中面层		AC		AC		AC		AC
	下面层		AC		ATB		AC		ATB

(续表)

路面结构		结构1		结构2		结构3		结构4	
		厚度/mm	材料类型	厚度/mm	材料类型	厚度/mm	材料类型	厚度/mm	材料类型
基层	基层(1)	500～600	无机结合料稳定类	500～600	无机结合料稳定类	300～500	无机结合料稳定类	300～500	无机结合料稳定类
	基层(2)					150～200	级配粒料	150～200	级配粒料
路基改善层		150～200 mm,未筛分碎石或天然粒料,推荐采用		—		—		—	

一级公路典型结构总结如表4-10所示,对于特重交通的一级公路也可参照表4-9的高速公路路面结构。

表4-10　　　　一级公路无机结合料稳定类基层沥青路面典型结构

路面结构		结构1		结构2	
		厚度/mm	材料类型	厚度/mm	材料类型
面层	表面层	70～180	AC/SMA	70～180	AC/SMA
	中面层（下面层）		AC		AC
基层	基层(1)	400～600	无机结合料稳定类	200～450	无机结合料稳定类
	基层(2)			150～200	级配粒料
路基改善层		150～200 mm,未筛分碎石或天然粒料,推荐采用		—	—

二级公路典型结构总结如表4-11所示。

表4-11　　　　二级公路无机结合料稳定类基层沥青路面典型结构

路面结构		结构1		结构2	
		厚度/mm	材料类型	厚度/mm	材料类型
面层	表面层	40～180	AC	40～180	AC
	中面层（下面层）		AC/AM		AC/AM
基层	基层(1)	200～550	无机结合料稳定类	200～400	无机结合料稳定类
	基层(2)			150～200	级配粒料
路基改善层		150～200 mm,未筛分碎石或天然粒料,推荐采用		—	—

三级公路典型结构总结如表4-12所示。

表 4-12　　　　　　　三级公路无机结合料稳定类基层沥青路面典型结构

路面结构		结构 1		结构 2	
		厚度/mm	材料类型	厚度/mm	材料类型
面层	表面层	20～100	沥青表处/沥青贯入/沥青碎石/AC	20～100	沥青表处/沥青贯入/沥青碎石/AC
	下面层		沥青贯入/沥青碎石/AC		沥青贯入/沥青碎石/AC
基层	基层(1)	200～450	无机结合料稳定类	150～300	无机结合料稳定类
	基层(2)			150～200	级配粒料
路基改善层		150～200 mm,未筛分碎石或天然粒料,推荐采用		—	—

2. 其他类型沥青路面结构

除无机结合料稳定材料基层沥青路面外,其他结构类型的沥青路面应用经验主要源于两个方面:一是部分低等级公路中,交通量及轴重较小,同时考虑造价的原因,采用了粒料类基层;二是近年来针对传统沥青路面结构改进的研究和实践中,部分省份积累的应用成果,如江西和福建高速公路上采用沥青碎石基层沥青路面结构。

表 4-13 列出了福建和江西高速公路采用的沥青碎石基层沥青路面经验结构,可供类似的路面结构设计参考。

表 4-13　　　　　　　福建和江西高速公路沥青碎石基层沥青路面结构

路面结构		福建省的经验结构		江西省的经验结构	
		厚度/mm	材料类型	厚度/mm	材料类型
面层	表面层	40/45	AC13/AC16	40	AC13/SMA13
	中面层	6	AC20	60	AC20
	下面层	—	—	80	AC25
基层	基层(1)	150～180	ATB25	80	ATB25
	基层(2)	150～160	级配碎石	330～380	水稳碎石
	基层(2)	300～350	水稳碎石	200	级配碎石
路基改善层		路基顶部 300 mm 采用砂性土		—	—

三级公路级配碎石基层沥青路面经验结构如表 4-14 所示。

表 4-14　　　　　　　三级公路级配碎石基层沥青路面结构

路面结构	厚度/mm	材料类型
面层	20～40	沥青表处/沥青贯入/沥青碎石/AC
基层	150～300	级配碎石/填隙碎石

3. 沥青路面典型结构汇总

沥青路面典型结构汇总如表 4-15—表 4-18 所示。

表 4-15　高速公路沥青路面结构汇总表

省份	交通状况	表面层 厚度/mm	表面层 材料类型	中面层 厚度/mm	中面层 材料类型	下面层 厚度/mm	下面层 材料类型	基层(1) 厚度/mm	基层(1) 材料类型	基层(2) 厚度/mm	基层(2) 材料类型	基层(3) 厚度/mm	基层(3) 材料类型	路基改善层 厚度/mm	路基改善层 材料类型	路基模量/MPa
黑龙江	一般交通	50	AC16	70	AC20			360	水稳碎石	200	水稳砂砾(砂砾+碎石)			200	天然砂砾	35
黑龙江	重交通(1)	40	AC16	50	AC20	60	AC25	200	水稳砂砾(砂砾+碎石)/二灰碎石	280~300	水稳砂砾(砂砾+碎石)/二灰碎石			200	天然砂砾	40
黑龙江	重交通(2)	50	AC16	60	AC20	70	AC25	360	水稳碎石	200	水稳砂砾(砂砾+碎石)			200	天然砂砾	40
吉林	一般交通	150	AC					250~300	二灰碎石	150~250	二灰土			200~300	天然砂砾	30~40
吉林	重交通	150~180	AC					320~360	水稳碎石	180~200	水稳碎石			180~200	天然砂砾	30~50
吉林	特重交通	180~220	AC					340~380	水稳碎石	180~200	水稳碎石			200	天然砂砾	40~50
内蒙古	轻交通	40	AC16	50	AC20	60	AC25	180	水稳碎石(砂砾)	320	水泥或水稳碎石(砂砾)			200	碎石或天然砂砾	40
内蒙古	中等交通	40	AC16	50	AC20	70	AC25	180	水稳碎石(砂砾)	320	水泥或水稳碎石(砂砾)			200	碎石或天然砂砾	40
内蒙古	重交通	40	AC16	50	AC20	70	AC25	200	水稳碎石(砂砾)	360	水泥或水稳碎石(砂砾)			200	碎石或天然砂砾	40
内蒙古	特重交通	40	AC16	50	AC20	70	AC25	120	AM	180	水稳碎石(砂砾)	320 mm 水泥稳定二灰碎石或二灰稳定碎石(砂砾)		200	碎石或天然砂砾	40

（续表）

省份	交通状况	表面层 材料类型	表面层 厚度/mm	中面层 材料类型	中面层 厚度/mm	下面层 材料类型	下面层 厚度/mm	基层(1) 材料类型	基层(1) 厚度/mm	基层(2) 材料类型	基层(2) 厚度/mm	基层(3) 材料类型	基层(3) 厚度/mm	路基改善层 材料类型	路基改善层 厚度/mm	路基模量/MPa
陕西	中等交通(1)	AC13	40	AC20	60	AC25	80	水稳碎石	300	水稳碎石	200					45
	中等交通(2)	AC16	50	AC20	60	AC25	70	水稳碎石	400	水稳碎石	200					40
	重交通(1)	SMA13/AC13	40	AC20	60	ATB25	120	水稳碎石	360	水稳碎石	180					40
	重交通(2)	AC16	50	AC25	70	ATB30	100	水稳碎石	400	水稳碎石	200					38
	特重交通	SMA13	40	AC20	60	ATB30	120	水稳碎石	360~400	水稳碎石	180~200					45
青海	轻交通	AC13/AC16	40	AC20	50	AC25/AC20	60	水稳碎石	200	稳定土				潮湿或中湿状态时采用天然砂砾或级配砂砾垫层（200~350 mm）		40
	中等交通	AC13/AC16	40	AC20	50	AC25/AC20	60	水泥粉煤灰碎石或水稳砂砾	200	水泥粉煤灰稳定土或水稳砂砾	300					40
	重交通	AC13/AC16	40	AC20	60	AC25/AC20	60	水稳碎石	200	水稳砂砾	300					37~45
	特重交通	AC13/AC16	40	AC20	50	AC25/AC20	60	水稳碎石（灰碎石）	200	水稳砂砾（砂土）	300					40
新疆	轻交通	AC20	40	AM30	70	沥青贯入	80	水稳砂砾	200					砂砾	200	60
	中等交通	AC16	40	AC25	50	AC25	50	水稳砂砾	200					天然砂砾	110	80
	重交通	AC13/AC16	40	AC20	50	AC25	70	水稳砂砾	200	级配砂砾	200					60

83

(续表)

省份	交通状况	表面层 厚度/mm	表面层 材料类型	中面层 厚度/mm	中面层 材料类型	下面层 厚度/mm	下面层 材料类型	基层(1) 厚度/mm	基层(1) 材料类型	基层(2) 厚度/mm	基层(2) 材料类型	基层(3) 厚度/mm	基层(3) 材料类型	路基改善层 厚度/mm	路基改善层 材料类型	路基模量/MPa
甘肃	4 000～8 000	150～160	AC					200	水稳碎石	300	水稳砂砾土			部分项目,150 mm天然砂砾		
甘肃	8 000～12 000	160	AC					320～360	水稳碎石	180～200	水稳砂砾土					
甘肃	12 000～3 000	180	AC					360	水稳碎石	200	水稳砂砾土					
甘肃	大于3 000	180	AC					360	水稳碎石	200	水稳砂砾土					
四川	结构1	40	AC13/SMA13	60	AC20	60	AC20	200	水稳碎石	300	水稳碎石	150	级配碎石			30～40
四川	结构2	40	AC13/SMA13	60	AC20	80	AC25	360	水稳碎石	200	水稳碎石	150	级配碎石			30～40
贵州	轻交通	40	AC13/SMA13	50	AC20	60	AC25	350～400	水稳碎石	150～200	级配碎石					40
贵州	中等交通	40	AC13/SMA13	60	AC20	80	AC25	350～400	水稳碎石	150～200	级配碎石					40
贵州	重交通	40	AC13/SMA13	60	AC20	80	AC25	350～400	水稳碎石	150～200	级配碎石					40
云南	轻交通	40	AC13	50	AC16	60	AC25	300～450	水稳碎石	150～200	级配碎石			300～500	碎石或碎石土	40～50
云南	中等交通	40	AC13	60	AC20	80	AC25	300～450	水稳碎石	150～200	级配碎石			500～800	碎石或碎石土	40～50
云南	重交通	40	SMA13	60	AC20	80	AC25	300～450	水稳碎石	150～200	级配碎石			80～100	碎石或碎石土	40～50
云南	特重交通	40	AC16	60	AC20	80	AC25	300～450	水稳碎石	150～200	级配碎石			80～100	碎石或碎石土	40～50

（续表）

省份	交通状况	表面层 厚度/mm	表面层 材料类型	中面层 厚度/mm	中面层 材料类型	下面层 厚度/mm	下面层 材料类型	基层(1) 厚度/mm	基层(1) 材料类型	基层(2) 厚度/mm	基层(2) 材料类型	基层(3) 厚度/mm	基层(3) 材料类型	路基改善层 厚度/mm	路基改善层 材料类型	路基模量/MPa
重庆	轻交通	40	AC13	60	AC20	80	AC20	400	水稳碎石	200	水稳碎石					35
重庆	中等交通	40	AC13	60	AC20	80	AC25	400	水稳碎石	200	水稳碎石					40
重庆	重交通	40	AC13	70	AC20	90	AC25	430	水稳碎石	200	水稳碎石					40
重庆	特重交通	40	SMA13	60	AC20	100	ATB25	430	水稳碎石	200	水稳碎石					40
广东	轻交通	40	AC13/AC16	50	AC20	60	AC25	300~360	水稳碎石	180~200	水稳碎石			150~200	未筛分碎石	30
广东	中等交通	40	AC13/AC16	50~60	AC20	60~80	AC25	360~400	水稳碎石	180~200	水稳碎石			150~200	未筛分碎石	30
广东	重交通	40	AC13/AC16	50~60	AC20	60~80	AC25	360~400	水稳碎石	180~200	水稳碎石			150~200	未筛分碎石	35
广东	特重交通	40	AC13/AC16	50~60	AC20	60~80	AC25	360~400	水稳碎石	180~200	水稳碎石			150~200	未筛分碎石	40
福建	典型结构	4/45	AC13/AC16	60	AC20	150~180	ATB25	150~160	级配碎石	300~350	水稳碎石			路基顶面300 mm采用砂性土		35~45
江西	典型结构	40	AC13/AC16	60	AC20	80	AC25	80	ATB25	330~380	水稳碎石	200	级配碎石			35
湖南	中等交通	40	AC13/SMA13	50~60	AC20	60~80	AC25	320~360	水稳碎石	180~200	水稳碎石			150~200 碎石(最近采用)		30~40
湖南	重交通	40	AC13/SMA13	50~60	AC20	60~80	AC25	360~380	水稳碎石	200	水稳碎石			150~200 碎石(最近采用)		35(40)
湖南	特重交通	40~50	AC13/AC16/SMA16	60	AC20	70~80	AC25	400	水稳碎石	200	水稳碎石			150~200 碎石(最近采用)		40

（续表）

省份	交通状况	表面层 厚度/mm	表面层 材料类型	中面层 厚度/mm	中面层 材料类型	下面层 厚度/mm	下面层 材料类型	基层(1) 厚度/mm	基层(1) 材料类型	基层(2) 厚度/mm	基层(2) 材料类型	基层(3) 厚度/mm	基层(3) 材料类型	路基改善层 厚度/mm	路基改善层 材料类型	路基模量/MPa
江苏	典型结构1	40~45	AC13/SMA13	60~80	AC20	80~95	AC25	350~380	水稳碎石	200	水稳碎石					30~40
	典型结构2	40~45	AC13/SMA13	60~80	AC20	80~95	AC25	350~380	水稳碎石	200	石灰土/二灰土					30~40
山西	太原至旧关高速	40	AC16	50	AC16	60	AC30	200	三灰稳定石	200~300	水稳砂砾+石灰稳定土					
	太原东山过境高速	40	AC16	50	AC25	60	AC25	250	水稳碎石	300	石灰土					
	原平至太原高速	40	AC16	50	AC25	60	AC30	300	水稳碎石	360	水稳砂砾综合稳定土					
	晋城至阳城高速	30	AC13	40	AC25	50	AM-30	220	水稳碎石	220	石灰矿渣土					
	太原南过境高速	40	SMA16	50	AC25	60	AC30	200	二灰砂砾	330	二灰土					
	运城至风陵渡高速	40	LH-15			60	LH-20	300	二灰砂砾	300	石灰土					
	运城至三门峡高速	40	AC13	50	AC20	60	AC25	400	水稳碎石	200	石灰稳定土					
	太祁高速（罗城—夏家营）	40	AC16	50	AC20	70	AC20	300	水稳碎石	200	水泥石灰综合稳定土					
	太祁高速（夏家营—祁县）	40	AC16	50	AC20	60	AC20	300	水稳碎石	200	水泥石灰综合稳定土					
	祁临高速	40	AC16	50	AC20	70	AC20	300	水稳碎石	200	水泥石灰综合稳定土					

(续表)

省份	交通状况	表面层 厚度/mm	表面层 材料类型	中面层 厚度/mm	中面层 材料类型	下面层 厚度/mm	下面层 材料类型	基层(1) 厚度/mm	基层(1) 材料类型	基层(2) 厚度/mm	基层(2) 材料类型	基层(3) 厚度/mm	基层(3) 材料类型	路基改善层 厚度/mm	路基改善层 材料类型	路基模量/MPa
山西	大同到呼市高速	40	AC13	60	AC20	60	AC25	360	水稳碎石	200	水稳土、砂砾					
	汾阳到离石高速	40	AC13	60	AC20	60	AC20	320	水稳碎石	150~200	水稳土、砂砾					
	离石到军渡高速	40	AC16	60	AC20	70	AC25	340	水稳碎石	200	水泥石灰综合稳定土				轻车	
	军渡到太原高速	40	AC16	60	AC20	150	ATB30	360	水稳碎石	200	水稳石灰稳定土				重车	
	太原到长治高速	40	AC13	50	AC20	70	AC20	330	水稳碎石	150~200	水稳石灰稳定土					
	晋城到济源高速	40	AC16	60	AC20	120	ATB25	320	水稳碎石	180	水稳砂砾				轻车	
		40	AC16	60	AC20	160	ATB25	320	水稳碎石	180	水稳砂砾				重车	
	平遥到榆社高速	40	AC13	60	AC20	80	AC25	400	水稳碎石	200	水稳砂砾				轻车	
		40	AC16	60	AC20	60	AC20	370	水稳碎石	170	水稳砂砾				重车	
	汾阳到平遥高速	40	AC13	60	AC20	60	AC25	260	水稳碎石	200	水稳砂砾				轻车	
		40	AC13	60	AC20	80	AC25	300	水稳碎石	200	水稳砂砾				重车	
	霍州到和关高速	40	AC13	60	AC20	60	AC25	340	水稳碎石	200	水稳砂砾				轻车	
		40	AC13	60	AC20	120	ATB25	380	水稳碎石	200	水稳砂砾				重车	
	平定到阳曲高速	40	AC16	60	AC20	80	AC25	400	水稳碎石	170	水稳砂砾				轻车	
		40	AC16	60	AC20	120	ATB25	400	水稳碎石	200	水稳砂砾				重车	
	灵山到大县高速	40	AC13	60	AC20	60	AC25	360	水稳碎石	200	水稳砂砾				轻车	
		40	AC13	60	AC20	120	ATB25	400	水稳碎石	200	水稳砂砾				重车	
	太原到佳县高速	40	AC13	60	AC20	60	AC25	340	水稳碎石	200	水稳砂砾				轻车	
		40	AC13	60	AC20	120	ATB25	380	水稳碎石	300	水稳砂砾				重车	
	忻州到保德高速	40	AC13	60	AC20	60	AC20	330	水稳碎石	200	水稳砂砾				轻车	
		40	AC13	60	AC20	120	ATB25	400	水稳碎石	200	水稳砂砾				重车	
	神池到河曲高速	40	AC13	60	AC20	60	AC20	380	水稳碎石	200	水稳砂砾				轻车	
		40	AC13	60	AC20	120	ATB25	400	水稳碎石						重车	
	晋阳高速大修	40	AC13 I	60	AC16	80~150	ATB25	原路面								

表 4-16　一级公路沥青路面结构汇总表

省份	交通状况	表面层 材料类型	表面层 厚度/mm	中面层 材料类型	中面层 厚度/mm	下面层 材料类型	下面层 厚度/mm	基层(1) 材料类型	基层(1) 厚度/mm	基层(2) 材料类型	基层(2) 厚度/mm	基层(3) 材料类型	基层(3) 厚度/mm	路基改善层 材料类型	路基改善层 厚度/mm	路基模量/MPa
黑龙江	中、重交通	AC16	50	AC20	70			水稳砂砾(砂砾+碎石)	200	水稳砂砾(砂砾+碎石)	300			天然砂砾	200	35
吉林	一般交通	AC	100						300	二灰碎石	150~200			天然砂砾	180~200	30~40
吉林	重交通	AC	110						320~360	水稳碎石	150~200			天然砂砾或人工砂砾	200~250	35~45
内蒙古	轻交通	AC13	30	AC20	40			水稳碎石(或二灰碎石)	200	二灰砂砾	200			天然砂砾	200	35~45
内蒙古	中等交通	AC16	40~50	AC25	60~70			水稳碎石(砂砾)	180~200	水泥粉煤灰稳定碎石	320			天然砂砾或不设	200	50
内蒙古	重交通	AC	150					水泥、石灰、粉煤灰稳定砂砾	200	石灰粉煤灰稳定砂砾	240~320			天然砂砾或不设	200	62.5/44/36.5
陕西	轻交通	AC13	30	AC20	40			二灰碎石	200	二灰土	300					38
陕西	中等交通	AC13	40	AC20	60			二灰碎石	200	二灰土	300					38
陕西	重交通	AC20	40	AM25	80			水稳碎石	200	石灰砂砾土	200~250					38
陕西	特重交通	AC16	50	AC20	60	ATB30	10	水稳碎石	400	水稳碎石	200					40

88

（续表）

省份	交通状况	表面层 厚度/mm	表面层 材料类型	中面层 厚度/mm	中面层 材料类型	下面层 厚度/mm	下面层 材料类型	基层(1) 厚度/mm	基层(1) 材料类型	基层(2) 厚度/mm	基层(2) 材料类型	基层(3) 厚度/mm	基层(3) 材料类型	路基改善层 厚度/mm	路基改善层 材料类型	路基模量/MPa
青海	轻交通	40	AC13/AC16	50				200	水稳砂砾	350	级配砂砾					40~45
青海	特重交通	40	AC13/AC16	50	AC20	6	AC25/AC20	200~300	水稳碎石	300	水稳砂砾					35~50
新疆	轻交通	40	AC13	60	AC20			200	水稳砂砾	170	级配砾石					100
新疆	中等交通	40	AC13	60	AC20	6	AC20	300	水稳砂砾					150	天然砂砾	80
新疆	重交通	40	AC13/AC16	50	AC20	6	AC25	300	水稳砂砾					150	天然砂砾	100
四川	结构1	40	AC13	50~60	AC20	8	AC20	200	水稳碎石	200~300	水稳碎(砾)石					30
四川	结构2	40	AC13	50~60	AC25		AC25	200	水稳碎石	200~300	水稳碎(砾)石					30
云南	轻交通	40	AC16	80	AC25	6	AC25	220~350	水稳碎石	150~200	级配碎石					50
云南	中等交通	40	AC16	80	AC25			320~400	水稳碎石	150~200	级配碎石					50
云南	重交通	40	AC13	50	AC20	6	AC25	320~400	水稳碎石	150~200	级配碎石					60
云南	特重交通	40	AC16	60	AC20	8	AC25	300~450	水稳碎石	150~200	级配碎石					60

（续表）

省份	交通状况	表面层 厚度/mm	表面层 材料类型	中面层 厚度/mm	中面层 材料类型	下面层 厚度/mm	下面层 材料类型	基层(1) 厚度/mm	基层(1) 材料类型	基层(2) 厚度/mm	基层(2) 材料类型	基层(3) 厚度/mm	基层(3) 材料类型	路基改善层 厚度/mm	路基改善层 材料类型	路基模量/MPa
重庆	轻交通	40	AC13	60	AC20			200	水稳碎石	200	水稳碎石					35
	中等交通	40	AC13	60	AC20			200~210	水稳碎石	200~220	水稳碎石					40
	重交通	40	AC13	60	AC20			200~220	水稳碎石	200~230	水稳碎石					40
	特重交通	40	SMA13	60	AC20	8	AC25	200~220	水稳碎石	350~380	水稳碎石					40
广东	轻交通	40	AC13/AC16	60	AC20			300	水稳碎石	200	水稳碎石			150~200	未筛分碎石	30
	中等交通	40	AC13/AC16	60	AC20			400	水稳碎石	180~200	水稳碎石			150~200	未筛分碎石	30
	重交通	40	AC13/AC16	50	AC20	8	AC25	350	水稳碎石	180~200	水稳碎石			150~200	未筛分碎石	35
	特重交通	40	AC13/AC16	60	AC20	8	AC25	100	LSM30	300	水稳碎石			150~200	未筛分碎石	35
山西	临大一级路	30	AC13	40	AC16			200	水稳碎石	200	水稳砂砾					
	霍州到侯马一级路	50	AC16	70	AC20			200	水稳碎石	200	就地冷再生	200	水稳碎石			
江苏	轻	40	AC13	80	AC25			360	二灰碎石	200	石灰土					35
	中	40	AC13	80	AC25			320	二灰碎石	200	二灰土					35
	重	50	AC13	80	AC25			340	二灰碎石	200	二灰土					40
	特重	40	AC13	60	AC20	8	AC25	340	二灰碎石	200	二灰土					40

表 4-17 二级公路沥青路面路结构汇总表

省份	交通状况	表面层 厚度/mm	表面层 材料类型	中面层(下面层) 厚度/mm	中面层(下面层) 材料类型	下面层 厚度/mm	下面层 材料类型	基层(1) 厚度/mm	基层(1) 材料类型	基层(2) 厚度/mm	基层(2) 材料类型	路基改善层 厚度/mm	路基改善层 材料类型	路基模量要求/MPa
黑龙江	轻、中交通	40	AC16	50~60	AC20			160~200	水稳砂砾(砂砾+碎石)	160~200	水稳砂砾(砂砾+碎石)	200	天然砂砾	25~30
黑龙江	重交通	50	AC16	60	AC20			200	水稳砂砾(砂砾+碎石)	300	水稳砂砾(砂砾+碎石)	200	天然砂砾	30
吉林	一般交通	70	AC					200	二灰碎石	200~300	二灰土或综合稳定土	200~300	天然砂砾	25~35
吉林	重交通	90	AC					200~250	二灰土或水稳碎石	200~300	二灰土或综合稳定土	200~300	天然砂砾	25~35
内蒙古	轻交通	40	AC16					200	水稳砂砾	200	水稳碎石	200	天然砂砾	40
内蒙古	中等交通	50	AC16	50	AC20			200	水稳砂砾	200	水稳碎石	200	天然砂砾	45
陕西	轻交通	40	AC13	60	AC20			200	水稳碎石	200	水稳碎石			38
陕西	中等交通	40	AC13	60	AC20			200	水稳碎石	200	水稳碎石			40
陕西	重交通	40	AC13	60	AC20			360	水稳碎石	180	水稳碎石			40
青海	轻交通	40	AC13/AC16					150	水稳碎石(砂砾)			200~300	天然砂砾	35~40
青海	中等交通	40~50	AC13/AC16					150	水稳碎石(砂砾)			300~500	天然砂砾	40

(续表)

省份	交通状况	表面层 厚度/mm	表面层 材料类型	中面层(下面层) 厚度/mm	中面层(下面层) 材料类型	下面层 厚度/mm	下面层 材料类型	基层(1) 厚度/mm	基层(1) 材料类型	基层(2) 厚度/mm	基层(2) 材料类型	路基改善层 厚度/mm	路基改善层 材料类型	路基模量要求/MPa
青海	中等交通	50	AC13/AC16					150~200	水稳砂砾			400	天然砂砾	40
青海	特重交通	40	AC13/AC16	50	AC20			180	水稳碎石			200	级配砂砾	40
甘肃	工程案例	40	AC13	50	AC20/AM20			300	水稳碎石	200	水稳砂砾土	150	天然砂砾	30~40
四川	结构1	40	AC13	50~60	AC20	60	AC20	200	水稳碎(砾)石/二灰碎(砾)石	200	水稳碎(砾)石/二灰碎(砾)石			30
四川	结构2	40	AC13	50~60	AC20	80	AC25	200	水稳碎(砾)石/二灰碎(砾)石	200	水稳碎(砾)石/二灰碎(砾)石			30
四川	结构3	40	AC13	40	AC16	50	AC25	250	水稳碎石	300	级配砂砾			30
贵州	轻交通	50~80	AC					200~300	水稳碎石	150~200	级配碎石			30
贵州	一般交通	50~120	AC	60	AC20			200~300	水稳碎石	150~200	级配碎石			30
云南	轻交通	40	AC16	60	AC20			180~300	水稳碎石	150	级配碎石		碎石	40
云南	中等交通	40	AC16	60	AC20			180~380	级配碎石	150~200	未筛分碎石			50
云南	重交通	40	AC16	60	AC25			300~380	水稳碎石	200	级配碎石		碎石	40
云南	特重交通	40	AC16	80	AC25			300~380	水稳碎石	200	级配碎石		碎石	40

(续表)

省份	交通状况	表面层 厚度/mm	表面层 材料类型	中面层(下面层) 厚度/mm	中面层(下面层) 材料类型	下面层 厚度/mm	下面层 材料类型	基层(1) 厚度/mm	基层(1) 材料类型	基层(2) 厚度/mm	基层(2) 材料类型	路基改善层 厚度/mm	路基改善层 材料类型	路基模量要求/MPa
重庆	轻交通	40	AC13	50	AC20			200	水稳碎石(级配碎石)	150	水稳碎石			30
	中等交通	40	AC13	50	AC20			200	水稳碎石	200	水稳碎石			30
	重交通	40	AC13	60	AC20			200	水稳碎石	200	水稳碎石			40
	特重交通	40	AC13	60	AC20			200	水稳碎石	360	水稳碎石			40
山西	典型结构	60~90	AC					200	水稳碎石	150~200	水稳碎石或二灰稳定土			
江苏	轻	40	AC13	60	AC20			360	二灰碎石	200	石灰土			30
	中	40	AC13	60	AC20			320	二灰碎石	200	石灰土			30
	重	50	AC13	60	AC20			320	二灰碎石	200	石灰土			35
	特重	50	AC13	60	AC20			360	二灰碎石	200	石灰土			35

表4-18 三级公路沥青路面结构汇总表

省份	交通状况	表面层 厚度/mm	表面层 材料类型	下面层 厚度/mm	下面层 材料类型	基层(1) 厚度/mm	基层(1) 材料类型	基层(2) 厚度/mm	基层(2) 材料类型	路基改善层 厚度/mm	路基改善层 材料类型	路基模量/MPa
黑龙江	轻、中交通	30	沥青表处	70	AC20	160~180	水稳砂砾	160~180	水稳砂砾	200	天然砂砾	25
	重交通	40	AC13	50	AC16	180~200	水稳砂砾	180~200	水稳砂砾	200	天然砂砾	30
吉林	一般交通	50	AC			180~250	二灰碎石	200~250	二灰土	200~300	天然砂砾	25~35

(续表)

省份	交通状况	表面层 厚度/mm	表面层 材料类型	下面层 厚度/mm	下面层 材料类型	基层(1) 厚度/mm	基层(1) 材料类型	基层(2) 厚度/mm	基层(2) 材料类型	路基改善层 厚度/mm	路基改善层 材料类型	路基模量/MPa
内蒙古	轻交通	40	AC16			200	水稳砂砾			200	天然砂砾	40
内蒙古	中等交通	50	AC16			200	水稳砂砾	160	级配碎石	200	天然砂砾	45
青海	结构1	30	沥青表处			150	级配砾石掺灰			200~350	天然砂砾	40
青海	结构2	50	AC			180	水稳砂砾	180	水稳砂砾			40
四川	典型结构	40~70	AC			250	水稳碎石	360~400	水稳碎石			30
贵州	典型结构	30~50	贯入或沥青碎石			150~200	水稳碎石	150~200	级配碎石			30
云南	轻交通	20	沥青表处			150~300	未筛分碎石					30
云南	中等交通	30~40	沥青贯入			150~300	未筛分碎石					30
云南	重交通	40	沥青贯入			150~200	水泥碎石土	150	未筛分碎石			40
重庆	轻交通	40	AC13			150	级配碎石	150	填隙碎石			30
重庆	中等交通	40	AC13			200	水稳砂砾	150	级配碎石			30
重庆	重交通	40	AC13			200	水稳砂砾	200	水稳碎石			35
山西	典型结构	30~40	沥青碎石			150~200	水稳砂砾	150~200	石灰土、水稳砂砾、水稳碎石			

4.2 路面结构组合原则

沥青路面结构类型按照基层材料的类型与性质分为无机结合料稳定类基层沥青路面、粒料稳定类基层沥青路面、沥青结合料类基层沥青路面和水泥混凝土基层沥青路面四种类型。路面结构的组合就是在选择确定采用的路面结构类型的基础上，划分所需要的结构层次、各层的材料类型与性质，组合成预期能满足设计目标和使用性能要求的路面结构。

4.2.1 结构层组合目标

沥青路面结构组合设计的目标是在综合当地交通荷载、气候环境、现有材料、地质地理以及施工水平等要素的基础上，选择合理的路面结构类型，将路面构造物的各个组成部分以及路面结构的各个层次组合成满足规定的使用性能要求的路面结构，保证路面结构安全、耐久和全寿命经济合理。

实现目标的基本途径是明确沥青路面的基本使用要求，主要包括：沥青路面应具有一定的强度和刚度，保证沥青路面的整体性和耐久性，满足抗疲劳和耐老化要求；具有良好的表面平整度，保证沥青路面的行驶舒适性和不产生过大的动荷载而影响路面结构耐久性；具有良好的抗滑性，满足行车安全性要求；具有良好的环保生态特性，满足可再生、低噪声等要求。由于沥青路面的这些性能有的具有排他性，只有充分理解实地的交通与材料、气候与环境、地质与土质、路基与路面、施工与管理等相互关系，通过平衡设计，才能真正设计出满足路面结构使用要求的结构组合及厚度。

4.2.2 结构层组合一般原则

（1）路面结构组合设计应针对各种路面结构组合的力学特性、功能及其长期性能衰变规律和损坏特点，遵循路基路面综合设计的理念，保证路面结构的安全、耐久和全寿命周期经济合理。

（2）路面结构层由面层、基层、底基层和必要的功能层组合而成。面层采用不同材料分层铺筑时，可分为表面层、中面层和下面层。

（3）在设计使用年限内，路面应不发生由于疲劳导致的结构破坏，面层可进行表面功能修复。

（4）应加强层间结合，根据需求在沥青混合料层间设置黏层，在沥青混合料层与其他材料层间设置透层、封层。

（5）应采取路面结构防水、排水措施，阻止降水渗入路面结构层。

4.2.3 路面结构组合考虑因素

1. 公路技术等级和交通荷载等级

公路技术等级高或交通荷载等级高的路面结构需选用较多的结构层次及较强、较厚的结构层；反之，低等级公路或轻交通荷载等级的路面结构可选用较少的结构层次及较弱、较薄的结构层。

通常无机结合料稳定类基层沥青路面和沥青结合料基层类沥青路面适用于各种交通荷载等级；粒料类基层沥青路面适用于重及以下交通荷载等级；水泥混凝土基层沥青路面考虑到重载承受能力及经济性，一般适用于重及以上的交通荷载等级。

2. 典型结构性损坏形式

由不同的结构层组合方案和材料类型组成的沥青路面，具有不同的结构特性，表现出不同的结构性损坏机理和形态。沥青路面的结构性损坏可归纳为开裂和永久变形两大类。开裂可以细分为疲劳开裂（沥青结合料类结构层疲劳开裂、无机结合料类结构层疲劳开裂）、低温缩裂和反射裂缝三类。沥青路面的永久变形（车辙）由路基、粒料基层或底基层、沥青面层或沥青基层三部分的永久变形组成。

沥青路面结构设计主要针对以下 6 类损坏：沥青结合料类结构层的疲劳开裂、无机结合料类结构层的疲劳开裂、沥青面层的永久变形、粒料层和路基的永久变形、沥青面层的低温缩裂和沥青面层的反射裂缝。各类损坏形式分别如图 4-1—图 4-6 所示。

图 4-1　沥青层疲劳开裂

图 4-2　无机结合料类结构层疲劳开裂

图 4-3　沥青面层永久变形

图 4-4　沥青面层、粒料层和路基永久变形

图 4-5　沥青面层低温缩裂

图 4-6　沥青面层反射裂缝

在路面结构组合设计过程中,以对应的结构性损坏作为设计的控制指标。应充分重视结构性损坏对应的防治措施,以确保路面结构在设计使用年限内,不发生由于疲劳导致的结构损坏,仅允许沥青面层发生功能性的损伤和衰减(松散、磨光或平整度下降)时,可对表面功能进行修复。

3. 路基状况

对于较弱的路基,应首先采取改善路基的措施,以满足规定的最低强度要求;对于较强的路基,可以相应减少路面结构层的强度或厚度。在路面结构层组合设计过程中,应充分考虑路基路面综合设计的理念,在路基强度改善与路面结构层强度及厚度变化方面寻求技术经济平衡,以获得合理的路面结构组合。

在季节性冰冻地区,需考虑路基防冻胀措施;在多雨潮湿地区,需考虑路基排水措施。

4. 路面排水

结构组合设计时,应充分重视路面结构的防水与排水措施。除了应考虑采取路表排水和减少地表水渗入的措施外,还需考虑各种疏导和排除地表渗入水以及增加结构层抗冲刷能力的措施,如:①路肩结构应含透水性层次,便于横向排除路面结构内的渗入水;②设置内部排水系统(排水层排水系统或边缘纵向排水沟排水系统);③上层有渗入水而下层为不透水时,下层应选用密水性能好及抗冲刷能力强的材料;等等。

5. 结构层间总体协调性

路面结构组合设计时,各个结构层次的力学特性及其组成材料性质除应分别满足各自的强度与功能要求外,还应合理处理各结构层与其上下层次间的相互作用,使得路面各结构层的性能得以相互协调与平衡,最终使得各结构层次的使用性能和寿命达到均衡状态,避免出现由于个别层次的性能指标过于薄弱,而使整个路面结构的使用寿命降低;或者由于个别层次的性能指标过高而造成浪费。

此外,合理的路面结构组合还应充分考虑各结构层次之间的结合条件和要求,应注重加强层间结合。无机结合料稳定类基层与沥青层之间,应设置合理的透层与封层,在沥青层之间应设置有效的黏层,确保各结构层之间处于连接状态,共同参与结构受力。

结构层间协调设计主要应考虑以下方面:①上、下层的刚度(模量)比,会否引起上层底面产生过大的拉应力;②无机结合料类基层或底基层的温度收缩和干燥收缩裂缝,会否引起上层的反射裂缝及下层的冲刷;③无结合料类层次的上层和下层的集料粒径和级配,会否引起水或细粒土的渗漏;④下面层次的透水性,会否引起渗入水的积滞和下层表面的冲刷;⑤层次间采用结合或分离措施,对层内应力状况的不同影响;等等。

4.3 路基

4.3.1 基本性能要求

路基是路面的基础,支撑路面结构及其传递下来的行车荷载,应有一定的基本性能要求。为保证路面结构的使用功能与寿命,首先应确保路基性能达到路面结构组合设计要求。在设计使用年限内,不产生因路基塑性变形所引起的失稳、过量变形、不均匀沉降,以及与之相伴的开裂和平整度下降。在路面结构组合设计中,对路基的基本要求为稳定、密实和均匀,且具有足够的承载能力。

路基可能在下述情况下出现不稳定或不均匀支承:①膨胀性土(包括高液限细粒土)的不均匀收缩和膨胀变形;②季节性冰冻地区的不均匀冻胀;③软弱地基的不均匀沉降;④填挖交替或新老填土交替;⑤填料和填筑方式不当产生的不均质;⑥压实不均匀或压实不足而产生的压密变形;⑦排水不良的土质路堑;⑧路表水入渗、积滞并浸湿路基,高地下水位或地表排水不畅使路基湿软。

国外设计方法中,对路基顶面综合回弹模量值规定了不同的要求,如德国方法为不小于 45 MPa,美国力学-经验法为不小于 62 MPa,法国方法分为 4 个等级(20～50 MPa,50～120 MPa,120～200 MPa,＞200 MPa),南非方法按 CBR 值分为 4 个等级[小于 3%(要求采取特殊处理措施),3%～7%,7%～15%,＞15%]。根据国内路基的实际条件和经验,并参照国外设计方法中的经验数值,按交通荷载等级对路基顶面综合回弹模量值的要求规定为不低于 40 MPa(中等或轻交通荷载等级)、50 MPa(重交通荷载等级)、60 MPa(特重交通荷载等级)和 70 MPa(极重交通荷载等级)。对于不能满足综合回弹模量值要求的路基,应采取更换填料、增设粒料层或低剂量无机结合料稳定层等措施。

4.3.2 一般设计原则

为达到路基的基本性能要求,在路面结构组合设计时,对路基的要求应遵循如下原则:

(1)路面结构组合设计时,应首先明确路基顶面回弹模量值的要求。应按照交通荷载等级的不同,结合当地的气候、水文、土质条件和施工水平,选择合适的路基顶面回弹模量设计要求值。在条件允许的情况下应尽量选择高于 4.3.1 节要求的较高值。

(2)对于承载力过低不能满足路基顶面回弹模量要求的路基,应采取各种提高或改善措施。采取这些措施后的结构层次,作为路基改善层归属于路基范畴内,不宜作为路面结构的一个层次进行结构验算与组合设计。

(3)路基应处于干燥或中湿状态,并应采取措施防止地表水或地下水的侵入。当路床处于中湿或潮湿状态时,宜设置粒料类底基层(级配碎石、砂砾等)、粒料类(未筛分碎石、砂砾等)改善层,或采用化学改良土改善层。

(4)多雨地区土质路堑和强风化岩石路段,应加强填挖交界处及路堑段的排水设计,改善路基水文状况,以防止该路段路基发生失稳破坏或承载力不足。

(5)岩石或填石路基顶面由于平整度较差,容易引起基层或底基层结构产生应力集中而发生局部断裂。因此,应设置 200～300 mm 的整平层,以改善路面结构的整体受力条件。整平层可采用未筛分碎石和石屑或低剂量水泥稳定粒料,其厚度视路床顶面不平整程度而定。

(6)对于软土地区、季节性冰冻地区、膨胀土地区等特殊路基段,应结合《公路路基设计规范》(JTG D30—2015)的相关要求,遵循预防为主、防治结合的原则,通过综合技术经济比较,采取有效的工程处理措施,以保证路基的稳定性。

4.3.3 路基改善措施

(1)充分压实路堤填土和路堑上路床土,其压实度应达到规定要求。

(2) 对软弱地基进行加固处理措施(各种固结排水、强夯压实)或换填优质填料后,工后沉降量应满足规定要求,并在路床顶铺设粒料层,以减少不均匀沉降对路面结构的影响。

(3) 在地下水位高时,应尽可能提高路基设计标高和加深边沟。在设计标高受限制,无法提升路基高度时,应选用粗粒土或低剂量无机结合料稳定细粒土作路床或上路床填料。在路基工作区(800 mm 深)底面接近或低于地下水位时,除采取上述更换填料措施外,还应采取设置排水渗沟等措施降低地下水位。

(4) 水文地质条件不良的土质路堑,应采取地下排水措施,拦截浅携水层中流向路基的渗流水。

(5) 在季节性冰冻地区,当冰冻线深度达到路基的易冰冻土层内时,选用不易冻胀土(包括粒料和各种稳定土)置换冰冻线深度范围内的易冰冻土,被置换层也可称作防冻层。

(6) 选用优质填料(如粗粒土、低膨胀性土、不易冻胀土等),合理安排填筑顺序(将土质较差的细粒土放在路基的下层,上层用优质填料填筑),以避免或减轻膨胀(或冻胀)和收缩引起的不均匀变形。

(7) 液限大于 50 的高液限黏土及含有机质细粒土($CBR<5\%$)不能用作高速和一级公路的路床填料或二级及以下公路的上路床填料;液限大于 50 的高液限粉土及塑性指数大于 16 或膨胀率大于 3% 的低液限黏土($CBR<8\%$)不能用作高速和一级公路的上路床填料。因条件限制而必须采用上述土作填料时,应掺加水泥、粉煤灰或石灰等结合料进行改善。

4.4 基层和底基层

4.4.1 基层类型与性能要求

基层根据结合材料差异可分为无机结合料稳定类、沥青结合料类、粒料类、水泥混凝土类 4 个大类。底基层材料通常仅采用无机结合料类和粒料类两类。其中,无机结合料稳定类材料主要有:水泥稳定粒料(级配碎石、级配砾石、未筛分碎石等)、石灰粉煤灰稳定粒料(级配碎石、级配砾石、未筛分碎石等)、水泥稳定土、石灰稳定土、石灰粉煤灰土等;沥青结合料类材料主要有:密级配沥青碎石、半开级配沥青碎石、开级配沥青碎石、沥青贯入碎石等;粒料类材料主要有:级配碎石、级配砾石、未筛分碎石、天然砂砾、填隙碎石等;水泥混凝土类材料主要有:水泥混凝土和贫混凝土等。

基层和底基层应具有足够的承载能力、抗疲劳开裂性能、足够的耐久性和水稳定性。对沥青结合料类和粒料类材料基层还应具有足够的抗永久变形能力。基层是沥青路面结构的主要承重结构,对基层的使用性能要求主要为结构性方面的要求。底基层是位于基层与路基之间的过渡性结构,对其使用性能要求更侧重于功能性方面的要求。

基层是沥青路面结构组合中的必要组成部分,而底基层可根据需要选择性设置。下列情况下,可针对性地设置底基层。

(1) 增强基层的承载能力,匹配基层的施工厚度。在特重和重交通荷载等级条件下,对基层的承载能力要求高,设置材料性质和规格要求稍低于基层的底基层,可以较经济地增加路面结构的承载能力。此外,通过路面结构计算得到的基层设计厚度,当处于按一层施工太厚、按两层施工太薄的情况时，可通过设置一个模量较低的底基层，以协调基层的设计厚度，或降低对基层厚度的要求。

（2）协调基层与路基之间的受力行为。由于无机结合料稳定类基层或沥青结合料类基层与路基之间通常存在较大的模量比（刚度差），导致基层底面承受过大的拉应力或拉应变，而路基材料却未能充分发挥应有的承载能力。此时，设置底基层作为基层与路基之间的模量或刚度过渡区，以降低基层底面的拉应力或拉应变，从而增强基层结构的耐久性，使基层与路基的受力行为更为协调。

（3）作为排水与隔水功能层。在多雨地区或水文状况不良的路段，设置粒料类底基层或大孔隙无机结合料稳定类底基层，一方面可排除渗入路面结构内的路表水，防止其下渗入路基或积滞在路面结构内；另一方面，可隔断地下水通过毛细作用上升并积聚在路面结构中，从而防止基层强度弱化和基层承载能力下降。

（4）作为季节性冰冻地区的防冻层。在季节性冰冻地区，增加路面结构的总厚度作为防冻层，使冰冻线深度达不到路基的易冰冻土层，以减轻冰冻作用对路基的危害。

（5）改善基层作业环境。在路基平整度较差的情况下，设置粒料类底基层或低剂量无机结合料稳定类底基层，为基层施工机具提供相对平整和坚实的工作平台。

各类基层和底基层材料应根据交通荷载等级，结合当地的气候环境、水文状况、路基条件、施工水平等因素综合而定。各类基层和底基层材料的适用交通荷载等级和层位可参照表 4-19 选用。

表 4-19　　　　　基层和底基层材料适用的交通荷载等级和层位

类型	材料类型	适用交通荷载等级和层位
无机结合料稳定类	水泥稳定级配碎石或砾石 水泥粉煤灰稳定级配碎石或砾石 石灰粉煤灰稳定级配碎石或砾石	各交通荷载等级的基层和底基层
	水泥稳定未筛分碎石或砾石 石灰粉煤灰稳定未筛分碎石或砾石 石灰稳定未筛分碎石或砾石	轻交通荷载等级的基层 各交通荷载等级的底基层
	水泥稳定土、石灰稳定土、石灰粉煤灰稳定土	轻交通荷载等级的基层 各交通荷载等级的底基层
粒料类	级配碎石	重及以下交通荷载等级的基层 各交通荷载等级的底基层
	级配砾石 未筛分碎石、天然砂砾 填隙碎石	中等和轻交通荷载等级的基层 各交通荷载等级的底基层
沥青结合料类	密级配沥青碎石 半开级配沥青碎石 开级配沥青碎石	极重、特重和重交通荷载等级的基层
	沥青贯入碎石	重及以下交通荷载等级的基层
水泥混凝土	水泥混凝土或贫混凝土	极重、特重交通荷载等级的基层

4.4.2 基层与底基层材料特性

1. 无机结合料稳定类基层

无机结合料稳定类基层具有较高的强度和刚度，能承受较重的交通荷载。然而，无机结合料稳定类混合料较易产生温度收缩和干燥收缩裂缝，使沥青面层出现反射裂缝病害。同时，路表水易沿反射裂缝下渗，并冲刷基层顶面，从而产生唧泥（浆）。

选用无机结合料稳定类材料作为基层和底基层时，一方面应保证足够的结合料用量，以满足对结构强度、承载能力和耐冲刷的要求；另一方面考虑对温度收缩应力和干燥收缩应力的控制，不可采用过高的结合料用量。通常在路面结构设计组合过程中，考虑减少基层的收缩裂缝、沥青面层的反射裂缝和唧泥（浆）病害的主要方法和原则如下：

（1）选用抗裂性好、耐冲刷的无机结合料稳定类基层（如粉料少、结合料剂量合适的骨架密实型水泥稳定级配碎石基层等）。

（2）增加沥青混合料面层厚度或采用多层改性沥青混合料，以提高沥青层的抗裂能力，改善无机结合料稳定类基层的受力状况，进而延缓面层反射裂缝的扩展速率。

（3）在无机结合料稳定类基层和沥青面层之间，设置开级配（或半开级配）沥青碎石层、级配碎石层，通过大孔隙消解反射裂缝的扩展能，并降低动水压力作用对基层的冲刷。

（4）在无机结合料稳定类基层和沥青层之间，设置高油石比的改性沥青混凝土类应力吸收层或敷设土工合成材料。在设置过程中，应注意应力吸收层和土工合成材料与上部沥青层结构之间的开裂匹配，以免出现裂缝越过吸收层或土工材料层继续向沥青层扩展的情况。

（5）对于结合料用量较大的基层，也可采取锯切横向缩缝的措施，以控制收缩裂缝出现的位置。

（6）水泥稳定未筛分碎石或砾石、石灰粉煤灰稳定未筛分碎石或砾石以及水泥土、石灰土和石灰粉煤灰土等材料，由于强度和刚度较低以及抗冲刷能力较差，仅适合用作中等或轻交通荷载等级公路的基层或底基层。

2. 沥青结合料类基层

沥青结合料类基层，可以选用密级配沥青碎石、半开级配沥青碎石、开级配沥青碎石、沥青贯入碎石等。我国常把无机结合料稳定类基层称作半刚性基层，把沥青结合料类基层称作柔性基层，实际上沥青混合料的动态模量接近甚至高于无机结合料类混合料的弹性模量，因此，这种归类是不确切的，容易造成误解。由于沥青结合料类基层具有较高的强度和刚度，因此适用于极重、特重或重交通荷载等级的沥青路面。沥青贯入碎石基层则因其强度和刚度相对较低，适用于中等或轻交通荷载等级的沥青路面。

3. 粒料类基层

用作基层的无结合料类材料主要有级配碎石、级配砾石、未筛分碎石、天然砂砾、填隙（水结）碎石等。级配碎石由优质石料轧制而成，可用作重或以下交通荷载等级沥青路面的基层或各交通荷载等级的底基层。级配砾石由符合级配要求的天然砂砾组成，或者由天然砂砾掺配部分碎石或轧制砾石组成，填隙（水结）碎石由单一粒径的粗碎石和石屑组成，可用作中等或轻交通荷载等级公路沥青路面的基层或各交通荷载等级的底基层。

4. 水泥混凝土类基层

水泥混凝土类基层主要包括水泥混凝土和贫混凝土两类，水泥混凝土类基层的强度、刚度和抗冲刷性能良好，可以用作极重、特重交通荷载等级沥青路面的基层。为控制收缩裂缝出现的位置和缝隙宽度，贫混凝土基层必须锯切横缝和纵缝。水泥混凝土类基层沥青路面主要的病害形式为沥青面层的反射裂缝，其会引起路表水沿反射裂缝下渗，冲刷基层底面，进而引发断板、断角和唧泥等水泥混凝土板块病害。

沥青路面的水泥混凝土基层应符合现行《公路水泥混凝土路面设计规范》（JTG D40—2011）的有关规定。在路面结构组合设计中，对于水泥混凝土类基层反射裂缝的病害防治，可参考无机结合料稳定类基层中关于反射裂缝的防治原则。

5. 再生类基层

再生沥青混合料和再生无机结合料稳定材料可用于各交通荷载等级的基层和底基层，厂拌热再生沥青混合料宜用于极重、特重和重交通荷载等级的基层。

4.4.3 基层与底基层材料规格与厚度

不同材料基层和底基层厚度宜符合表 4-20 的规定。

表 4-20　　　　　　　　　　　　基层和底基层适宜厚度

材料种类	集料公称最大粒径/mm	厚度/mm，不小于
密级配沥青碎石 半开级配沥青碎石 开级配沥青碎石	19.0	50
	26.5	80
	31.5	100
	37.5	120
沥青贯入碎石	—	40
贫混凝土	31.5	120
无机结合料稳定类	19.0，26.5，31.5，37.5	150
	53.0	180
级配碎石 级配砾石 未筛分碎石、天然砂砾	26.5，31.5，37.5	100
	53.0	120
填隙碎石	37.5	75
	53.0	100
	63.0	120

在路面结构组合设计中，关于基层与底基层的材料规格与厚度组合原则如下：

（1）密级配沥青混合料或半开级配沥青碎石可以选用公称最大粒径较大的集料，集料公称最大粒径可为 19.0 mm，26.5 mm，31.5 mm 或 37.5 mm。增大集料粒径可以增加混合料的抗剪切变形能力，减少车辙量。随着集料粒径的增大，适宜层厚也相应增加。采用大粒径时(如 37.5 mm),适宜层厚为 150 mm。

(2) 沥青贯入碎石层的适宜厚度范围为 40~80 mm。

(3) 贫混凝土基层集料公称最大粒径一般为 31.5 mm,适宜厚度范围为 120~200 mm。

(4) 无机结合料材料集料公称最大粒径可为 19.0 mm,26.5 mm,31.5 mm,37.5 mm 或 53.0 mm。其最小结构层厚度为 150 mm(细粒)~180 mm(粗粒),最大压实层厚度不宜超过 200 mm(在采用大功率的振动压路机和轮胎压路机碾压时可适当增厚至 250 mm)。因此,此类材料的结构层适宜厚度为 150~250 mm。

(5) 粒料类材料,级配碎石和砾石的集料公称最大粒径可为 26.5 mm,31.5 mm 或 37.5 mm,级配碎石或砾石的最小结构层厚度为 80 mm,其最大压实层厚度为 150~180 mm(在采用大功率的振动压路机和轮胎压路机碾压时可达到 200 mm),因此,其适宜厚度为 100~200 mm。未筛分碎石、天然砂砾的集料公称最大粒径可为 26.5 mm,31.5 mm,37.5 mm 或 53.0 mm,其适宜厚度为 120~250 mm。

(6) 填隙(水结)碎石的最小结构层厚度为 75 mm,其压实层厚度为碎石最大粒径的 1.5~2.0 倍,因此,此类结构层的适宜厚度为 100~120 mm。

(7) 无论何种类型基层与底基层结构,当设计层厚超出适宜层厚时,须分层铺筑,或调整其他结构层厚度重新进行厚度设计,以使设计的基层结构厚度符合施工要求。

4.5 面层

4.5.1 面层类型与性能要求

面层可为单层或多层,最上层称为表面层或磨耗层,表面层下设中面层和/或下面层。面层材料类型根据材料性能和施工工艺的差异可分为:连续级配沥青混合料、沥青玛蹄脂碎石混合料、再生沥青混合料、上拌下贯沥青碎石、沥青表面处治 5 个大类。

面层结构的使用性能要求主要包括功能性能和结构性能两方面。面层直接承受行车荷载的作用并经受温度和湿度变化对其性质的影响,同时它也直接影响到行驶的舒适性、安全性及运行的效率和效益。因此,对沥青面层的性能要求是多方面的,具体包括:

(1) 对表面层材料的要求更多是侧重于功能性能方面,要求具有足够的平整度、抗滑性能、耐磨光、低噪声等。密级配沥青混合料和沥青玛蹄脂碎石作为表面层时,要求具有低透水性能;开级配沥青混合料作为表面层时,要求具有足够的降噪和排水性能。

(2) 对面层材料在结构性能方面主要要求具有足够的抗剪切变形(车辙和推移)、抗疲劳开裂、抗低温缩裂、抗反射裂缝、抗水损害等。

随着公路技术等级和交通荷载等级的提高以及环境条件的严酷,对上述各方面的要求在内容和程度上应相应地增加和提高。面层材料类型宜按表 4-21 选用。

表 4-21　　面层材料适用的交通荷载等级和层位

材料类型	适用交通荷载等级和层位
连续级配沥青混合料	各交通荷载等级的表面层、中面层和下面层

(续表)

材料类型	适用交通荷载等级和层位
沥青玛蹄脂碎石混合料	极重、特重和重交通荷载等级的表面层 对抗滑有特殊要求的表面层
厂拌热再生沥青混合料	各交通荷载等级的表面层、中面层和下面层
上拌下贯沥青碎石	中等、轻交通荷载等级的面层
沥青表面处治	中等、轻交通荷载等级的表面层

4.5.2 面层材料特性

1. 连续级配沥青混合料

按密实级配原理组合而成的级配优良(集料由粗到细连续分布)的沥青混合料,透水性小,可适用于各种交通等级,也可用于路面结构的各个层位。密级配沥青混合料按关键筛孔通过率可分为粗型(C型)和细型(F型)。细型密级配沥青混合料具有透水性小、和易性好、造价相对较低等优点,但由于粗集料用量少,其稳定性相对较差,且表面构造深度较小。因此,一般极重和重交通荷载等级以上的表面层应优先应选用粗型。

2. 沥青玛蹄脂碎石混合料

由间断级配集料构成粗集料嵌挤骨架,并由沥青玛蹄脂(沥青、填料、砂和纤维稳定剂)填充骨架空隙而组成的沥青混合料,具有良好的抗剪切变形性能、抗疲劳开裂性能和耐久性,并具有较好的抗滑和降噪性能,但工程造价较高,适用于特重和重交通荷载等级的公路。

3. 厂拌热再生沥青混合料

厂拌热再生沥青混合料路面是将旧沥青路面经过翻挖后运回拌和厂,再集中破碎,根据路面不同层次的质量要求,进行配比设计,确定旧沥青混合料的添加比例,将再生剂、新沥青材料、新集料等在拌和机中按一定比例重新拌和成新的混合料,从而获得优良的再生沥青混凝土,铺筑成再生沥青路面。厂拌热再生混合料可应用于各交通荷载等级的表面层、中面层和下面层,但应注意旧沥青混合料的添加比例以及新旧沥青混合料最大公称粒径的匹配。

4. 上拌下贯沥青碎石

上拌下贯沥青碎石路面先用碎石铺一层,压实,上面喷一层沥青(热沥青或乳化沥青),洒一层细料,碾压成型(也可以开放交通),再在上面铺一层沥青混合料。

5. 沥青表面处治

沥青表面处治路面是用沥青和集料按层铺或拌和法施工,其厚度不大于 30 mm 的一种薄层面层。表面处治按浇洒沥青和撒布集料遍数的不同,分为单层式、双层式、三层式。表面处治路面的使用寿命不及贯入式路面,设计时一般不考虑其承重强度,其主要是对非沥青承重层起保护和防磨耗作用,而对于旧沥青路面,则是一种日常维护的常用措施。沥青表面处治一般用于中等、轻交通荷载等级的表面层。

6. 开级配抗滑磨耗层

开级配抗滑磨耗层是指用大孔隙的沥青混合料铺筑，能迅速从其内部排走路表雨水，具有抗滑、抗车辙及降噪性能的路面。设计空隙率大于18%，具有较强的结构排水能力，适用于多雨地区和有降噪需求的项目修筑沥青路面的表面层，可提高车辆高速行驶时的抗滑能力，减少溅水和水雾，降低行驶噪声。开级配抗滑磨耗层适用于重或中等交通荷载等级的高速公路。

4.5.3 面层结构组合设计原则

热拌沥青混合料类型的选择，主要依据交通荷载等级和工程造价确定。对于轻交通荷载等级，可考虑选用密级配沥青混合料；对于中等交通荷载等级，首先考虑选用密级配沥青混合料；对于重交通荷载等级，可以考虑选用沥青玛蹄脂碎石；对于特重及以上交通荷载等级，按照功能要求和经济考量综合选用。

在轻或中等交通荷载的三级和四级公路上，可以选用层铺法沥青表面处治作为表面层。用作中下面层的沥青混合料，主要是密级配沥青混合料。在特重和重交通荷载等级的公路上，为提高面层的抗剪切变形能力，可选用大粒径的沥青玛蹄脂碎石作为中面层。

4.5.4 面层材料规格与厚度

沥青面层的厚度，依据公路等级、交通荷载等级、基层类型、气候条件和使用经验，经技术论证并结合当地实践经验选定。各类沥青混合料的集料粒径选择，主要考虑交通荷载大小和层位。沥青混合料的抗剪切变形能力随集料粒径的增大而增加，因此，交通荷载越重，所选混合料的公称最大粒径应越大。混合料的均匀性和结构层的平整度随集料粒径的增大而下降。因此，层位越低，所选混合料的公称最大粒径可以越大。此外，集料粒径较大的混合料，表面较粗糙，易出现离析，不宜用于外观要求较高的道路的表面层。

为保证沥青混合料形成均匀而压实稳定的结构层次，各结构层必须具有一定的厚度。各层所用各类沥青混合料的适宜厚度不宜小于公称最大粒径的 2.5～3 倍（密级配沥青混合料和沥青玛蹄脂碎石混合料）或 2～2.5 倍（开级配沥青磨耗层）。为了保证压实度沿层厚分布的均匀性，压实层的厚度不能太大。各结构层的适宜厚度范围，随混合料的最大公称粒径的增大而增加（表 4-22）。当设计层厚超出适宜层厚范围时，需分层铺设。

表 4-22　　　　　　　　　　不同粒径沥青混合料层厚

沥青混合料类型	不同集料公称最大粒径沥青混合料的层厚/mm，不小于					
	4.75	9.5	13.2	16.0	19.0	26.5
密级配沥青混合料	15	25	35	40	50	75
沥青玛蹄脂碎石	—	30	40	50	60	—
开级配沥青混合料		20	25	30		

沥青贯入碎石层的厚度宜为 40～80 mm，乳化沥青贯入式路面的厚度不宜超过 50 mm。上拌下贯式路面的拌和层厚度不宜小于 25 mm。

沥青表面处治可分为单层、双层和三层。单层表面处治厚度宜为 10~15 mm，双层表面处治厚度宜为 15~25 mm，三层表面处治厚度宜为 25~30 mm。

沥青面层厚度和混合料类型选择，可以参照下述步骤进行：

（1）按公路等级、交通荷载等级和基层类型，选定面层的总厚度。

（2）按交通荷载特点和使用要求，选择表面层（磨耗层）的混合料类型，并参照表 4-22 选取集料公称最大粒径和相应的适宜层厚。

（3）按交通荷载特点选择中、下面层的混合料类型，参照表 4-22 选取集料公称最大粒径和相应的适宜层厚。当总厚度扣除表面层后的中、下面层厚度超出了适宜层厚范围时，中、下面层须分两层铺筑，再按两层的厚度分配，调整各层的集料公称最大粒径和相应的适宜层厚。

4.6 功能层

4.6.1 功能层类型与性能要求

路面结构组合设计中所用到的功能层主要包括：湿度调节层或防冻层、透层与封层、黏层、应力吸收层和超薄表面磨耗层。

（1）湿度调节层或防冻层。主要是在路面结构中按路基湿度状况或防冻要求设置的功能层。一般设置在路基和基层（或底基层）之间，用于改善路基湿度状况或季节性冰冻地区的不均匀冻胀。一般可选用粒料类材料、不易冻胀稳定土对部分路基土进行置换。被置换层作为路基的一个层次。

（2）透层与封层。透层主要是用于非沥青类材料层上，能透入表面一定深度，增强非沥青类材料层与沥青混合料层整体性的功能层。封层是路面结构中用以阻止水下渗的功能层。通常，透层一般设置在无机结合料稳定类基层或粒料类基层之上，以增强基层与面层之间的层间黏结状态。封层一般设置在无机结合料稳定类或冷再生类材料结构层与沥青类结构层之间，主要作用是保护基层和路基结构不受雨水侵蚀。另外也可在面层施工前保护好基层结构，以免被施工车辆所磨耗和破坏，为面层施工提供一个坚实的平台。

（3）黏层。路面结构中主要起黏结作用的功能层。一般设置在各沥青层之间，用于提高沥青层间的黏结力和路面结构的整体受力性能。

（4）应力吸收层。应力吸收层是在路面结构层中起应力消解作用的功能层，应具有良好的弹性和韧性。主要应用于水泥混凝土基层（或半刚性基层）与沥青面层之间，起到有效防止由于基层结构温度收缩和干燥收缩引起的面层反射裂缝的作用。另外也具有一定的加强层间黏结和路面结构防水的作用。

（5）超薄表面磨耗层。超薄表面磨耗层厚度一般为 5~15 mm，铺设于路面表层，具有足够的耐久性和表面平整度，以及抗滑、抗裂、抗水损害性能。超薄表面磨耗层仅起到表面行驶与磨耗功能，通常可不参与路面结构整体受力分析。在路面结构验算满足要求的情况下，可与传统中、下面层结构组合使用，而不再额外设置其他表面层结构。该功能层也可采用冷拌冷铺工艺，但应注意与其下面层的黏结性。

4.6.2　一般设计原则

（1）季节性冻土地区路面厚度不满足防冻要求时，应增设防冻层。防冻层宜采用粗砂、砂砾和碎石等粒料类材料。

（2）地下水位高、排水不良的路段，有裂隙水、泉眼等水文条件不良的岩石挖方路段，基层和底基层为非粒料类材料时，可在基层或底基层与路床间设置粒料层。粒料层应与路基边缘或与边沟下渗沟相连接，厚度不宜小于150 mm。

（3）无机结合料稳定类或冷再生类材料结构层与沥青类结构层之间宜设置封层，封层可采用单层沥青表面处治或稀浆封层等。当设置改性沥青应力吸收层时，可不再设封层。

（4）沥青混合料层之间应设置黏层，黏层材料可选用乳化沥青、改性乳化沥青、道路石油沥青或改性沥青等。

（5）极重、特重和重交通荷载等级路面的黏层宜采用改性乳化沥青、道路石油沥青或改性沥青。水泥混凝土板与沥青面层间的黏层宜采用改性沥青。

（6）单层表面处治封层的结合料可采用改性沥青、道路石油沥青或乳化沥青。改性沥青应力吸收层宜采用橡胶沥青和高弹改性沥青。

（7）粒料类基层和无机结合料稳定类基层顶面宜设置透层，透层沥青应具有良好的渗透性，可采用稀释沥青和乳化沥青等。

（8）超薄表面磨耗层需采用高黏度改性沥青，采用冷拌冷铺工艺时须采用高性能SBS改性乳化沥青。

4.7　路肩

4.7.1　类型与性能要求

路肩是指位于车行道外缘至路基边缘具有一定宽度的带状部分（包括硬路肩与土路肩）。硬路肩是指与车行道外侧相邻并铺以具有一定强度路面结构的路肩部分；土路肩是指与行车道（或硬路肩）外侧相邻的具有一定强度的土质路肩。

路肩为行车道路面结构提供侧向支承，同时也供车辆临时或紧急停靠，并在路面改建或维修时作为便道使用。因此，路肩铺面结构应具有足够的承载能力，并应与行车道路面结构作为一个整体进行结构设计，协调结构层次和组成材料的选用，统一考虑路面和路肩结构的内部排水，提供行车道路面与路肩交界面的衔接。

4.7.2　基本功能

①保护行车道等主要结构的稳定；②为发生机械故障或遇到紧急情况的车辆临时停车提供位置；③提供侧向余宽，有利于安全，增加舒适感；④可供行人、自行车通行；⑤为设置路上设施提供位置；⑥作为养护操作的工作场地；⑦在不损坏公路构造的前提下，也可作为埋设地下设施的位置；⑧改善挖方路段的弯道视距，增加交通安全；⑨使雨水能够在远离行车

道的位置排放,减少行车道雨水渗透,减少路面损坏。

4.7.3 设置原则

承受极重、特重和重交通荷载等级的公路及冻土地区,路肩铺面和行车道路面应采用相同的结构层次组合和组成材料类型,即全宽式结构断面。

对于其他公路,路肩铺面的基层和底基层应采用与行车道路面结构相同的材料类型和厚度,其宽度应外露出路基边坡坡面,使渗入水不积滞在行车道路面结构内。

低等级公路和轻交通荷载等级公路的硬路肩表面层,建议采用沥青表面处治。中等交通荷载等级公路,应采用热拌沥青混合料。

选用粒料类材料做路肩基层时,细料(小于 0.075 mm)含量不应超过 6%,以保证行车道路面结构内的渗入水能横向渗流出路基。

4.8 路面排水

4.8.1 路面排水基本要求

通过裂隙、裂缝、施工接缝、路面与路肩的接缝等渗入路面结构内的路表水,会浸湿路面结构和路基,降低其强度和抗变形能力,并冲刷基层、底基层顶面或路床顶面,产生唧泥病害。为避免或降低这些渗入水的不利影响,在湿润多雨地区(年降水量 600 mm 以上),对于承受极重、特重或重交通荷载等级并且路基为低透水性细粒土(渗透系数小于 30 m/d)的路面结构,可考虑设置内部排水设施,将渗入水迅速排离出路面结构。路面结构内部排水设施可以采用排水层排水系统和边缘排水系统两类。

4.8.2 路面排水层排水系统

路面内部排水层结构主要由多空隙的无结合料粒料、沥青稳定碎石或水泥稳定碎石组成。内部排水层通常设置在基层与路基之间,也可根据需要设置在路面与基层之间。

(1) 粒料排水层可由不含或含少量细集料(通过 2.36 mm 筛孔)的开级配碎石或砾石组成,其渗透系数应不低于 300 m/d(即 3.47 mm/s)。粒料排水层较难碾压稳定,抗变形能力较弱。

(2) 在强度和刚度要求较高时,应采用沥青稳定碎石或水泥稳定碎石排水层。沥青稳定碎石排水层由不含或含少量细集料的开级配沥青碎石组成,其渗透系数应不低于 300 m/d。

(3) 水泥稳定碎石排水层由不含或含少量细集料的开级配水泥碎石组成,其渗透系数应不低于 300 m/d。

(4) 排水层厚度为 100 mm 左右,即可保证排水的需要,过厚会降低路面结构的强度和刚度,过薄则不易保证施工质量。

(5) 排水层下应设置隔离层,以阻止排水层内的水分下渗到路基内,防止排水层材料与路基土混杂,并为排水层的施工提供坚实的工作面。隔离层是由密级配粒料组成的不透水层,其渗透系数应小于 4.5 m/d(即 0.05 mm/s),同时,其级配组成应满足均匀性及上、下两个界面处的隔离要求。隔离层也可采用无纺土工织物,主要应用于排水层的施工工作面能得到充分保证的情况下。土工织物的性质指标应能满足阻挡土粒、渗透性、防堵塞和耐久性的要求。

4.8.3 路面边缘排水

边缘排水沟排水系统由纵向排水沟及带孔排水管或复合土工排水板以及横向出水管、端墙和边沟组成。基层由耐冲刷的密级配沥青碎石或贫混凝土组成(底基层为粒料)时,或现有路面改建需要改善路面排水状况时,可以采用这类排水系统,排除通过面层裂缝或路面与路基的接缝渗入面层的路表水。

4.9 路面结构组合方案

由不同类型材料组成的结构层,可以采用不同方案组合成适应不同交通荷载等级、具有不同力学特性的沥青路面结构。面层材料主要为沥青结合料类。基层材料的类型可以分为四大类:无机结合料稳定类基层、沥青结合料类基层、粒料类基层和水泥混凝土基层。底基层材料的类型主要有粒料类底基层和无机结合料类底基层两类。

综合各国的沥青路面结构层组合方案,并结合我国的经验和习惯,可以将沥青路面结构层组合方案归纳成以下 4 类:①无机结合料稳定类基层沥青路面;②沥青结合料类基层沥青路面;③粒料类基层沥青路面;④水泥混凝土基层沥青路面。

在这 4 类组合方案中,又可按底基层材料类型的不同分为:无机结合料类底基层、粒料类底基层和无底基层 3 个亚类。

这 4 类结构组合方案对路基的考虑方案是相同的。路基的承载力要求分为 4 个等级:中等、轻交通荷载等级(路床顶面回弹模量≥40 MPa)、重交通等级(回弹模量≥50 MPa)、特重交通等级(回弹模量≥60 MPa)和极重交通等级(回弹模量≥70 MPa)。按照路床压实土层(整平层)顶面的模量值以及要求的路基承载力等级确定是否需要增设改善层或加固层,选择增设层所采用的材料(粒料或无机结合料稳定类材料)并确定所需的厚度。

4.9.1 无机结合料稳定类基层沥青路面

无机结合料稳定类基层采用水泥稳定碎石、石灰粉煤灰稳定碎石等材料,底基层可以选用粒料(如级配碎石或级配砾石等),也可以选用无机结合料稳定粒料(如砾石、未筛分碎石、天然砂砾等)或稳定土(表 4-23)。

表 4-23　无机结合料稳定类基层沥青路面结构层组合方案

结构层组合类型		无机结合料稳定类基层沥青路面	
面层	表面层	密级配沥青混合料、沥青玛蹄脂碎石、开级配沥青磨耗层、沥青表面处治	
	中、下面层	密级配沥青混合料或缺失	
基层	基层	水泥稳定碎石或砾石、水泥(或石灰)粉煤灰稳定碎石或砾石	
	底基层	水泥、石灰粉煤灰或石灰稳定粒料或稳定土	级配碎石、级配砾石

由于无机结合料稳定类基层的刚度较大,沥青面层的底面基本上处于受压或低拉应力状态,因此,在基层产生疲劳开裂破坏之前,沥青面层不易出现自下而上的疲劳开裂损坏。沥青面层厚度增大,可延缓反射裂缝的出现,但也会加重沥青面层出现过量永久变形(车辙)的可能性。

通过无机结合料稳定类基层传到路基顶面或粒料类底基层顶面的压应力很小。因此,路基或路基和粒料类底基层由于荷载重复作用而产生的永久变形累积量不大,在路表的车辙总量中仅占很小的比重。

这类路面结构的损坏类型主要为无机结合料稳定类基层或底基层的疲劳开裂以及沥青面层的反射裂缝和永久变形(车辙)。结构设计的主要任务是:①控制无机结合料类基层或底基层底面的拉应力,防止出现疲劳开裂;②采取措施减缓反射裂缝的出现;③采取措施减轻路表渗入水引发的冲刷、唧泥等水损害;④控制沥青面层的永久变形量。

无机结合料稳定类基层沥青路面结构层的厚度组合可参照表 4-24 和表 4-25 选用,也可根据当地工程经验与施工设备配置水平确定。

表 4-24　　无机结合料稳定类基层(粒料类底基层)路面厚度范围　　(单位:mm)

交通荷载等级	极重、特重	重	中等	轻
面层	250~150	250~150	200~100	150~20
基层(无机结合料稳定类)	600~350	550~300	500~250	450~150
底基层(粒料类)	200~150			

表 4-25　　无机结合料稳定类基层(无机结合料稳定类底基层)路面厚度范围　　(单位:mm)

交通荷载等级	极重、特重	重	中等	轻
面层	250~120	250~100	200~100	150~20
基层(无机结合料稳定类)	500~250	450~200	400~150	500~200
底基层(无机结合料稳定类)	200~150			—

4.9.2　沥青结合料类基层沥青路面

沥青结合料类基层选用热拌沥青混合料(包括密级配沥青混合料和半开级配沥青碎石)或者沥青贯入碎石(表 4-26)。底基层可以选用粒料(级配碎石或级配砾石)、无机结合料稳定粒料(水泥稳定碎石或石灰粉煤灰稳定碎石)或开级配沥青碎石(设排水层时)。不设底基层,直接在路基顶面铺设热拌沥青混合料基层,即全厚式沥青路面。

表 4-26　　沥青结合料类基层沥青路面结构层组合方案

结构层组合类型		沥青结合料类基层沥青路面		
面层	表面层	密级配沥青混合料、沥青玛蹄脂碎石、开级配沥青磨耗层、沥青表面处治		
	中、下面层	密级配沥青混合料或缺失		
基层	基层	沥青混合料	沥青混合料、沥青贯入碎石	
	底基层		级配碎石、级配砾石	水泥或石灰粉煤灰稳定碎石

沥青结合料类基层通常宜选用粒料类底基层,但粒料层和路基产生的永久变形在路表的车辙总量中会占据较大的比重,结构设计时需考虑这部分永久变形量的影响。

选用无机结合料类底基层时,由于其刚度较大,沥青类基层底面的拉应力以及路基顶面的压应力会降低,因而有利于增加沥青层的疲劳寿命和减少路基的永久变形量。但无机结合料类底基层产生的干燥收缩和温度收缩裂缝有可能影响到沥青层,使之产生反射裂缝,因此,基层应考虑选用能减缓反射裂缝影响的沥青碎石基层,同时要兼顾结构内部水对路基冲刷的影响,防止产生唧泥病害。

选用开级配沥青碎石做排水层时,下面必须设置密级配粒料或土工织物隔离层,以阻止自由水下渗和防止路基细粒土混入排水层内。

沥青结合料类基层沥青路面结构的主要损坏类型为沥青层的疲劳开裂和永久变形(车辙)。疲劳开裂可能起源于沥青基层底面自下而上的龟状裂缝,也可能在沥青面层较厚时起源于面层局部深度自上而下的纵向裂缝。沥青层厚度较大时,易产生较大的永久变形。这类路面结构设计的主要任务是:①控制沥青层的疲劳开裂;②控制沥青层、粒料底基层和路基的永久变形。

沥青结合料类基层沥青路面结构层的厚度组合可参照表4-27—表4-29选用,也可根据当地工程经验与施工设备配置水平确定。

表 4-27　　　　　沥青结合料类基层(粒料底基层)路面厚度范围　　　　　(单位：mm)

交通荷载等级	重	中等	轻
面层	150～120	120～100	80～40
基层(沥青结合料类)	250～200	220～180	200～120
底基层(粒料类)	400～300	400～300	350～250

表 4-28　　　沥青结合料类基层(无机结合料稳定类底基层)路面厚度范围　　　(单位：mm)

交通荷载等级	极重、特重	重	中等	轻
面层	120～100	120～100	100～80	80～40
基层(沥青结合料类)	180～120	150～120	150～100	100～80
底基层(无机结合料稳定类)	600～300	600～300	550～250	450～200

表 4-29　　　　　组合类基层(无机结合料底基层)路面厚度范围　　　　　(单位：mm)

交通荷载等级	极重、特重	重	中等	轻
面层	120～100	120～100	100～80	80～40
上基层(沥青结合料类)	240～160	180～120	160～100	100～80
下基层(粒料类)	200～150	200～150	200～150	200～150
底基层(无机结合料类)	400～200	400～200	350～200	250～150

4.9.3 粒料类基层沥青路面

粒料类基层一般选用优质集料级配碎石或级配砾石做基层,其底基层可以选用质量较差的级配碎石、级配砾石、天然砂砾或填隙(水结)碎石,也可以选用水泥、石灰粉煤灰或石灰稳定碎(砾)石或稳定土,参见表 4-30。

在轻交通道路上,可不设中、下面层,表面层(一般可采用沥青表面处治)直接铺设在基层上。

表 4-30　　　　　　　　粒料类基层沥青路面结构层组合方案

结构层组合类型		粒料类基层沥青路面	
面层	表面层	密级配沥青混合料、沥青玛蹄脂碎石、开级配沥青磨耗层、沥青表面处治	
	中、下面层	密级配沥青混合料或缺失	
基层	基层	级配碎石、级配砾石	
	底基层	级配碎(砾)石、天然砂砾、填隙碎石	水泥、石灰粉煤灰或石灰稳定碎(砾)石或稳定土

由于粒料类基层沥青路面的承载能力不如沥青结合料类基层沥青路面,这类结构组合不宜用于极重交通的道路。在重复荷载作用下,粒料层会出现因压密(固结)变形和剪切变形而产生的永久(塑性)变形积累,在沥青层较薄的情况下,这些变形构成了路面车辙和路表不平整的主要部分。

底基层选用水泥或石灰粉煤灰稳定碎(砾)石或稳定土时,可降低传到路基顶面的压应力,并使粒料基层底面不出现拉应力,粒料基层可以由此提高抗剪切变形能力。无机结合料类底基层的底面,在底基层与路床的刚度比(模量比)较大时,会产生较大的拉应力。在重复荷载作用下,底基层的刚度(模量)会衰变,并出现疲劳开裂,裂缝的进一步发展会使底基层碎裂成类似于粒料的状况,其有效模量也降低到粒料的水平。

粒料基层的刚度不太大,因而,沥青面层底面会出现较大的拉应变(应力),并在重复荷载作用下产生疲劳开裂。面层开裂后,水的渗入会降低粒料基层和底基层的模量和抗变形能力(特别是在基层和底基层的粒料含有较多细料时),使路面结构产生较大的永久变形,并在无机结合料类底基层出现开裂的情况下产生唧泥病害。沥青面层厚度较大时,面层在重复荷载作用下会产生较多的永久变形(车辙)。

粒料类基层沥青路面的结构损坏类型主要为路面结构的永久变形(车辙)和沥青层的疲劳开裂。结构设计的主要任务是:①控制沥青层的疲劳开裂,控制沥青面层的拉应变水平。②控制底基层(无机结合料稳定类)的疲劳开裂。③控制沥青层、粒料基层和路基的永久变形,避免出现过量的车辙和路表不平整。一方面要限制粒料层和路基的应力水平,防止出现剪切破坏和产生过量的塑性变形积累;另一方面要控制沥青层的塑性变形积累量。

粒料类基层沥青路面结构层的厚度组合可参照表 4-31 选用,也可根据当地工程经验与施工设备配置水平确定。

表 4-31　　　　　　　　粒料类基层(粒料类底基层)路面厚度范围　　　　　　(单位:mm)

交通荷载等级	重	中等	轻
面层	350~200	300~150	200~100
基层(粒料类)	450~350	400~300	350~250
底基层(粒料类)	200~150		

4.9.4　水泥混凝土基层沥青路面

水泥混凝土基层沥青路面(复合式)以热拌沥青混合料(密级配沥青混凝土或沥青玛蹄脂碎石)做上面层,并以水泥混凝土(设传力杆水泥混凝土或连续配筋混凝土)做下面层(表4-32)。水泥混凝土基层沥青路面综合了沥青混合料和水泥混凝土两类材料的特点和长处,具有使用性能好和使用寿命长的优点,可以满足特重交通荷载等级道路的要求。

表 4-32　　　　　　　　水泥混凝土基层沥青路面结构层组合方案

结构层组合类型		水泥混凝土基层沥青路面	
面层	表面层	密级配沥青混凝土、沥青玛蹄脂碎石	
	下面层	沥青碎石或橡胶沥青应力吸收层或缺失	连续配筋水泥混凝土
		设传力杆水泥混凝土	
基层	基层	沥青混凝土、沥青碎石　　级配碎石　　贫混凝土、水泥或石灰粉煤灰稳定碎石	
	底基层	级配碎石、级配砾石	

下面层选用普通水泥混凝土时,结构设计所关注的重点是沥青表面层的反射裂缝。为了减缓反射裂缝的产生,混凝土下面层板的横缝内必须设置传力杆,以减小接缝两侧的挠度差,从而降低沥青面层所承受的竖向剪切应力水平。此外还可在水泥混凝土下面层和沥青表面层之间加设沥青碎石或应力吸收层,以缓解沥青面层内由于水泥混凝土面层的竖向和水平向位移而产生的应力集聚。面层选用连续配筋水泥混凝土时,由于裂缝间距和缝隙宽度小,不会使上面的沥青面层产生反射裂缝。

复合式路面设计的另一个重点是采取措施处理好沥青表面层与水泥混凝土下面层之间的层间结合问题。

基层可以选用沥青结合料类材料(沥青混凝土、密级配或半开级配沥青碎石)、粒料类材料(级配碎石)、无机结合料类材料(贫混凝土、水泥或石灰粉煤灰稳定碎石)。选用无机结合料类基层可以增加路面结构的承载能力,但也会使混凝土下面层产生较大的温度翘曲应力。选用沥青结合料类基层,或在无机结合料类基层上增设沥青混凝土夹层,可降低混凝土下面层的温度翘曲应力。底基层主要选用粒料类材料(级配碎石、级配砾石)。下面层为设传力杆水泥混凝土和基层为无机结合料类材料时,底基层可以设置开级配沥青碎石排水层和密级配碎石隔离层,以排除渗入路面结构内的自由水,避免唧泥病害的产生。

复合式路面的结构设计应参照《公路水泥混凝土路面设计规范》(JTG D40—2011)的设计方法进行。水泥混凝土下面层主要控制面层板的综合(荷载和温度)疲劳应力,连续配筋混凝土面层还需要通过配筋率设计来控制面层板的裂缝间距、缝隙宽度和钢筋应力。由于沥青面层较薄,永久变形(车辙)不会成为控制因素,但由于层间结合不良而产生的推移剪切变形,需要采取防止措施。基层、底基层和路基所受到应力水平和产生的永久变形量都很小,因而也不会出现严重的永久变形问题。

第 5 章
材料性质要求和设计参数

在行车荷载作用下,材料承受较大的竖向力、水平力、冲击力以及车轮的磨损作用,因此,道路材料应具备足够的强度、刚度、变形特征、抗冲击能力和柔韧性等力学性能。材料的各项力学性能指标和设计参数也是材料选择、组成设计和路面结构分析的重要参数。应用力学-经验法分析和设计路面结构的前提条件是,对各结构层组成材料的性状以及反映其性状的参数有正确的了解和掌握,从而建立路面材料的设计参数和相应测试方法。

5.1 总体要求

5.1.1 材料性能总体要求

路面材料应根据公路等级、交通荷载等级、气候条件、各结构层功能要求和当地材料特性等,在技术经济论证基础上进行设计并确定材料设计参数。

各结构层的原材料性质要求和混合料组成与性质要求,应符合现行《公路沥青路面施工技术规范》(JTG F40—2004)和《公路路面基层施工技术细则》(JTG/T F20—2015)的有关规定,并应结合工程特点和当地经验确定。

5.1.2 材料设计参数

考虑到相关单位配置试验仪器设备和熟悉新试验方法需要一个过程,在设计过程中,可根据公路等级和不同设计阶段,采用不同水平确定设计参数。

水平一:通过室内试验实测确定材料参数,需要具有一定的试验设备条件。

水平二:根据预估方程和简单材料试验(如测定材料的含水量、最大干密度、颗粒组成等)预估材料力学参数,不需要直接进行材料模量和强度试验。目前只有沥青混合料动态压缩模量有相应的经验关系式。

水平三:根据材料类型、交通等级等参照推荐的典型数值确定参数,不需要进行材料参数试验。

水平一适用于高速公路和一级公路的施工图设计阶段。水平二、水平三适用于二级及以下公路各设计阶段和高速公路、一级公路的初步设计阶段。

5.2 路基

5.2.1 路基土回弹模量

土是非线性的弹-塑性材料,在荷载作用下的应力-应变曲线呈现出非线性,卸载阶段的应力-应变曲线与加载段的曲线不重合,总应变由可回复(回弹)应变和残余(永久)应变两部分组成(图5-1)。在荷载的反复作用下,卸载段应力-应变曲线的滞后随荷载作用次数的增加而逐渐减小,永久应变的积累随作用次数的增加逐渐趋于稳定,回弹应变随作用次数的增加也趋于稳定,材料表现出越来越多的弹性性状。

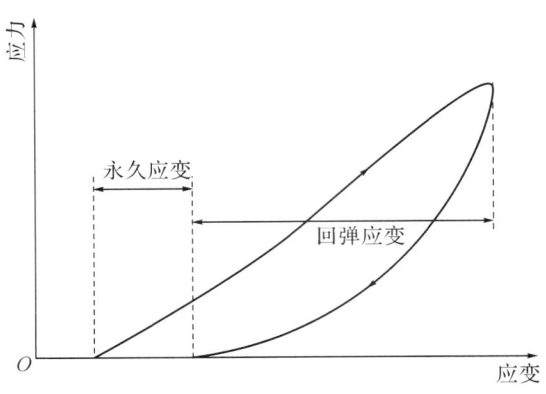

图5-1 土和粒料在荷载作用下的应力-应变曲线

在传统的弹性理论中,材料的弹性性质由弹性模量和泊松比定义。为考虑土的非线性弹-塑性性状及其与传统弹性理论的差异,通常将重复荷载作用下变形稳定后的重复应力与可回复(回弹)应变之比定义为回弹模量(为该重复应力的割线模量),将可回复(回弹)的轴向应变与径向应变之比定义为回弹泊松比,以表征土和粒料的回弹性状。在实验室内测定土的回弹模量的方法主要是反复(或周期)加载三轴试验。在野外现场测定路基土和粒料层的回弹模量值的方法,主要有落锤式弯沉仪(Falling Weight Deflectometer,FWD)法和承载板法。

落锤式弯沉仪(FWD)以一定质量从一定高度自由落下,作用于经弹簧和橡胶垫缓冲的承载板(直径30 cm)上,对路基顶面施加一半正弦的脉冲荷载(持续时间约0.03 s),利用间隔一定距离(通常为30 cm)布设在表面的4~9个传感器,测量表面各点的动弯沉。通过弯沉板中点的弯沉值可计算确定路基顶面回弹模量,见式(5-1)。

$$E_0 = \frac{100 \times 2 p \delta (1 - v_0^2)}{l_0} \tag{5-1}$$

式中 E_0——路基顶面回弹模量反算值(MPa);
  p——FWD施加的压力(MPa);
  δ——FWD加载半径(mm);
  l_0——弯沉板中点处的弯沉(0.01 mm);
  v_0——泊松比。

承载板法在路基顶面通过直径30 cm的刚性承载板逐级加载和卸载,测定各级荷载的回弹弯沉值,按弹性半空间体的假设计算确定路基的静态回弹模量值。承载板法测定的荷载影响深度约为0.5 m,其模量值反映了这层材料在该试验荷载作用下的平均模量(有效模量)。这种测试方法费时费力,效率低,并需要载重车辆作为反力架。

5.2.2 路基土回弹模量三轴试验方法

采用动态三轴压缩试验仪测试路基土和粒料类材料的回弹模量。三轴试验仪有荷载传感器和位移传感器(轴向和径向)放在三轴室外的外置式以及放在三轴室内的内置式两类(图 5-2)。加载系统绝大多数采用液压伺服系统,个别仪器也有采用气压加载系统的。三轴压力室采用聚碳酸酯、丙烯酸或其他透明材料制成。三轴室内的围压应力可以采用气压或液压(水或油)。气压的优点是简单,仪器可以不需要防水,但只能施加低频率(0.5 Hz),适用于常围压应力加载方式。加载频率通常采用 1.0~0.3 Hz,加载持续时间通常为 0.1 s。图 5-3 为三轴试验的荷载变形图。

试验设计主要考虑试件尺寸、成型、预加载处理、围压应力及加载序列等因素。

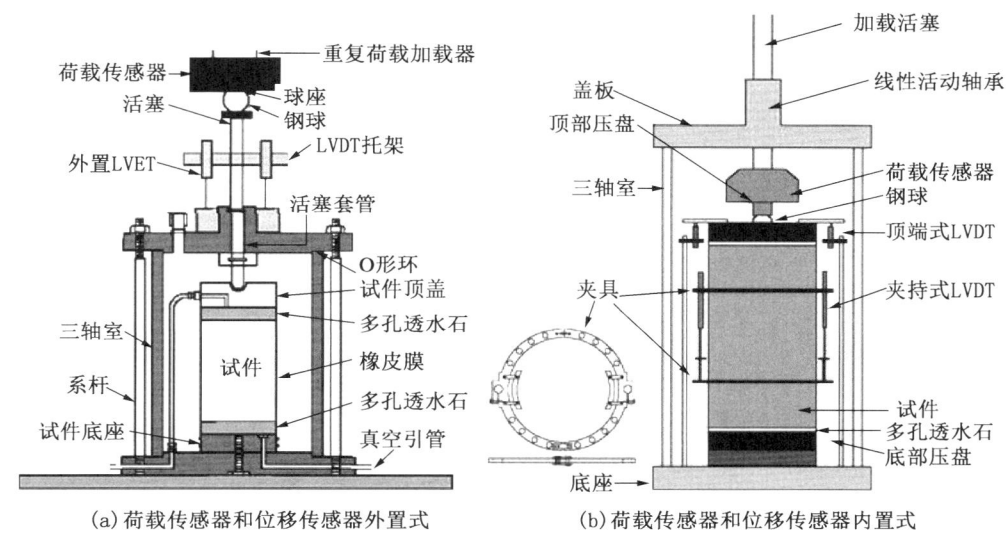

(a) 荷载传感器和位移传感器外置式   (b) 荷载传感器和位移传感器内置式

图 5-2　三轴试验仪的三轴室简图

1. 试件尺寸

试件直径视颗粒的最大粒径而定。最大粒径小于 19 mm 的粒料和土采用直径 100 mm 的试件(试件直径与最大粒径之比为 5.33);最大粒径大于 19 mm 的粒料采用直径 150 mm 的试件,并将粒径大于 25.4 mm 的颗粒筛除(试件直径与最大粒径之比为 6)。试件的直径与高度之比为 1∶2,即采用的试件尺寸为 ϕ100 mm×200 mm 或 ϕ150 mm×300 mm。

2. 成型

试件成型可以采用冲击压实法、静载压实法、振动压实法等。室内压实试件含水率与最佳含水

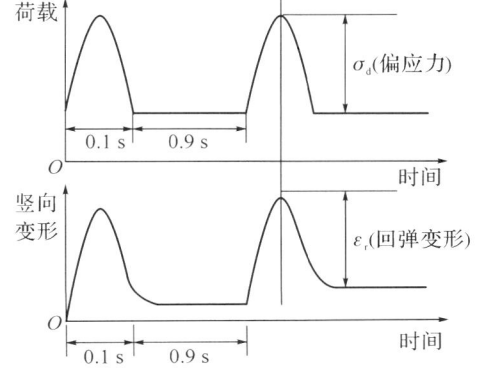

图 5-3　三轴试验的荷载变形图

率偏差不应超过±0.5%。室内压实试件应采用与现场压实度要求相应的干密度,缺少现场压实度时可采用击实试验最大干密度的95%。

3. 预加载处理

为了消除试件在反复加载初期产生较大的永久应变,在进行正式测试前,需采用较大的轴向应力对试件进行多次反复预加载处理,使试件达到永久应变稳定的试验状态。预加载的轴向应力级位视材料在路面结构中所受到的应力水平而定,通常为所施加的最大轴向应力的10%。预加载的半正矢脉冲荷载最大轴向应力,对于路基土为66 kPa,对于粒料类材料为231 kPa;预加载的围压,对于路基土为30 kPa,对于粒料类材料为105 kPa。

4. 围压应力施加及加载序列

按照表5-1的加载序列,对试件施加半正矢脉冲荷载,加载时间为0.1 s,恢复时间为0.9 s,依次进行各个序列对应的应力水平下的回弹模量试验。

表5-1 加载序列

加载序列号	围压应力 σ_3/kPa	接触应力 $0.1\sigma_{mac}$/kPa	循环应力 σ_{cycle}/kPa	最大轴向应力 σ_{mac}/kPa	荷载作用次数
0—预载	30	6.6	59.4	66	1 000
1	41.4	1.4	12.4	13.8	100
2	41.4	2.8	24.8	27.6	100
3	41.4	4.1	37.3	41.4	100
4	41.4	5.5	49.7	55.2	100
5	41.4	6.9	62.0	68.9	100
6	27.6	1.4	12.4	13.8	100
7	27.6	2.8	24.8	27.6	100
8	27.6	4.1	37.3	41.4	100
9	27.6	5.5	49.7	55.2	100
10	27.6	6.9	62.0	68.9	100
11	13.8	4	12.4	13.8	100
12	13.8	8	24.8	27.6	100
13	13.8	14	37.3	41.4	100
14	13.8	21	49.7	55.2	100
15	13.8	28	62.0	68.9	100

试验结束后按照每个加载序列最后5次循环的回弹变形计算回弹模量,计算全部序列的均值。

以某试验段路基土为例,试验土样采用振动压实成型,压实度为96%,含水率为最佳含水率。按照2017版规范附录D土基回弹模量试验方法的加载方式对试件进行加载。荷载分为15级,围压为41.4,27.6,13.8 kPa,轴压为13.8,27.6,41.4,55.2,68.9 kPa。每级荷载分别作用100次,采集最后5个轴向荷载和轴向变形波形计算回弹模量。

三轴试验结果如表5-2和图5-4所示。土的模量变化在35～60 MPa之间。由三轴试验结果可知,土具有明显的应力依赖性。随着围压的增加,模量增大。随着偏应力的增大,模量先减小后增大。

表5-2　　　　　　　　　　土的回弹模量试验结果

偏应力 σ_d/kPa	围压 θ_3/kPa	回弹模量平均值 M_r/MPa
12.2	41.4	60.4
24.6	41.4	47.2
37.0	41.4	43.2
49.5	41.4	44.1
61.8	41.4	46.0
12.3	27.6	49.2
24.6	27.6	37.8
37.2	27.6	36.8
49.4	27.6	39.2
61.8	27.6	42.0
12.2	13.8	43.8
24.7	13.8	35.1
37.1	13.8	34.7
49.6	13.8	37.4
61.7	13.8	41.2

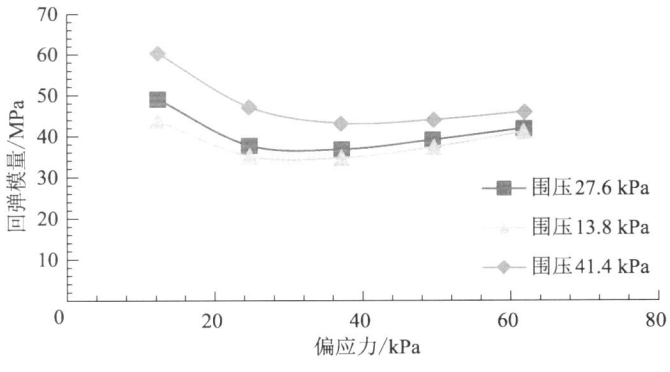

图5-4　土的三轴试验结果

5.2.3　路基顶面回弹模量

根据国内路基的实际条件和经验,并参照国外设计方法中的经验数值,按交通荷载等级对路基顶面的综合回弹模量要求如表 5-3 所示。

表 5-3　　　　　　　　　　　　路基顶面回弹模量要求　　　　　　　　　　　（单位：MPa）

交通荷载等级	极重	特重	重	中等、轻
回弹模量,不小于	70	60	50	40

5.2.4　示例

按照水平一的要求确定路基顶面回弹模量。以 FWD 在某高速公路改善土顶面的实测弯沉为例,如表 5-4 所示,根据式(5-1)计算得到了路基顶面的动态模量,列于表 5-5。

表 5-4　　　　　　　　　　　　改善土顶面 FWD 实测弯沉值

测点	荷载/MPa	距中心点相应距离(mm)处的弯沉/0.01 mm								
		0	203	305	457	610	914	1 219	1 524	1 829
1#	0.398	78.4	54.7	41.9	30.2	21.6	11.4	7.0	5.0	4.0
2#	0.396	89.5	57.1	44.8	32.4	22.8	12.4	7.6	5.3	4.2
3#	0.410	90.4	561.1	43.5	31.4	22.3	11.9	7.4	5.1	3.9
4#	0.398	86.7	56.7	42.5	28.6	19.2	9.7	6.0	4.3	3.3
5#	0.395	82.8	54.7	40.6	27.6	19.1	10.6	6.7	4.8	3.6
6#	0.402	80.0	52.0	36.7	25.1	18.0	9.8	6.1	4.3	3.4
7#	0.389	81.0	47.7	32.7	25.8	18.3	10.1	6.4	4.8	3.6
8#	0.410	91.1	49.3	36.3	24.1	17.5	9.2	6.5	4.0	3.1

表 5-5　　　　　　　　　　　　改善土顶面计算回弹模量

测点	路基顶面回弹模量反算值/MPa	测点	路基顶面回弹模量反算值/MPa
1#	127.8	6#	132.2
2#	116.5	7#	126.4
3#	119.6	8#	118.5
4#	120.7	均值	123.4
5#	125.6		

5.3　粒料类材料

5.3.1　粒料类材料性能要求

粒料类材料主要用于基层和底基层,用作基层的粒料类材料主要有级配碎石、级配砾石和填隙(水结)碎石等。用作底基层的粒料类材料包括级配碎石、未筛分碎石、级配砾石、天然砂砾等。级配碎石的 CBR 值应符合表 5-6 的有关规定。

级配碎石或天然砂砾用于基层时，CBR 值不应小于 80。用于底基层时，对极重、特重和重交通荷载等级，CBR 值不应小于 80；对中等交通荷载等级，CBR 值不应小于 60；对轻交通荷载等级，CBR 值不应小于 40。

表 5-6　　级配碎石的 CBR 值要求

结构层	公路等级	极重、特重交通	重交通	中等、轻交通
基层	高速公路、一级公路	≥200	≥180	≥160
基层	二级及以下公路	≥160	≥140	≥120
底基层	高速公路、一级公路	≥120	≥100	≥80
底基层	二级及以下公路	≥100	≥80	≥60

高速公路和一级公路基层粒料公称最大粒径不宜大于 26.5 mm。底基层采用级配碎石或砂砾时，公称最大粒径不宜大于 31.5 mm；底基层采用天然砂砾时，公称最大粒径不宜大于 53.0 mm。二级及以下公路的基层、底基层粒料公称最大粒径不宜大于 53.0 mm。

粒料层除具有足够的承载能力（CBR 值、模量）和良好的抗永久变形能力外，还需要具有一定的疏水能力，以发挥其排水功能，故需要控制碎石混合料中 0.075 mm 以下的细料含量。级配碎石细集料多用碎石场的细筛余料（石屑），0.075 mm 以下颗粒含量高且波动大，配置的混合料 0.075 mm 以下颗粒含量难以保证时，可掺入一定量的天然砂替代石屑，以降低 0.075 mm 以下颗粒含量。

5.3.2　粒料回弹模量与试验方法

粒料的回弹模量主要通过室内重复加载三轴试验进行测试和研究，与路基土回弹模量试验方法类似。粒料类材料与路基土在路面结构中的应力水平不同，因此加载序列不同，粒料类基层室内重复三轴试验加载序列如表 5-7 所示。

表 5-7　　加载序列

加载序列号	围压应力 σ_3/kPa	接触应力 $0.2\sigma_3$/kPa	循环应力 σ_d/kPa	最大轴向应力 σ_{mac}/kPa	荷载作用次数
0—预载	105	21	210	231	1 000
1	20	4	10	14	100
2	40	8	20	28	100
3	70	14	35	49	100
4	105	21	50	71	100
5	140	28	70	98	100
6	20	4	20	24	100
7	40	8	40	48	100
8	70	14	70	84	100

(续表)

加载序列号	围压应力 σ_3/kPa	接触应力 $0.2\sigma_3$/kPa	循环应力 σ_d/kPa	最大轴向应力 σ_{mac}/kPa	荷载作用次数
9	105	21	105	126	100
10	140	28	140	168	100
11	20	4	40	44	100
12	40	8	80	88	100
13	70	14	140	154	100
14	105	21	210	231	100
15	140	28	280	308	100
16	20	4	60	64	100
17	40	8	120	128	100
18	70	14	210	224	100
19	105	21	315	336	100
20	140	28	420	448	100
21	20	4	80	84	100
22	40	8	160	168	100
23	70	14	280	294	100
24	105	21	420	441	100
25	140	28	560	588	100

根据试验所得相关数据和式(5-2)所示的回弹模量本构模型,采用非线性拟合方法,确定模型参数 K_1、K_2 和 K_3。

$$M_R = k_1 p_a \left(\frac{\theta}{p_a}\right)^{k_2} \left(\frac{\tau_{oct}}{p_a}+1\right)^{k_3} \tag{5-2}$$

式中 M_R——回弹模量;

θ——体应力,$\theta = \sigma_1 + \sigma_2 + \sigma_3$,$\sigma_1$、$\sigma_2$、$\sigma_3$ 为主应力;

τ_{oct}——八面体剪应力;

k_i——回归常数,$k_1 \geqslant 0$,$k_2 \geqslant 0$,$k_3 \leqslant 0$;

p_a——参考大气压(100 kPa)。

5.3.3 示例

1. 按照水平一的要求确定粒料回弹模量

以某新建高速公路级配碎石基层为例,按照 2017 版规范附录 D 粒料类材料回弹模量试验方法的加载方式对试件进行加载。应力加载波形为半正矢波,加载 0.1 s,间歇 0.9 s。荷载采用间歇式重复逐级加载方式,分为 25 级,每级荷载分别作用 100 次,采集最后 5 个轴向荷载和轴向变形波形计算回弹模量,如表 5-8 所示。此次试验级配碎石的压实度为 98%,含水率为最佳含水率,回归得到的本构模型参数如表 5-9 所示。

表 5-8　　　　　　　　　　　　级配碎石的回弹模量

加载序列	围压/kPa	偏应力/kPa	回弹模量/MPa
1	20	10	122
2	40	20	166
3	70	35	216
4	105	50	280
5	140	70	330
6	20	20	119
7	40	40	162
8	70	70	221
9	105	105	284
10	140	70	352
11	20	40	123
12	40	80	173
13	70	140	252
14	105	210	313
15	140	140	371
16	20	60	125
17	40	120	194
18	70	210	257
19	105	315	331
20	140	280	401
21	20	80	127
22	40	160	201
23	70	280	263
24	105	420	342
25	140	560	416

表 5-9　　　　　　　　　　　级配碎石本构模型回归参数

k_1	k_2	k_3	R^{2*}	F 值	P 值
1.222 5	0.685 0	−0.270 1	0.986 8	899.8	0.000 1

2. 按照水平三的要求确定粒料回弹模量

不同粒料材料的回弹模量推荐值参考表 5-10 选用，如级配碎石基层材料性能好、压实度达 98%，回弹模量取 700 MPa。

表 5-10　　　　　　　　　粒料回弹模量取值范围　　　　　　　　（单位：MPa）

材料类型和层位	最佳含水率及与压实度要求相应的干密度条件下	经湿度调整后
级配碎石基层	200～400	300～700
级配碎石底基层	180～250	190～440
级配砾石基层	150～300	250～600
级配砾石底基层	150～220	160～380
未筛分碎石层	180～220	200～400
天然砂砾层	105～135	130～240

注：材料性能好、级配好或压实度大时取高值，反之取低值。

5.4 无机结合料稳定材料

5.4.1 无机结合料稳定材料强度指标

无机结合料类材料的强度有抗压强度、抗拉强度、间接拉伸（劈裂）强度和弯拉强度之分。

2006 版规范采用劈裂强度作为无机结合料材料的强度指标，水泥稳定碎石的劈裂强度值为 0.4～0.6 MPa（120 d 龄期），石灰粉煤灰稳定碎石的劈裂强度值为 0.5～0.8 MPa（180 d 龄期）。《公路基层施工技术细则》(JTG/T F20—2015)采用抗压强度（浸水 7 d）作为无机结合料类材料的强度指标，为各级公路的基层和底基层分别规定了最低抗压强度要求。无机结合料类基层沥青路面进行基层疲劳损坏分析时，为了与建立疲劳损坏预估模型中的强度相一致，应采用弯拉强度作为强度指标。

劈裂强度与弯拉强度并不相等。各种强度指标之间缺乏稳定一致的转换关系。一般情况下，劈裂强度略大于抗拉强度。抗拉强度平均约为抗压强度的 10%，弯拉强度平均约为抗压强度的 20%。因此，采用劈裂强度替代弯拉强度分析无机结合料类基层的疲劳寿命，会得到不确切的使用寿命预估结果。

由于梁试件成型的难度和不均匀性大于圆柱体试件，弯拉强度测试结果的变异性要大于抗压强度。因此，通过试验研究建立弯拉强度与抗压强度的转换关系，便可利用抗压强度替代弯拉强度进行结构层的疲劳寿命分析。"基于多指标的沥青路面结构设计方法"课题利用石灰粉煤灰稳定碎石的弯拉强度和抗压强度数据建立的关系式（图 5-5）表明，弯拉强度接近于抗压强度的 20%。

表 5-11 为 2017 版规范推荐的无机结合料稳定材料弯拉强度的取值范围。其中，水泥稳定类、水泥粉煤灰稳定类材料试件的龄期应为 90 d，石灰稳定类、石灰粉煤灰稳定类材料试件的龄期应为 180 d。

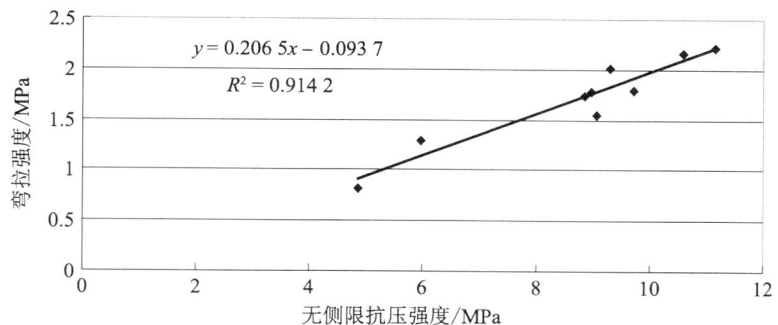

图 5-5　石灰粉煤灰稳定碎石的弯拉强度与抗压强度试验关系

表 5-11　无机结合料类材料的弯拉强度取值范围

材料	弯拉强度/MPa
水泥稳定粒料、水泥粉煤灰稳定粒料	1.5～2.0
石灰粉煤灰稳定粒料	0.9～1.5
水泥稳定土、水泥粉煤灰稳定土	0.6～1.0
石灰粉煤灰稳定土	
石灰土	0.3～0.7

注：结合料用量高、材料性能好、级配好或压实度高时取高值，反之取低值。

5.4.2　无机结合料稳定材料弹性模量试验

1. 试验方法

现行无机结合料稳定材料室内抗压回弹模量试验方法，试件轴向变形测量点位于试件顶底面，采用逐级加荷卸荷的加载方式。加载过程中由于试件端面效应的影响，测得的试件顶底面轴向变形大于实际的轴向变形，从而使测得的弹性模量小于材料的实际弹性模量，加上复杂的逐级加荷卸荷的加载方式，试验的重复性差，难以得出真实、可靠、一致的结果。

2017 版规范中无机结合料稳定材料采用侧面法弹性模量，试验压力机采用 1 mm/min 的加载速度连续均匀地施加荷载，直至达到试件所能承受的最大作用力。加载过程中，位移传感器通过夹具安置于试件侧面中部，使其与试件端面垂直，沿圆周以 120°偏移角安装（即每 2 个传感器相距 120°），通过计算得到试件的单轴压缩弹性模量。传感器安装如图 5-6 所示，荷载-应变曲线如图 5-7 所示。与其他试验方法相比，此方法消除了端面效应的不利影响，具有测量精度高、再现性好、测试简单等优点。测试时水泥稳定类、水泥粉煤灰稳定类材料试件的龄期为 90 d，石灰稳定类、石灰粉煤灰稳定类材料试件的龄期为 180 d。弹性模量取用测试数据的平均值。

根据试验数据得到 F_r 和 $0.3F_r$ 时对应的应变 ε_3。弹性模量 E_c 可由式(5-3)计算得到。

$$E_c = \frac{0.3F_r}{\varepsilon_3 \pi D^2/4} \tag{5-3}$$

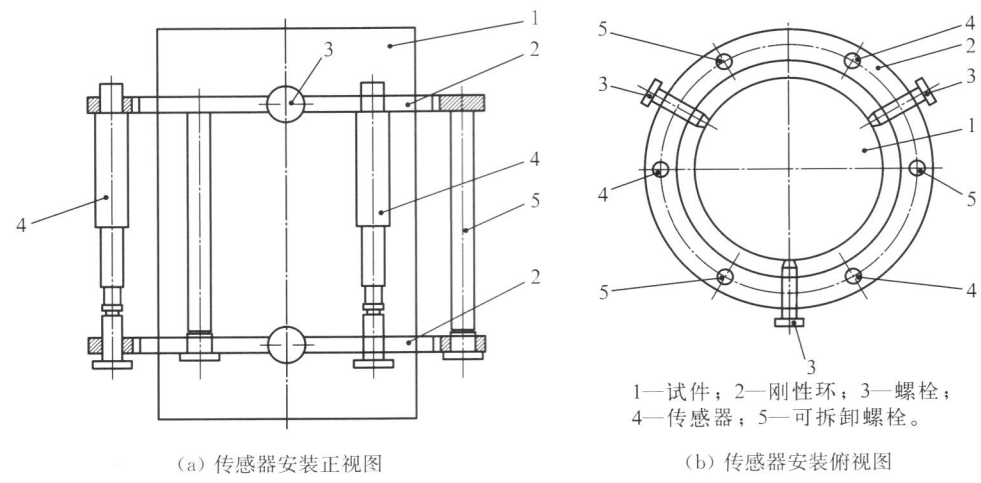

(a) 传感器安装正视图　　　　(b) 传感器安装俯视图

1—试件；2—刚性环；3—螺栓；4—传感器；5—可拆卸螺栓。

图 5-6　传感器安装图

式中　D——试件直径(m)；
　　　E_c——试件弹性模量(MPa)；
　　　F_r——试件承受的最大作用力(N)；
　　　ε_3——荷载达到 $0.3F_r$ 时对应的应变值。

2. 示例

以室内振动成型的 $\phi150\ \text{mm}\times150\ \text{mm}$ 的水泥稳定碎石圆柱体试件标准养生 90 d 为例，根据 2017 版规范附录 E 无机结合料稳定类材料单轴压缩模量试验方法进行试

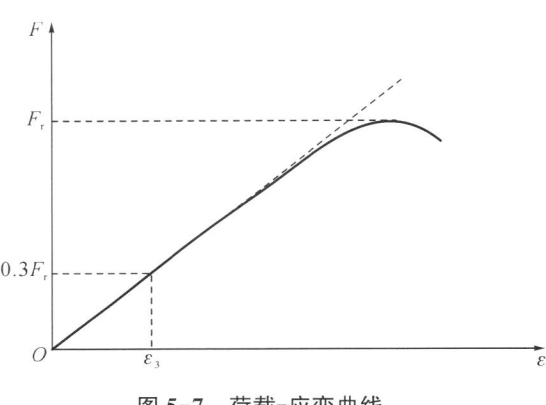

图 5-7　荷载-应变曲线

验。最大荷载 $F_r=135.6\ \text{kN}$，加载达到 $0.3F_r$（即 40.7 kN）时的应变平均值 $\varepsilon_3=78.2\mu\varepsilon$，按式 (5-3) 计算得到弹性模量 $E_c=29\ 452\ \text{MPa}$。

3. 弹性模量推荐值

表 5-12 为 2017 版规范推荐的无机结合料类材料弹性模量取值范围，不具备试验条件时可参考使用。

表 5-12　　　　　　　　无机结合料类材料弹性模量取值范围

材料	弹性模量/MPa
水泥稳定粒料、水泥粉煤灰稳定粒料、石灰粉煤灰稳定粒料	18 000~28 000
	14 000~20 000
水泥稳定土、水泥粉煤灰稳定土、石灰粉煤灰稳定土	5 000~7 000
石灰土	3 000~5 000

注：结合料用量高、材料性能好、级配好或压实度大时取高值，反之取低值。

室内试验的试件可得到均匀拌和和压实，并在恒温恒湿的养护室内进行养生。路面结构层材料的胶结强度及均质性远不及试件材料，在野外温度和湿度变化的影响下，即便在开放交通之前或之初，结构层内便难免会产生内应力，出现微裂隙。因此，无机结合料类结构层的弹性模量值要比由室内试验得到的弹性模量值低。设计时，采用偏高的室内试件弹性模量值便有可能得到不正确的结构分析结果。综合山东省交通科学研究所等单位取得的 FWD 弯沉盆反算的无机结合料稳定类材料层模量值与相同材料按照上述试验方法得到的室内试件弹性模量值，2017 版规范推荐由室内试件弹性模量调整到现场结构层模量的调整系数为 0.5，即现场结构层的弹性模量值取室内试件弹性模量值的 0.5 倍。

5.4.3 无机结合料稳定材料疲劳试验

1. 试验方法

无机结合料稳定材料疲劳试验方法以振动成型大梁试件为母体，将大梁试件切割成若干尺寸为长×宽×高＝380 mm×63.5 mm×50 mm 的小梁试件后，通过测定相同层位小梁试件弯拉强度确定同层位小梁试件的疲劳荷载，在此基础上进行四点弯曲梁动态重复加载试验，试验过程中测量小梁中心挠度变化，得到接近真实应力状态的疲劳加载次数和动态弯拉模量、弯拉应变衰变规律。按照上述法进行不同应力比条件下的重复加载试验，即可得到无机结合料稳定碎石材料的疲劳损伤寿命。

如图 5-8 所示，由同一根大梁切割出 4 根小梁，由 1 号梁弯拉强度确定 2 号梁疲劳试验荷载，由 3 号梁弯拉强度确定 4 号梁疲劳荷载。与传统方法用同批成型试件的其中一部分梁的弯拉强度平均值来代表疲劳梁试件的弯拉强度不同，在小梁疲劳试验中，梁的弯拉强度试验和疲劳试验是一一对应的。由于进行弯拉强度和疲劳试验的两根梁是同一根大梁中的同一层位，其压实度、养生条件和级配等都几乎是相同的，可以消除传统疲劳试验方法中由于试件不同造成的弯拉强度不同的问题，确保疲劳试验试件的弯拉

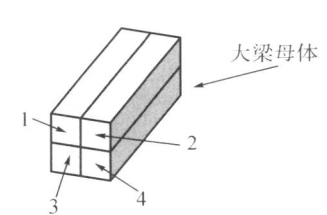

图 5-8 疲劳试验小梁试件
（1，2，3，4 为切割小梁）

强度尽可能与弯拉强度试验试件相同。

图 5-9 所示为小梁疲劳试验夹具及其加载模式。加载模式为常应力半正矢波，加载频率为 10 Hz，应力循环最小值与最大值的比值为 0.1。试验过程中可以同时得到应力、应变、弯拉模量、耗散能等与疲劳损伤密切相关的参数，以及这些参数随加载次数的变化过程。

2. 示例

以石灰粉煤灰碎石和水泥稳定碎石为例，采用上述疲劳试验方法，以常应力半正弦波形加载方式，完成了小梁试件的四点弯曲疲劳试验。图 5-10 为疲劳试验过程

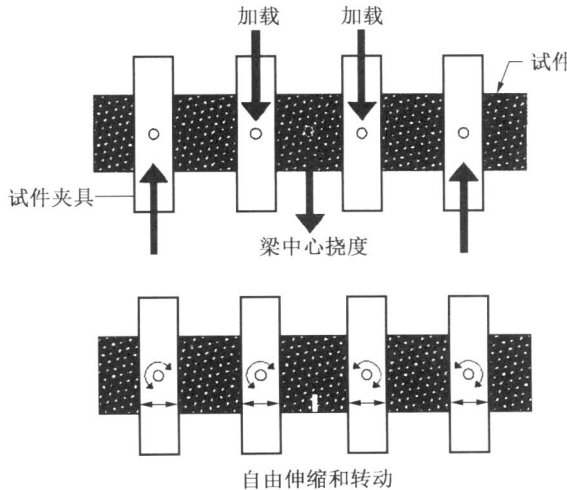

图 5-9 小梁疲劳试验夹具及其加载模式

中试件的弯曲弹性模量和弯曲应变随重复荷载作用次数变化的关系曲线。试件的初始应变和初始模量指试件刚加载时的应变和模量,代表其未受损伤时的初始状态,取加载 100 次时的模量和应变作为初始模量和应变,此阶段为第一阶段;随着重复荷载作用次数的增加,弯曲弹性模量和弯曲应变不断增大,此阶段为第二阶段;试件弯曲弹性模量急剧减小,弯曲应变急剧增大直至破坏,此阶段为第三阶段。试件弯曲破坏模量和破坏应变指弯拉模量在第二阶段到第三阶段的转折点,所对应的应变为破坏应变,由于破坏模量包含非线性变形,在此仅作参考。

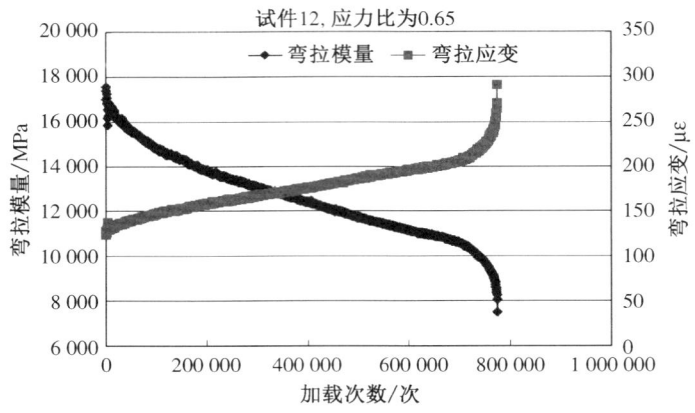

图 5-10　试件模量和应变曲线

无机结合料稳定材料的弯曲疲劳试验结果采用单对数方程进行回归,应力强度比与疲劳寿命的对数值之间存在一元线性相关关系,疲劳方程的形式如下:

$$\lg N = a + b\frac{\sigma}{S} \tag{5-4}$$

式中　N—— 荷载作用次数(次);
　　　σ—— 弯拉应力(MPa);
　　　S—— 梁试件弯拉强度(MPa);
　　　a,b—— 回归系数。

将所有试件的弯曲疲劳试验数据作为总体,采用一元线性回归方法进行处理,得到 50% 保证率下石灰粉煤灰碎石和水泥稳定碎石的疲劳方程,分别为式(5-5)和式(5-6),回归曲线如图 5-11 所示。

$$\lg N = 13.775 - 12.231\frac{\sigma}{S} \tag{5-5}$$

$$\lg N = 12.26 - 9.9563\frac{\sigma}{S} \tag{5-6}$$

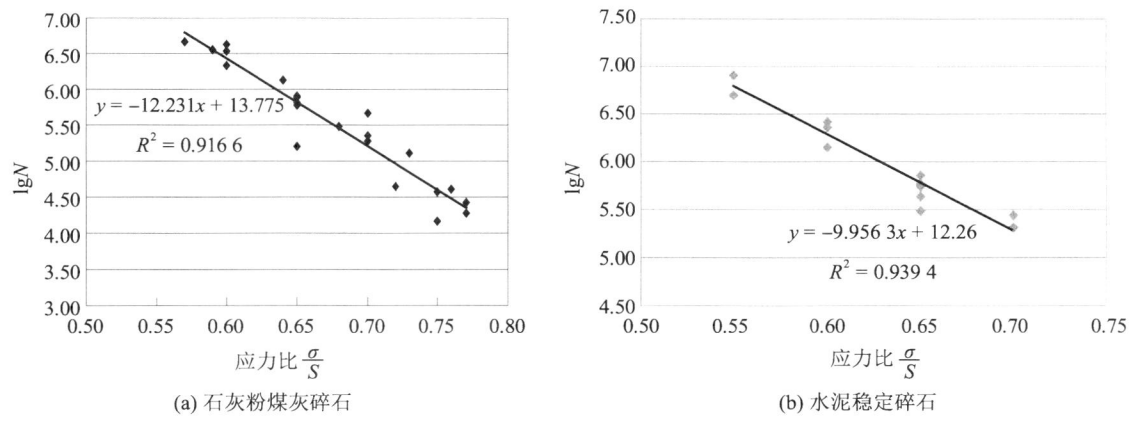

(a) 石灰粉煤灰碎石　　　　　　　　(b) 水泥稳定碎石

图 5-11　石灰粉煤灰碎石和水泥稳定碎石试件疲劳线性回归方程

5.5　沥青和沥青结合类材料

5.5.1　沥青和沥青结合料类材料性能要求

（1）沥青结合料应采用道路石油沥青或其加工产品，沥青类型应根据公路等级、气候条件、交通荷载等级、结构层位和施工条件等确定。

（2）极重、特重和重交通荷载等级公路、气候条件严酷地区公路，以及连续长陡纵坡路段，中面层和表面层宜采取选用高性能要求的改性沥青或添加外掺剂等措施，以提高路面抗永久变形能力。

（3）开级配沥青混合料表面宜采用高黏沥青或橡胶沥青，并采取添加适量消石灰或水泥等措施提高混合料的抗水损害性能。

（4）表面层沥青混合料公称最大粒径不宜大于 16.0 mm，中面层和下面层沥青混合料公称最大粒径不宜小于 16.0 mm，基层沥青碎石公称最大粒径不宜小于 26.5 mm。对表面层混合料公称最大粒径的选择，一些地区存在误解，认为最大公称粒径越大，混合料抗车辙能力越强，抗滑性能越好。对设定的原材料，混合料抗车辙能力受级配组成、沥青用量和压实度等影响远大于公称最大粒径影响。抗车辙能力主要受级配组成、构造深度和集料抗磨耗性能影响，与公称最大粒径没有显著的相关性。同时，公称最大粒径越大，施工越容易出现离析，进而出现局部水损坏的风险就越大。综上，规定表面层沥青混合料公称最大粒径不宜大于 16.0 mm。

（5）季节性冻土地区高速公路和一级公路表面层沥青低温性能宜满足下列指标要求：

① 在路面低温设计温度提高 10℃的试验条件下，沥青弯曲梁流变试验蠕变劲度 S_t 不宜大于 300 MPa，且蠕变曲线斜率 m 不宜大于 0.30。

② 当蠕变劲度 S_t 在 300～600 MPa 范围内，且蠕变曲线斜率 m 大于 0.30 时，增加沥青直接拉伸试验，其断裂应变不宜小于 1%。

③ 以上条件都不满足时，采用弯曲梁流变试验和直接拉伸试验确定沥青临界开裂温

度,临界开裂温度不宜高于路面低温设计温度。

（6）二级及以上公路公称最大粒径不大于 19.0 mm 的沥青混合料,宜在温度为 -10℃、加载速率为 50 mm/min 条件下进行小梁弯曲试验。沥青混合料的破坏应变宜符合表 5-13 的规定。

表 5-13　　　　　　　　　沥青混合料低温弯曲试验破坏应变技术要求

气候条件与技术指标	相应于下列气候分区所要求的破坏应变/$\mu\varepsilon$									试验方法
年极端最低气温/℃	<-37.0		-21.5～-37.0			-9.0～-21.5		>-9.0		
气候分区	1. 冬严寒区		2. 冬寒区			3. 冬冷区		4. 冬温区		
	1-1	2-1	1-2	2-2	3-2	1-3	2-3	1-4	2-4	
普通沥青混合料,不小于	2 600		2 300			2 000				T 0715
改性沥青混合料,不小于	3 000		2 800			2 500				

注：气候分区的确定应符合现行《公路沥青路面施工技术规范》(JTG F40—2004)的有关规定。

（7）高速公路和一级公路沥青混合料应在规定的试验条件下进行车辙试验,并应符合表 5-14 的要求。二级公路可参照执行。

表 5-14　　　　　　　沥青混合料车辙试验动稳定度技术要求　　　　　　　（单位：次/mm）

气候条件与技术指标		相应于以下气候分区所要求的动稳定度技术要求								试验方法
七月平均最高气温(℃)及气候分区		>30				20～30			<20	
		1. 夏炎热区				2. 夏热区			3. 夏凉区	
		1-1	1-2	1-3	1-4	2-1	2-2	2-3	2-4	3-2
普通沥青混合料,不小于		800		1 000		600		800		600
改性沥青混合料,不小于		2 800		3 200		2 000		2 400		1 800
SMA 混合料,不小于	普通沥青	1 500									T 0719
	改性沥青	3 000								
OGFC 混合料,不小于		1 500(中等、轻交通荷载等级),3 000(重及以上交通荷载等级)								

注：1. 气候分区的确定应符合现行《公路沥青路面施工技术规范》(JTG F40—2004)的有关规定。
2. 当其他月份的平均最高气温高于七月时,可使用该月平均最高气温。
3. 在特殊情况下,对钢桥面铺装、重载车特别多或纵坡较大的长距离上坡路段、厂矿专用道路,可酌情提高动稳定度要求。
4. 对炎热地区或特重及以上交通荷载等级公路,可根据气候条件和交通状况适当提高试验温度或增加试验荷载。

（8）沥青混合料贯入强度采用单轴贯入试验测定。无机结合料稳定类基层沥青路面、底基层采用无机结合料稳定材料的沥青结合料类基层沥青路面和水泥混凝土基层沥青路面的沥青混合料贯入强度,宜满足式(5-7)的要求。规定沥青混合料贯入强度要求旨在控制沥青路面车辙。交通运输部科技项目"沥青路面荷载标准"研究了不同气候条件、交通条件和路面结构情况下沥青混合料贯入强度与沥青混合料永久变形的关系模型,在此基础上得到验证沥青混合料贯入强度的关系式。式(5-7)是考虑平均车速的情况。当车速与正常路段差异较大时,如长大纵坡路段,可根据式(5-8)验算沥青混合料贯入强度。

$$R_{\tau s} \geqslant \left(\frac{0.31\lg N_{e5} - 0.68}{\lg [R_a] - 1.31\lg T_d - \lg \Psi_s + 2.50}\right)^{1.86} \tag{5-7}$$

$$R_{\tau s} \geqslant \left(\frac{0.31\lg N_{e5} - 0.38\lg v_e}{\lg [R_a] - 1.31\lg T_a - \lg \Psi_s + 2.50}\right)^{1.86} \tag{5-8}$$

式中 $[R_a]$ —— 沥青混合料层容许永久变形量(mm),根据公路等级,按表1-10确定;

N_{e5} —— 根据沥青层永久变形等效换算得到的月平均气温大于0℃的月份内设计车道累计设计轴载作用次数(轴次),按第2章中的方法计算;

T_d —— 设计气温(℃),为所在地区月平均气温大于0℃的各月份气温平均值;

v_e —— 载重车平均行车速度(km/h);

Ψ_s —— 路面结构系数,根据式(5-9)计算:

$$\Psi_s = (0.52 h_a^{-0.003} - 317.59 h_b^{-1.32}) E_b^{0.1} \tag{5-9}$$

式中 h_a —— 沥青混合料层的厚度(mm);

h_b —— 无机结合料稳定层或水泥混凝土层的厚度(mm);

E_b —— 无机结合料稳定层或水泥混凝土层的模量(MPa);

$R_{\tau s}$ —— 各沥青混合料层的综合贯入强度,根据式(5-10)确定:

$$R_{\tau s} = \sum_{i=1}^{n} w_{is} R_{\tau i} \tag{5-10}$$

式中 $R_{\tau i}$ —— 第 i 层沥青混合料的贯入强度(MPa),根据单轴贯入试验确定。普通沥青混合料一般为 0.4~0.7 MPa,改性沥青混合料一般为 0.7~1.2 MPa。

n —— 沥青混合料层数。

w_{is} —— 第 i 层沥青混合料的权重,为第 i 层厚度中点剪应力与各层厚度中点剪应力之和的比值,$w_{is} = \dfrac{\tau_i}{\sum\limits_{i=1}^{n} \tau_i}$。沥青混合料层为1层时,$w_1$ 取 1.0;沥青混合料层为2层时,自上而下,w_1 可取 0.48,w_2 可取 0.52;沥青混合料层为3层时,自上而下,w_1,w_2 和 w_3 可分别取 0.35,0.42 和 0.23。

(9)粒料类基层沥青路面和底基层采用粒料的沥青结合料类基层沥青路面,沥青混合料贯入强度应满足式(5-11)的要求。式(5-11)是考虑平均车速的情况。当车速与正常路段差异较大时,如长大纵坡路段,可根据式(5-12)验算沥青混合料贯入强度。

$$R_{\tau g} \geqslant \left(\frac{0.35\lg N_{e5} - 1.16}{\lg [R_a] - 1.62\lg T_d - \lg \Psi_g + 2.76}\right)^{1.38} \tag{5-11}$$

$$R_{\tau g} \geq \left(\frac{0.35 \lg N_{e5} - 0.65 \lg v_e}{\lg [R_a] + \lg \lambda - 1.62 \lg T_a - \lg \Psi_g + 2.76} \right)^{1.38} \quad (5\text{-}12)$$

式中 Ψ_g——路面结构系数,根据式(5-13)计算:

$$\Psi_g = 20.16 h_a^{-0.642} + 820\,916 h_b^{-2.84} \quad (5\text{-}13)$$

$R_{\tau g}$——路面各层沥青混合料的综合贯入强度,根据式(5-14)确定:

$$R_{\tau g} = \sum_{i=1}^{n} w_{ig} R_{\tau i} \quad (5\text{-}14)$$

w_{ig}——第 i 层沥青混合料的权重,为第 i 层厚度中点的剪应力与各层厚度中点剪应力之和的比值,$w_{ig} = \dfrac{\tau_i}{\sum_{i=1}^{n} \tau_i}$。沥青混合料层为 1 层时,$w_1$ 取 1.0;沥青混合料层为 2 层时,自上而下,w_1 可取 0.44,w_2 可取 0.56;沥青混合料层为 3 层时,自上而下,w_1,w_2 和 w_3 可分别取 0.27,0.36 和 0.37。

其他符号意义同式(5-7)。

(10) 沥青混合料应检验其水稳定性。测试浸水马歇尔试验残留稳定度和冻融劈裂试验残留强度比,两项指标应符合表 5-15 的规定。水稳定性不满足要求的,可采取掺入消石灰、水泥或抗剥落剂,或更换集料等措施。水损坏是沥青路面早期病害的主要损坏类型之一。在沥青混合料中掺入消石灰、水泥或抗剥落剂,或采用饱和石灰水处理集料,可改善集料与沥青的黏附性,提高沥青混合料抗水损坏能力。

表 5-15　　　　　　　　　　　　沥青混合料水稳定性技术要求

沥青混合料类型		相应于以下年降雨量(mm)的技术要求/%		试验方法
		≥500	<500	
浸水马歇尔试验残留稳定度/%				
普通沥青混合料,不小于		80	75	T0709
改性沥青混合料,不小于		85	80	T0709
SMA 混合料,不小于	普通沥青	75		T0709
	改性沥青	80		
冻融劈裂试验的残留强度比/%				
普通沥青混合料,不小于		75	70	T0729
改性沥青混合料,不小于		80	75	T0729
SMA 混合料,不小于	普通沥青	75		T0729
	改性沥青	80		

5.5.2 沥青相关试验方法

在路面结构验算中增加了沥青面层低温开裂指数验算，对季节性冻土地区高速公路和一级公路表面层沥青低温性能提出了相应的要求，包括沥青蠕变劲度和沥青断裂应变。此外，沥青混合料模量参数采用了单轴压缩动态弹性模量，水平二中动态模量预估模型需要动态剪切复数模量。

临界开裂温度既能反映路面温度应力的累积效应，又能反映沥青抗拉强度，AASHTO PP42-07 技术标准采用这一指标评价改性沥青的低温性能。2017 版规范将其作为沥青弯曲梁流变试验蠕变劲度和蠕变曲线斜率两项低温性能指标的补充。

1. 沥青蠕变劲度及弯曲梁流变试验方法

沥青弯曲蠕变劲度试验测定的是沥青胶结料的低温蠕变劲度和蠕变曲线斜率 m 值，弯曲蠕变劲度用来评价沥青的低温抗裂性能。该试验方法适用于原样沥青、压力老化后的沥青和经薄膜烘箱（或旋转薄膜烘箱）后的老化沥青。

弯曲梁流变仪试验方法将试件放置在 0～－36℃（精度为±0.1℃）的恒温浴中，加载系统向试件跨中施加 35 mN±5 mN 的接触荷载。试验过程中荷载在 0.5～5 s 内从接触荷载增大到初始试验荷载 980 mN±50 mN，采用线性差动式位移传感器自动记录试件跨中挠度，传感器量程≥6 mm，分辨率≥2.5 μm。数据采集系统将自动记录在 8.0 s、15.0 s、30.0 s、60.0 s、120.0 s 和 240.0 s 的荷载和变形。根据试验结果计算劲度模量（单位：MPa）和 m 值（精确到 0.001）。

2. 沥青断裂应变及直接拉伸试验方法

沥青断裂性能采用断裂应力和断裂应变来表征，由直接拉伸试验得到，适用于颗粒尺寸小于 250 μm 的原样沥青、沥青旋转薄膜烘箱试验（Rolling Thin Film Oven Test，RTFOT）后的沥青和沥青压力老化容器老化（Pressurized Aging Vessel，PAV）后的沥青。试验温度范围为 0～－36℃。

试验过程中，将试件置于恒温冷浴槽中，加载系统以 1 mm/min 的拉伸速率拉伸应变，并自动采集拉伸位移和拉力，当试件拉断或应变超过 10% 时停止试验。当荷载达到峰值时试件突然断裂，记为脆性破坏，此时为最大应力状态下的最大应变；如果试件达到最大应力时未断裂而继续变形，则破坏应变记录为相应于最大应力时的应变；当应变超过 10% 时，不必继续试验，记录破坏应变为"大于 10%"。

3. 沥青临界开裂温度

临界开裂温度采用沥青弯曲梁流变试验（Bending Beam Rheometer，BBR）与直接拉伸试验（Direct Tension，DT）两项试验的结果计算得到。其计算方法为：将 BBR 试验测得的不同温度下蠕变劲度与时间的曲线 $S(t)$，利用时温等效原理得到劲度主曲线，再将劲度主曲线 $S(t)$ 变换为蠕变柔量 $D(t)$，然后进一步变换为松弛模量 $E(t)$，最后由松弛模量计算不同温度下的温度应力；通过 DT 试验测试不同温度下沥青的破坏应变与破坏强度曲线；温度应力曲线与破坏强度曲线交点所对应的温度，即为沥青临界开裂温度 T_{cr}。

4. 沥青动态剪切复数模量及试验方法

在振动荷载作用下，沥青的流变特性受到黏弹性的影响，与静荷载时有很大的不同，沥青的黏度通常小于静载时的黏度。因此，现在越来越重视测定振动荷载下的黏度，一些流变仪和黏度计也具有测定振动黏度的功能。

美国战略公路研究计划(Strategic Highway Research Program，SHRP)在沥青结合料路用性能规范中提出的评价沥青结合料高温稳定性的方法是：采用动态剪切流变仪(Dynamic Shear Rheometer，DSR)，对原样沥青及RTFOT后残留沥青试样分别进行两次动态剪切试验，以 $G^*/\sin\delta$ 作为评价指标，试样在设计高温下进行，剪切速率为10 rad/s，必须满足下列要求：①原样沥青的 $G^*/\sin\delta$ 不得小于1.0 kPa；②RTFOT后残留沥青的 $G^*/\sin\delta$ 不得小于2.2 kPa。

SHRP采用的动态剪切流变仪属于平板式的流变仪，两块 ϕ25 mm 或 ϕ8 mm 的平行板间距 1.1～2.2 mm(ϕ25 mm板)或0.9～1.8 mm(ϕ8 mm板)，沥青试样像三明治一样被夹在平板之间，一块板固定，一块板围绕着中心轴来回摆动，以摆动板上的 A 点转动到 B 点，由 B 点往回转动经过 A 点转回到 C 点，再由 C 点转动到 A 点，完成一个周期。DSR试验过程中，摆动板连续不断地摆动，速度为10 rad/s，约等于1.59 Hz的频率。

DSR可以是应力控制或应变控制，应力控制的DSR是施加固定的扭矩，使板从 A 点到 B 点，由于沥青结合料的进度不同，在所推荐的频率下维持摆动所需的扭矩将不同，劲度大的样品需要的扭矩也大。SHRP的Superpave推荐采用此方法测定沥青结合料的高温性能。沥青试样的剪应力 τ、剪应变 γ、复数模量 $|G^*|$ 及相位角 δ 计算如下：

$$\tau = \frac{2T}{\pi r^3} \tag{5-15}$$

$$\gamma = \frac{\theta r}{h} \tag{5-16}$$

$$G^* = \frac{\tau_{\max} - \tau_{\min}}{\gamma_{\max} - \gamma_{\min}} \tag{5-17}$$

$$\delta = 2\pi f \Delta t \tag{5-18}$$

式中　T——最大扭矩；

r——摆动板半径(12.5 mm 或 4 mm)；

h——试样高度(1 mm 或 2 mm)；

θ——振动板的旋转角；

$\tau_{\max}$，$\tau_{\min}$，$\gamma_{\max}$，$\gamma_{\min}$——试样承受的最大或最小剪应力、剪应变；

Δt——滞后时间。

5.5.3　沥青混合料动态压缩模量确定

1. 沥青混合料动态压缩模量试验方法

以往沥青结合料类材料采用15℃或20℃时的顶面法回弹模量，无法反映模量对温度和加载时间的依赖性。采用动态单轴压缩模量，可考虑以上两项因素的影响，其中，温度可反映不同地区的气候条件，加载时间可反映行车速度和沥青混合料层厚度。

加载时间在试验中以加载频率表征。根据车辆荷载沿路面深度方向扩散,对特定的行车速度,越靠近路表,加载时间越短,对应频率越高,反之则加载时间越长,频率越低。结合国外相关研究,2017版规范规定沥青面层试验频率采用10 Hz,层位较深的沥青稳定碎石基层试验频率采用5 Hz。

动态压缩模量是沥青路面结构计算首要的输入参数。在水平一中,动态压缩模量试验的标准方法为AASHTO TP62。通过直接进行混合料的动态压缩模量试验,结合沥青胶结料剪切模量和相位角试验(AASHTO T315),可以得到一条时间和温度与动态压缩模量关系的主曲线。

试件采用 ϕ100 mm×150 mm 的圆柱体试件。试件要求通过钻芯和双面锯切割加工,确保试件材质均匀,几何尺寸满足精度要求。如图5-12所示,将位移传感器安置于试件侧面中部,使其与试件端面垂直,沿圆周等间距安放3个(即每2个相距120°)。调节位移传感器,使其测量范围可以测量试件中部的压缩变形。

对沥青混合料圆柱体试件在轴向施加不同频率的正弦周期荷载:

$$\sigma(t)=\sigma_0 \sin \omega t \tag{5-19}$$

$$\omega=2\pi f \tag{5-20}$$

式中 $\sigma(t)$——加载值(kN);
  ω——加载角频率(rad/s);
  t——时间(s);
  f——加载频率(Hz)。

由于混合料的黏滞性质,周期性的应变滞后于周期性的应力,变形与荷载之间相差一相位角 φ(图5-12)。应力与应变的最大值之比定义为复数模量,或称动态压缩模量。

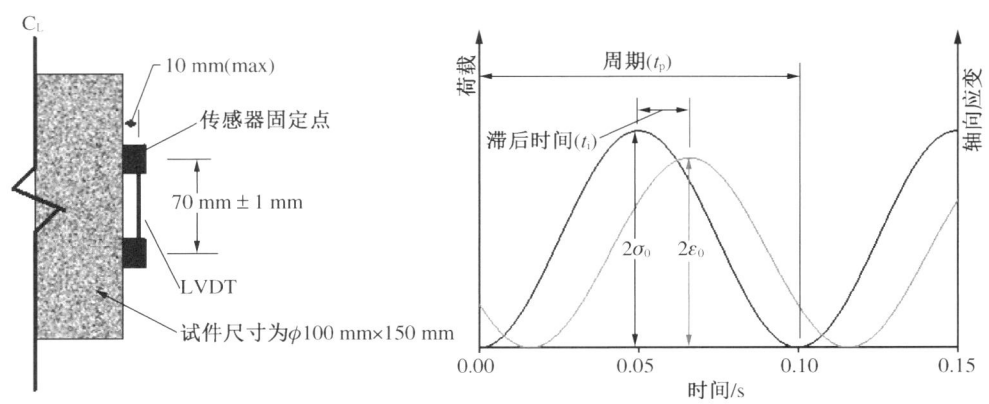

图5-12 动态压缩模量试验加载模式

$$\varphi=\frac{t_i}{t_p}\times 360 \tag{5-21}$$

$$|E^*|=\frac{\sigma_0}{\varepsilon_0} \tag{5-22}$$

式中　t_i——应变滞后于应力的时间(s);
　　　t_p——加载时间(s);
　　　$|E^*|$——动态压缩模量(MPa);
　　　ω_0——应力峰值(Pa);
　　　ε_0——应变峰值($\mu\varepsilon$)。

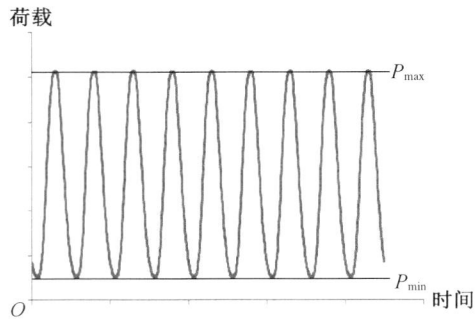

图 5-13　应力控制模式下动态压缩模量试验加载方式

动态压缩模量试验采用常应变或常应力控制方式,对试件施加正弦荷载。加荷确保试件在弹性范围内变形,不发生破坏,加载大小参考材料在路面结构中承受的压应力大小。接触应力为最大应力振幅的 5%。在每个荷载水平下分别采用 25, 20, 10, 5, 2, 1, 0.50, 0.20, 0.10, 0.01 Hz 共 10 个加载频率加载并测定动态压缩模量和相位角。

在半正弦波加载作用下,试件的压实应变也呈半正弦波形变化。应变波峰值轻微滞后于应力波峰值。图 5-14 为动态压缩模量试验设备,图 5-15 为一个试件在加载频率为 10 Hz 作用下应力应变的波形图。

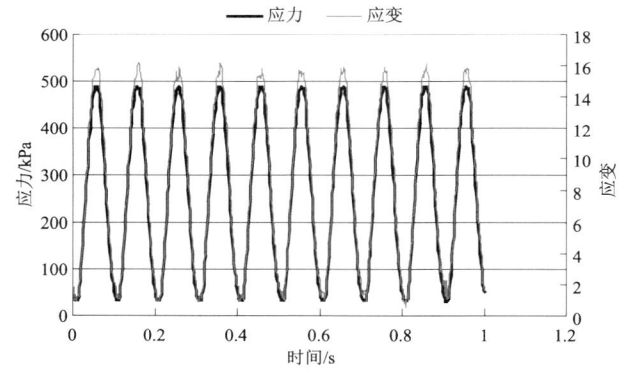

图 5-14　应力应变与作用时间关系曲线

图 5-15　动态压缩模量试验设备

以室内旋转压实成型加工而成的直径 100 mm、高 150 mm 的 SMA13 沥青混合料为例,进行动态压缩模量试验,结果如表 5-16 所示。图 5-16 为动态压缩模量与温度、加载频率的关系。由图 5-16 可知,温度和加载频率对沥青混合料动态压缩模量的大小有重要的影响。温度升高和加载频率降低引起动态压缩模量减小,温度降低和加载频率提高引起动态压缩模量增大。温度和加载频率对相位角 φ 的影响规律是:在 21.1℃时,随加载频率的提高,相位角逐渐减小;在温度为 37℃和 54℃时,随加载频率的提高,相位角先增大后减少。这一规律说明,在常温或更低温度时,沥青混合料的劲度受沥青胶结料的影响较大,随着加载频率的降低,即加载时间变长,沥青混合料的黏滞性越明显。在较高温度和较高频率时,沥青胶结料的劲度对混合料还有一定的影响,但随着加载频率的降低,混合料矿料骨架的嵌挤对沥青混合料劲度的影响起到了关键作用,使得混合料的相位角减小,而动态压缩模量增加更快。不同混合料动态压缩模量的试验结果表明:动态压缩模量试验能够反映沥青混合料作为黏弹性材料的基本力学性质;试验方法能够准确区分不同混合料类型动态压缩模量的大小及其对加载频率和温度的敏感性。

表 5-16　　　　　　　　　　SMA13 混合料动态压缩模量试验结果

试验温度/℃	频率/Hz	动态压缩模量/MPa	相位角/(°)
21.1	25	8 482	21.0
	20	8 016	21.5
	10	6 803	23.5
	5	5 729	25.3
	2	4 471	27.4
	1	3 632	29.1
	0.5	2 920	30.2
	0.2	2 155	31.4
	0.1	1 710	31.8
	0.01	794	31.6
37	25	2 877	31.8
	20	2 668	32.0
	10	2 058	32.9
	5	1 578	33.2
	2	1 097	33.2
	1	843	32.4
	0.5	656	31.4
	0.2	476	30.2
	0.1	381	29.0
	0.01	206	25.4
54	25	927	33.0
	20	820	34.0
	10	610	32.9
	5	454	31.9
	2	302	31.2
	1	247	29.1
	0.5	204	27.5
	0.2	162	25.3
	0.1	141	23.6
	0.01	100	20.1

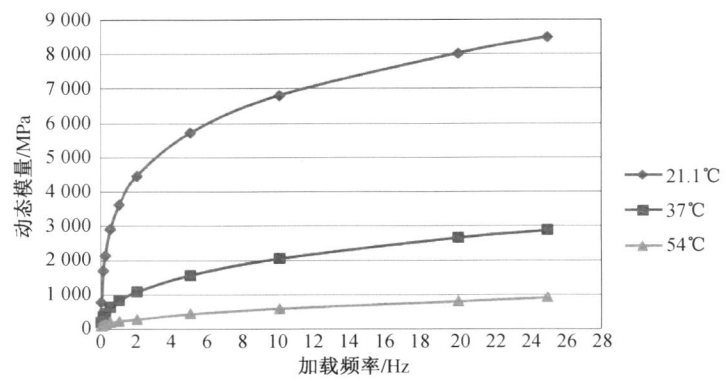

图 5-16 SMA13 混合料动态压缩模量

2. 沥青混合料动态压缩模量预估模型

在水平二中，不需要通过试验确定沥青混合料的动态压缩模量，而是根据混合料加载频率、复数剪切模量、油石比、压实空隙率、捣实状态下粗集料的松装间隙率，按动态压缩模量预估公式计算。设计时可根据沥青混合料的组成参数按照式(5-23)预估标准条件 20℃、10 Hz 下的动态压缩模量。

$$\lg E_\mathrm{a} = 4.59 - 0.02f + 2.58G^* - 0.14P_\mathrm{a} - 0.04VV - 0.03VCA_\mathrm{DRC} - 2.65 \times 1.1^{\lg f} \times G^* f^{-0.06} - 0.05 \times 1.52^{\lg f} \times VCA_\mathrm{DRC} f^{-0.21} + 0.0031 f P_\mathrm{a} + 0.0024 VV \quad (5\text{-}23)$$

式中 E_a ——动态压缩模量(MPa)；

f——加载频率(Hz)；

G^*——60℃、10 rad/s 下沥青动态剪切复数模量(kPa)；

P_a——沥青混合料的油石比(%)；

VV——压实沥青混合料的空隙率(%)；

VCA_DRC——捣实状态下粗集料的松装间隙率(%)。

3. 根据水平三确定沥青混合料动态压缩模量

根据沥青混合料类型及沥青种类参照表 5-17 进行沥青混合料动态压缩模量取值。

表 5-17 常用沥青混合料 20℃ 条件下动态压缩模量取值范围 （单位：MPa）

沥青混合料类型	沥青种类			
	70 号道路石油沥青	90 号道路石油沥青	110 号道路石油沥青	SBS 改性沥青
SMA10/SMA13/SMA16	—	—	—	7 500~12 000
AC10/ AC13	8 000~12 000	7 500~11 500	7 000~10 500	8 500~12 500
AC16/ AC20/AC25	9 000~13 500	8 500~13 000	7 500~12 000	9 000~13 500
ATB25	7 000~11 000	—	—	—

注：1. ATB25 为 5 Hz 条件下动态压缩模量，其他沥青混合料为 10 Hz 条件下动态压缩模量。
　　2. 沥青黏度大、级配好或空隙率小时取高值，反之取低值。

5.5.4 沥青混合料动稳定度及车辙试验方法

为了模拟沥青路面在车轮的反复作用下产生车辙的情况，在试验室用一个小型车轮在沥青混合料板块状试件上进行往复行走试验，从而使板块试件形成像实际沥青路面那样的辙槽。这种试验方法称为车辙试验。这是一种工程试验方法，最初是由英国运输与道路研究试验所(Transport and Road Research Laboratory，TRRL)开发的，通过测定车轮荷载作用次数与板块试件变形的关系，得出变形速率 RD 或动稳定度 DS，可用作沥青混合料的抗永久变形性能指标。这种试验方法比较直观，对沥青路面车辙形成过程的模拟性好，操作方法也不复杂，容易为工程上所接受。

沥青混合料车辙试验采用轮碾法成型长 300 mm×宽 300 mm×厚(50～100 mm)的板块状试件。沥青混合料试件制作时的试件厚度可根据集料粒径大小及工程需要进行选择。对于公称最大粒径小于或等于 19 mm 的沥青混合料，宜采用长 300 mm×宽 300 mm×厚 50 mm 的板块试模成型；对于集料公称最大粒径大于或等于 26.5 mm 的沥青混合料，宜采用长 300 mm×宽 300 mm×厚(80～100 mm)的板块试模成型。成型试件的密度应符合马歇尔标准击实试样密度 100%±1% 的要求。

车辙试验的温度与轮压(试验轮与试件的接触压强)可根据有关规定和需要选用，非经注明，试验温度为 60℃，轮压为 0.7 MPa。根据需要，在寒冷地区试验温度可采用 45℃，在高温条件下试验温度可采用 70℃，对重载交通的轮压可增加至 1.4 MPa，但应在报告中注明。计算动稳定度的试件原则上为试验开始后 45～60 min 之间。试件可采用标准成型方法成型的试件或现场切割板块状试件，切割试件的尺寸根据现场面层的实际情况由试验确定。试验轮为橡胶制的实心轮胎，外径 200 mm，轮宽 50 mm，橡胶层厚 15 mm。橡胶硬度(国际标准硬度)20℃ 时为 84±4，60℃ 时为 78±2。试验轮行走距离为 230 mm±10 mm，往返碾压速度为 42 次/min±1 次/min(21 次往返/min)。采用曲柄连杆驱动加载轮往返运行。以 AC20 沥青混合料车辙试验为例，结果见表 5-18。

表 5-18　　　　　　　AC20 沥青混合料车辙试验结果

试件编号	时间 t_1 时的变形量 /mm	时间 t_2 时的变形量 /mm	变形量之差 /mm	动稳定度 /(次·mm^{-1}) 单点值	动稳定度 /(次·mm^{-1}) 平均值	标准差 /(次·mm^{-1})	变异系数 /%
1	1.33	1.42	0.19	3 326			
2	1.49	1.71	0.22	2 872	3 069	233	7.6
3	1.60	1.81	0.21	3 010			

5.5.5 沥青混合料单轴贯入强度及试验方法

测定沥青混合料的贯入强度，用以评价沥青混合料的抗车辙能力，供配合比设计中或施工完成后检验沥青混合料高温性能。试件采用室内成型的沥青混合料试件和现场钻取的沥青混合料芯样。

试件尺寸宜采用直径 100 mm±2.0 mm 或 150 mm±2.0 mm、高 100 mm±2.0 mm 的圆柱体，也可根据需要采用其他高度的圆柱体试件。标准试验温度为 60℃，也可根据需要采用其他温度。

加载系统宜采用具有伺服系统的万能材料试验机，将贯入压头对准试件光滑端面的中心，以 1 mm/min 的加载速度贯入试件，当应力值降低为应力极值的 90% 时，停止试验。取破坏极值点强度作为试件贯入强度。贯入试验压头示意图如图 5-17 所示，贯入压头材料为 Q235 不锈钢，其洛氏硬度 HRC 应在 10～30 之间。压头上部为长×宽×厚=50 mm× 50 mm×10 mm 的薄板；下部为圆柱体，对直径 150 mm 试件，圆柱体直径×高=42 mm× 50 mm，对直径 100 mm 的试件，圆柱体直径×高=28.5 mm×50 mm。单轴贯入试验典型应力-变形曲线如图 5-18 所示。

读取最大贯入荷载 P，精确到 1 N，按式(5-24)和式(5-25)计算标准高度沥青混合料的贯入强度。

$$R_\tau = f_\tau \sigma_p \tag{5-24}$$

$$\sigma_p = \frac{P}{A} \tag{5-25}$$

式中　R_τ——贯入强度(MPa)；
　　　σ_p——贯入应力(MPa)；
　　　P——试件破坏时的极限荷载(N)；
　　　A——压头横截面面积(mm²)；
　　　f_τ——剪应力系数，对直径 150 mm 试件，$f_\tau=0.35$，对直径 100 mm 试件，$f_\tau=0.34$。

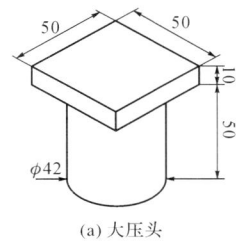
(a) 大压头

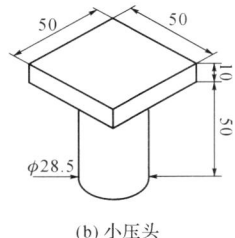
(b) 小压头

图 5-17　贯入试验压头示意图(单位：mm)

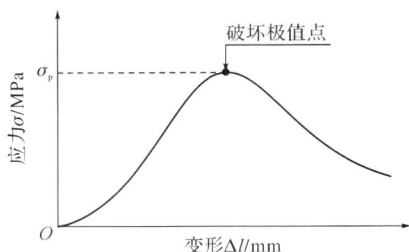

图 5-18　单轴贯入试验典型应力-变形曲线

对于高度不为 100 mm 的试件，应根据下列情况对剪应力系数进行修正。对于直径为 150 mm 试件，按式(5-26)计算剪应力系数，此时试件厚度 h 应满足：38 mm ≤ h ≤ 100 mm。对于直径为 100 mm 的试件，按式(5-27)计算剪应力系数，此时试件厚度 h 应满足：38 mm ≤ h ≤ 100 mm。对于现场取芯的试件，其计算的贯入强度应再乘以修正系数 1.15。

$$f_\tau = 0.002h + 0.116 \tag{5-26}$$

$$f_\tau = 0.001h + 0.22 \tag{5-27}$$

5.5.6 沥青混合料四点弯曲疲劳试验方法

采用四点弯曲疲劳试验机在规定试验条件下,测定压实沥青混合料承受重复弯曲荷载的疲劳寿命。标准的试验条件为:试验温度15℃±0.5℃,加载频率10 Hz±0.1 Hz,采用恒应变控制的连续偏正弦加载模式。也可根据需要选择其他试验条件。试验终止条件为弯曲劲度模量降低到初始弯曲劲度模量50%对应的加载循环次数。试件制备通过实验室碾压成型的沥青混合料板块试件或从现场路面钻取板块试件,切割成长度为380 mm±5 mm、厚度为50 mm±5 mm、宽度为63.5 mm±5 mm的小梁试件。测试系统基本技术要求和参数如表5-19所示。

表5-19 测试系统基本技术要求和参数

项目	范围	分辨率	准确度
荷载控制与测量	0~5 kN	2 N	±5 N
位移控制与测量	0~5 mm	2 μm	±5 μm
频率控制与测量	5~10 Hz	0.005 Hz	±0.01 Hz
温度控制与测量	−10~30℃	0.25℃	±0.5℃

加载装置采用气动或液压加载装置,能够为疲劳试验系统提供循环动力荷载,可根据试验要求输出不同频率、不同振幅的偏正弦加载波形,并保证每次加载循环结束时,使试件回到原点(初始位置)。试件夹持系统采用三等分间距布设夹头,相邻夹头中心间距一般为119 mm,梁跨距为357 mm。

数据采集与控制装置使用计算机控制每个加载循环,测量梁的峰值位移,计算梁的峰值拉应变,调整施加荷载保证峰值位移水平为一常量,确保试验期间与期望的峰值拉应变水平保持一致,并能够实时记录和计算加载次数、荷载大小、试件位移、最大拉应力、最大拉应变、相位角、劲度模量、耗散能及累计耗散能等。

试件在目标试验应变水平下预加载50个循环后,取第50个加载循环的试件劲度模量为初始劲度模量,即确定试件疲劳失效判据的基准劲度模量。试验机在50个循环内自动调整并稳定到试验所需要的目标拉应变水平,同时按选择加载循环间隔监控和记录试验参数及结果,达到疲劳试验终止条件时,自动停止加载。

最大拉应力按式(5-28)计算,最大拉应变按式(5-29)计算,弯曲劲度模量按式(5-30)计算,相位角按式(5-31)计算。

$$\sigma_t = \frac{LP}{wh^2} \qquad (5\text{-}28)$$

式中 σ_t —— 最大拉应力(Pa);

L —— 梁跨距(m),即外端两个夹具间距(一般为0.357 m);

P—— 峰值荷载(N);
w—— 梁宽(m);
h—— 梁高度(m)。

$$\varepsilon_t = \frac{12\delta h}{3L^2 - 4a^2} \tag{5-29}$$

式中 ε_t—— 最大拉应变(m/m);
  δ—— 梁中心最大挠度(m);
  a—— 相邻夹头中心距离(m),为 $L/3$,一般为 0.119 m。

$$S = \frac{\sigma_t}{\varepsilon_t} \tag{5-30}$$

式中 S—— 弯曲劲度模量(Pa)。

$$\varphi = 360 ft \tag{5-31}$$

式中 φ—— 相位角(°);
  f—— 加载频率(Hz);
  t—— 应变峰值滞后于应力峰值的时间(s)。

5.5.7 其他沥青材料

5.5.7.1 硬质沥青

1. 常规指标性能评价

首先根据《沥青及沥青混合料试验规程》(JTG E20—2011)进行了相关指标的检测,检测结果见表 5-20。由表中数据可知,该沥青的软化点高于 I-D SBS 改性沥青标准,有利于提高沥青混合料的高温性能。

表 5-20　　　　硬质沥青常规性能指标试验结果

测试项目	25℃针入度/0.01 mm	10℃延度/cm	软化点(环球法)/℃	135℃黏度/(Pa·S)
测试值	44	73.8	82.2	2.587

2. PG 分级

根据 AASHTO MP1 沥青胶结料性能分级规范,对该沥青进行 PG 分级试验,试验结果如表 5-21 和表 5-22 所示。根据试验结果,该沥青 PG 分级为 PG82-22,即该沥青可以适应的路表最高温度为 82℃、最低温度为 −22℃的气候条件。对比该沥青的性能分级评价结果及 SBS 改性沥青性能分级 PG76-22 和 70 号沥青性能分级 PG64-22 可知,在沥青高温性能方面,该硬质沥青较 SBS 改性沥青提高了 1 个等级,较 70 号沥青提高了 3 个等级,同时其低温性能保持不变。

表 5-21　硬质沥青性能分级数据(DSR 试验)

试验项目						高温等级/℃
车辙因子	试验温度/℃	64	70	76	82	82
	未老化样/kPa	10.200	5.248	2.851	1.641	
	RTFO 残留物/kPa	15.210	7.918	4.179	2.262	
疲劳因子	试验温度/℃	34	31	28	25	
	疲劳/kPa	1 188	1 730	2 555	3 717	

表 5-22　硬质沥青性能分级数据(BBR 试验)

试验温度/℃	蠕变劲度/(S·MPa^{-1})	蠕变速率/m	低温等级/℃
-6	98.1	0.368	-22
-12	210	0.310	
-18	404	0.240	

3. 硬质沥青工程应用

(1) 工程概况

G25 长深高速滨州段是山东省"五纵、四横、一环"高等级公路网规划中"一纵"的重要组成路段,起于滨州市西部,在沾化大高与 G205 连接,全长 28.2 km,按双向四车道高速公路标准建设,于 2005 年 12 月 1 日建成通车。长深高速公路是中国交通量最大和轴重最重的高速公路之一。根据实测资料,长深高速滨州段的大型货车车重平均超过 32 t,其中平均车重超过 55 t 的大型货车占 33%。长深高速滨州段在经历 8 年多的运营后,在重载交通作用下,加上频频出现的极端高温气候,全线路面出现不同程度的病害,以车辙病害最为严重,已经影响到公路的行车速度和行车安全。因此,山东省公路管理局计划 2014 年 6 月对该路段进行车辙维修以恢复路面的正常行驶功能、满足不断增长的交通量需求和延长路面结构的使用寿命。经过专家论证,在 G25 长深高速滨州段的 2014 年车辙维修工程中采用了 PG 82-22 沥青,并针对该沥青混合料进行了目标配比和生产配比设计。

原路面结构沥青层为 4 cm SMA13 上面层、5 cmAC16 中面层、6 cmAC20 面层,在重载交通和夏季高温的综合作用下,行车道路面车辙最大深度达到 30 mm,如图 5-19 所示。2014 年中修工程车辙维修处理方案为:铣刨行车道原路面结构 SMA13 上面层及局部车辙深度较大路段的 AC16 中面层后摊铺 4 cm AC16 中面层(铣刨了原路面结构中上面层的局部路段,AC16 摊铺厚度为 9 cm),然后全断面加铺 SMA13 上面层。原路面行车道铣刨后如图 5-20 所示。其中,东幅桩号 K1292+920~K1292+120 共计 800 m 长试验路段上面层采用了该硬质沥青。

(2) 现场取芯性能检测

为了检验成品沥青路面的高温抗车辙性能和水稳定性,目前最直接、最成熟可靠的快速检测方法是路面现场取芯进行浸水汉堡轮辙试验。汉堡轮辙试验(Hamburg Wheel-tracking Test)用于测定沥青混合料的抗车辙性能和水稳定性。试验的基本过程:使一定规

图 5-19 行车道车辙深度图　　　　图 5-20 原路面行车道铣刨后

格和重量的钢制轮子在浸泡于温度为 40~55℃ 水中的沥青混合料试件表面上来回碾过 20 000 遍，通过测量沥青混合料的轮辙深度和变形曲线的特征判断沥青混合料的抗车辙性能和水稳定性。得克萨斯州交通部公路施工及维护规范根据沥青胶结料的 PG 等级提出相应的指标要求，如表 5-23 所示。

表 5-23　　　　　　　　　　得克萨斯州汉堡轮辙试验要求

沥青 PG 等级	碾压以下次数时，轮辙深度不高于 12.7 mm（试验温度为 50℃）
PG64 或更低	10 000
PG70	15 000
PG76 或更高	20 000

G25 长深高速 2014 年中修工程车辙修复处理东幅桩号 K1292+920~K192+120 上面层 SMA13 和中面层 AC16 采用了 PG82-22 沥青。成品路面高温稳定性及水稳定性检测采用现场取芯（芯样直径 150 mm）切割、加工成汉堡试样进行浸水汉堡轮辙试验。取芯桩号为 K1292+520 和 K1292+860，取芯平面位置选择在行车道中心线上，该位置处在施工热接缝部位，为压实最不利部位，同时也可远离轮迹带，减小对路面结构的破坏。试件的汉堡轮辙试验结果如表 5-24 所示。轮辙试验变形曲线见图 5-21。

表 5-24　　　　　　　　　　汉堡轮辙试验结果

芯样类型及桩号	变形记录点	10 000 次变形量 /mm	最大变形量 /mm	有无拐点	备注
K1292+520 东幅 SMA13	右轮第 3 点	2.71	3.51	无	汉堡试件厚度 6 cm 为现场钻取芯样切割而成
K1292+860 东幅 SMA13	右轮第 9 点	3.15	4.21	无	
K1292+520 东幅 AC16	左轮第 3 点	2.62	4.13	无	
K1292+860 东幅 AC16	左轮第 9 点	3.91	5.88	无	

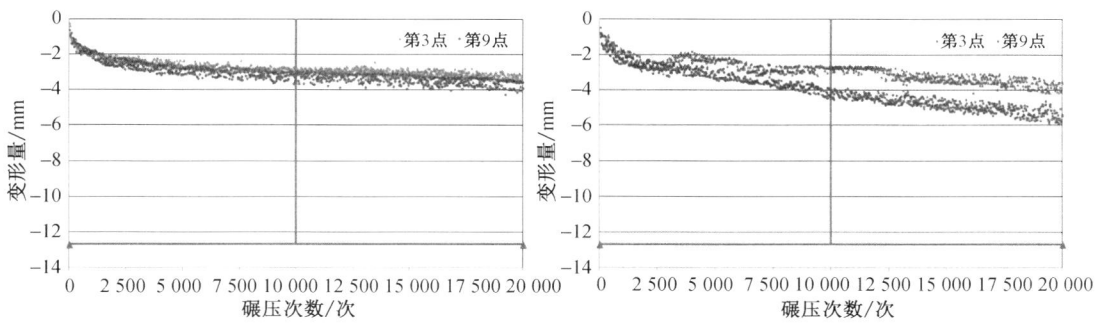

图 5-21 现场芯样汉堡轮辙试验曲线

该工程中面层 AC16 和上面层 SMA13 采用了该硬质沥青。对照得克萨斯州交通部公路施工及维护规范根据沥青胶结料的 PG 等级提出的指标要求，采用 PG76 以上的最高要求进行评价，此次汉堡试验最大变形量为 5.88 mm，小于 6 mm，远远小于得克萨斯州汉堡试验最大变形量 12.7 mm 的标准，可见该沥青混合料抗车辙性能优良。

5.5.7.2 橡胶沥青

橡胶沥青(Asphalt Rubber)最早见于 1948 年的英国专利。现代意义的橡胶沥青混合料始于 20 世纪 40~60 年代的美国，美国橡胶回收公司(Rubber Reclaiming Company)首先在 20 世纪 40 年代采用干拌法的生产工艺生产了 Ramflex TM 橡胶粉沥青混合料。20 世纪 60 年代，美国专家 Charles Mc Donald(橡胶沥青之父)首先采用湿拌法的生产工艺生产了 Overflex TM 橡胶沥青混合料。自此，橡胶沥青生产方法主要分成干法和湿法两个体系。

目前，我国橡胶沥青多采用湿法生产，即将橡胶粉、沥青以及其他添加材料预先采用一定的工艺混合、熟化，生产成橡胶沥青，然后再用于拌制沥青混合料或其他用途。湿法橡胶沥青根据其存储稳定性或加工工艺，又可进一步分为现场生产、工厂化生产等。近年来，一些项目中将橡胶粉与 SBS 改性剂组合使用，制备成复合改性橡胶沥青，性能比以往由单纯橡胶粉生产的橡胶沥青有进一步的提升。

以下简要介绍应用较多的现场改性湿法橡胶沥青。

湿法橡胶沥青高温性能、低温抗裂性能、抗疲劳开裂性能和抗老化性能等都具有显著优势，其中抗裂性能尤为突出。橡胶沥青混合料多用于水泥路罩面、沥青路面改造等项目；也可作为应力吸收层，用于路面改建或无机结合料稳定基层沥青路面的反射裂缝防治。

1. 橡胶粉技术要求

橡胶粉颗粒规格应符合表 5-25 的要求，应采用货车轮胎制备的橡胶粉。橡胶粉筛分应采用水筛法进行试验。橡胶粉密度应为 1.15 g/cm^3 ± 0.05 g/cm^3，应无铁丝或其他杂质，纤维比例应不超过 0.5%，要求含有橡胶粉重量 4% 的碳酸钙，以防止橡胶粉颗粒相互黏结。

表 5-25　　　　　　　　　　　橡胶粉筛分规格

筛孔尺寸/mm	2.00	1.18	0.6	0.3	0.075
通过率/%	100	65～100	20～100	0～45	0～5

2. 橡胶沥青技术要求

橡胶沥青技术要求列于表 5-26。橡胶沥青中橡胶粉掺量建议为 17%～22%（橡胶粉：基质沥青），根据表中 177℃黏度，通过室内试验确定橡胶粉掺量。

表 5-26　　　　　　　　　　　橡胶沥青技术要求

项 目	技术要求	试验方法
黏度,177℃,Pa·s	1.5～4.0	T0625—2000
针入度,25℃,100 g,5 s,0.1 mm,最小	25	T0604—2000
软化点,℃,最小	57	T0606—2000
弹性恢复,25℃,1 h,最小	75	T0662—2000

3. 橡胶沥青混合料

橡胶沥青可用于连续密级配混合料、间断密级配混合料和开级配混合料,应用最为广泛的为间断密级配混合料,建议级配范围列于表 5-27。

表 5-27　　　　间断密级配橡胶沥青混合料建议矿料级配范围（不含外掺剂）

方筛孔尺寸/mm	AR-AC13S	方筛孔尺寸/mm	AR-AC13S
16.0	100	4.75	18～35
13.2	90～100	2.36	10～22
9.5	50～70	0.075	0～7

橡胶沥青混合料需要掺入必要的外掺剂以改善橡胶沥青与集料的黏附性及混合料的水稳定性,掺量为混合料重量 1%～2%。适宜的外掺剂为普通硅酸盐水泥或消石灰。间断密级配橡胶沥青混合料马歇尔试验技术标准列于表 5-28。

表 5-28　　　　　间断密级配橡胶沥青混合料马歇尔试验技术标准

	试验项目	技术标准
马歇尔试验指标	击实次数/次	两面各75次
	稳定度/kN	≥5.0
	流值/0.1 mm	20～50
	空隙率/%	5.5±1.0
	沥青饱和度/%	70～85
	矿料间隙率 VMA/%	≥20.0

(续表)

试验项目		技术标准
性能验证要求	浸水残留稳定度/%	≥85
	冻融残留强度比/%	≥80
	车辙试验动稳定度/(次·mm^{-1})	≥3 000
	弯曲破坏应变/με	≥2 000

间断密级配橡胶沥青混合料的摊铺、碾压等施工工艺与 SBS 改性沥青玛蹄脂碎石 SMA 类似,而施工温度略有提高,建议各环节的施工温度列于表 5-29。

表 5-29　　　　　　　橡胶沥青混合料的施工温度　　　　　　　（单位:℃）

橡胶沥青加热温度	190～200
矿料温度	165～180
混合料出厂温度	165～175,超过 190 废弃
混合料运输到现场温度	不低于 160
摊铺温度	不低于 155
初压开始温度	不低于 150
复压最低温度	不低于 130
碾压终了温度	不低于 100

图 5-22 为施工完成后的间断密级配橡胶沥青表面层外观。

图 5-22　间断密级配橡胶沥青表面层外观

橡胶沥青除用于沥青混合料外,也多用于应力吸收层、桥面防水层等,技术相对成熟,此处不再详细介绍。

第 6 章
路面性能预估模型

采用力学-经验法建立路面性能预估模型,即以力学指标构建性能预估的基础模型,采用室内试验、加速加载试验和工程数据对模型进行标定和修正后,构建路面结构分析的沥青混合料层疲劳开裂、无机结合料稳定层疲劳开裂、沥青混合料层永久变形、路基顶面容许压应变、沥青面层低温开裂和季节性冻土地区防冻层厚度 6 项性能预估模型。

6.1 沥青混合料层疲劳开裂预估模型

沥青混合料的室内疲劳性能试验,可采用常应变控制和常应力控制两种加载模式。通常认为,常应变控制模式适用于薄沥青混合料层,而常应力控制模式适用于厚沥青混合料层。为此,在两种加载模式的疲劳性能模型基础上,通过构建过渡函数建立适用于不同加载模式的综合疲劳性能模型。而后,通过足尺路面加速加载试验和试验路段性能数据,验证和修正了上述模型,建立了沥青混合料层疲劳预估模型。

6.1.1 室内常应变控制模式疲劳开裂预估模型

采用小梁四点弯曲疲劳试验进行沥青混合料室内常应变控制模式的疲劳性能研究。试验选用了 3 种基质沥青(70 号、90 号和 110 号)、3 种沥青用量(4%,5% 和 6%)、3 种公称最大粒径(26.5 mm,16 mm 和 9.5 mm)、3 种混合料类型(AC、AK 和 SMA)、3 种空隙率水平(9%~6%,6%~3% 和 <3%)和 3 种应变水平(200 με,400 με 和 600 με)组成 27 个试验组合,每个试验组合进行 4 次平行试验,同时考虑温度、频率和老化水平变化的试验组合 80 次,累计获得 188 组有效试验数据。试件碾压成型,切割成尺寸为长 390 mm×宽 63.5 mm×高 50 mm 的小梁。试验采用常应变加载控制模式。在 15℃时施加频率为 10 Hz 并保持峰值位移水平为常量的半正弦荷载。以试件的弯曲劲度降低到初始劲度的 50% 时的反复作用次数作为该试件的疲劳寿命。

选用应变水平、初始弯曲劲度模量和沥青饱和度作为自变量,组成式(6-1)所示的沥青混合料疲劳模型:

$$N_f = A \varepsilon_a^{-b} S_0^{-c} (VFA)^d \tag{6-1}$$

式中 N_f——沥青混合料的疲劳寿命(次);

ε_a——反复应变水平(10^{-6});

S_0——初始弯曲劲度模量(MPa);

VFA——沥青饱和度(%);

A,b,c,d——通过试验确定的参数。

在获得的 188 组有效试验数据的基础上,同时纳入了美国 SHRP 项目 150 组有效数据、加州大学伯克利分校 250 组有效数据和加州运输部 30 组有效数据,共同进行了多元回归分析,建立了室内常应变控制模式的沥青混合料疲劳模型:

$$N_{f\varepsilon}=1.509\times10^{16}\varepsilon_a^{-3.973}S_0^{-1.589}(VFA)^{2.720} \quad (R^2=0.710) \qquad (6-2)$$

6.1.2 室内常应力控制模式疲劳开裂预估模型

采用类似的沥青混合料组成,在小梁试件上进行常应力控制加载模式疲劳试验。试验温度为 15℃,加载频率为 10 Hz,反复应力水平分别为 750 MPa,1 000 MPa 和 1 500 MPa。试验有 27 种组合,每组进行 4 个平行试验,共计 108 次试验。以试件的弯曲劲度降低到初始劲度的 5% 和 50% 时的反复作用次数作为该试件的疲劳寿命(经检验,弯曲劲度降低到初始劲度的 5% 或 50%,反复作用次数没有很大的差异)。

选用类似的自变量,并以初始应变替换初始应力,对上述试验结果进行多元回归分析,建立了室内常应力控制模式的沥青混合料疲劳模型:

$$N_{f\sigma}=5.465\times10^{15}\varepsilon_a^{-4.287}S_0^{-1.023}(VFA)^{1.980} \quad (R^2=0.782) \qquad (6-3a)$$

6.1.3 室内综合疲劳开裂预估模型

以常应变模式的模型和常应力模式的模型为上、下限界,在二者之间采用 S 形曲线建立过渡函数。

将式(6-3a)中初始应变项的指数调整为与式(6-2)中的相同,得到:

$$N_{f\sigma}=5.465\times10^{15}\varepsilon_a^{-3.973}S_0^{-1.153}(VFA)^{1.874} \qquad (6-3b)$$

将式(6-3b)与式(6-2)相比,可得到两种加载模式疲劳寿命的比值函数 F:

$$F=\frac{N_{f\sigma}}{N_{f\varepsilon}}=0.362S_0^{0.436}(VFA)^{-0.846} \qquad (6-4)$$

利用 S 形曲线在薄沥青混合料层和厚沥青混合料层之间进行拟合,得到加载模式的过渡函数关系式:

$$F_1=F+\frac{1-F}{1+e^{0.054h_a-5.408}} \qquad (6-5)$$

式中 F_1——过渡函数;

h_a——沥青混合料层厚度(mm)。

将式(6-5)并入式(6-2),并代入现场标定和验证的修正系数,便可得到适用于不同厚度沥青结构层的疲劳模型:

$$N_f=A_f N_{f\varepsilon} F_1 \qquad (6-6)$$

式中 A_f——模型标定和验证后的修正系数。

6.1.4 疲劳开裂预估模型的标定、验证

利用北京 3 个 ALF 试验路段、美国加州大学伯克利分校 6 个重车模拟 HVS 试验路段、美国西部环道 WesTrack 8 个试验路段、美国明尼苏达州 MnROAD 10 个试验路段和美国沥青技术全国研究中心 NCAT 3 个试验路段，共 26 个试验路段的沥青路面疲劳试验数据，对式(6-6)进行了验证和修正。疲劳寿命统一以轮迹带开裂面积达 10% 或裂缝密度达 1.0 m/m^2 为标准。通过标定和验证，调整修正系数和过渡函数后，得到沥青混合料层疲劳寿命预估模型：

$$N_f = 1.654 \times 10^{16} \varepsilon_a^{-3.973} S_0^{-1.589} (VFA)^{2.720} \left[\frac{1 + 0.362 S_0^{0.436} (VFA)^{-0.846} e^{0.024h_a - 5.408}}{1 + e^{0.237h_a - 5.408}} \right]^{3.333} \tag{6-7}$$

应用式(6-7)预估的疲劳寿命与试验段路面实际寿命的平均偏差(26 个路段)为 0.191[偏差 δ 的定义按式(6-8)]。与其他预估模型的平均偏差(美国沥青协会 AI 法为 0.275，美国力学-经验法路面设计指南法 MEPDG 为 0.273)相比，式(6-7)的偏差最小，即预估的精度最高。

$$\delta = \frac{\lg N_{f,预估} - \lg N_{f,试验段}}{\sqrt{2}} \tag{6-8}$$

建立室内疲劳模型时，沥青混合料的劲度模量均采用初始弯拉劲度模量。而在结构分析时，通常采用的参数是压缩动态模量。为了避免在设计时采用两种模量值，利用 Christensen 提出的弯曲劲度模量与动态压缩模量之间的经验转换关系，将式(6-7)中的初始弯拉劲度模量转换为压缩动态模量，并按由压缩动态模量分析得到的沥青混合料层层底拉应变，对它进行重新标定和验证，由此得到以压缩动态模量为变量的沥青混合料层疲劳寿命预估模型：

$$N_f = 6.316 \times 10^{15} \varepsilon_a^{-3.973} S_0^{-1.579} (VFA)^{2.720} \left[\frac{1 + 0.302 E_a^{0.433} (VFA)^{-0.846} e^{0.024h_a - 5.408}}{1 + e^{0.024h_a - 5.408}} \right]^{3.333} \tag{6-9}$$

式(6-9)的预估寿命与试验段路面实际寿命的平均偏差(26 个路段)为 0.194，同式(6-7)的平均偏差 0.191 相近。

6.1.5 疲劳开裂预估模型的调整

沥青混合料层疲劳开裂模型以式(6-9)为基础，并考虑模型与设计体系相协调、更广泛的适用性等，增加了可靠度系数、环境参数等，并结合国内外相关路面结构对模型做了进一步调整和验证。

1. 可靠度系数

路面设计要考虑施工质量波动、环境参数和交通参数预估偏差等带来的结构设计上的风险水平，即体现一定的保证率(可靠度)。

根据第1章可靠度的规定,假定结构层疲劳寿命服从对数正态分布,则考虑不同保证率的预估模型可写为式(6-10)的形式:

$$\lg N = (1 - \beta C_{v,i}) \lg \bar{N} \tag{6-10}$$

式中　N——结构某种损坏类型的预估寿命;

　　　$\bar{N}$——材料参数及施工水平等取中等条件(平均水平)下,结构的预估寿命,即各种损坏预估模型;

　　　β——目标可靠指标;

　　　$C_{v,i}$——预估(对数)寿命与实际(对数)寿命的变异系数,以疲劳模型建立时26个试验路段的沥青路面疲劳试验数据与预估疲劳寿命的对数标准差,计算结果为0.29。

2. 环境参数

环境参数包括温度调整系数 k_{T1} 和季节性冻土地区调整系数 k_a,相关内容参见第3章。引入可靠度系数和环境参数后的公式为

$$N_f = 6.316 \times 10^{15 - 0.29\beta} k_a k_{T1}^{-1} \varepsilon_a^{-3.973} E_a^{-1.579} (VFA)^{2.720} \cdot \left[\frac{1 + 0.302 E_a^{0.433} (VFA)^{-0.846} e^{0.024 h_a - 5.408}}{1 + e^{0.024 h_a - 5.408}} \right]^{3.333} \tag{6-11}$$

3. 相关结构验证

将式(6-11)的计算结果与国内外典型结构进行对比,在此基础上,对模型进一步调整,如式(6-12)所示:

$$N_{f1} = 6.32 \times 10^{15.96 - 0.29\beta} k_a k_b k_{T1}^{-1} \left(\frac{1}{\varepsilon_a}\right)^{3.97} \left(\frac{1}{E_a}\right)^{1.58} (VFA)^{2.72} \tag{6-12}$$

式中　N_{f1}——沥青混合料层疲劳开裂寿命(轴次);

　　　k_b——疲劳加载模式系数,按式(6-13)计算:

$$k_b = \left[\frac{1 + 0.3 E_a^{0.43} (VFA)^{-0.85} e^{0.024 h_a - 5.41}}{1 + e^{0.024 h_a - 5.41}} \right]^{3.33} \tag{6-13}$$

沥青混合料层的疲劳开裂寿命应大于设计使用年限内设计车道的累计当量设计轴载作用次数,否则应调整路面结构方案,重新验算,直至满足要求。

6.2　无机结合料稳定层疲劳开裂预估模型

6.2.1　室内疲劳模型

无机结合料类结构层的疲劳性能模型,主要依赖室内梁试件的三分点弯曲疲劳试验建立。

"沥青路面设计参数与指标研究"课题选用水泥稳定砂砾、水泥稳定碎石、水泥稳定土和石灰粉煤灰稳定碎石4类常用混合料,采用重型击实方法(水泥稳定土)或振动方法(其他混

合料)压实成型,制成 100 mm×100 mm×400 mm 的梁试件,在标准条件下养生 3 个月(水泥稳定类)或 6 个月(石灰粉煤灰稳定类)后,在梁试件的三分点处施加频率为 10 Hz 的半正弦波周期荷载。各种混合料所选用的反复加载应力水平列于表 6-1 中的应力比栏。每个应力水平进行 7 次梁试件疲劳试验,各种混合料疲劳试验的有效样本数列于表 6-1,总共得到 126 个有效样本数据。采用 Weibull 分布函数对疲劳试验结果进行回归分析,得到各种混合料的疲劳方程,其中 50%保证率的疲劳方程列于表 6-1。由表中各疲劳方程可看出,各种水泥稳定类材料的疲劳试验结果,除了骨架空隙型水泥稳定碎石外,都比较接近,而与石灰粉煤灰稳定类材料的疲劳试验结果在斜率和截距上有较大差别。

表 6-1　　　　　　　　　无机结合料类材料疲劳试验结果(疲劳方程)

混合料类型		应力比	样本数	疲劳方程(50%保证率)
水泥稳定砂砾		0.7、0.6、0.55	15	$\lg N = 13.363 - 13.227(\sigma_t/R_s)$
水泥稳定碎石	悬浮密实		19	$\lg N = 13.269 - 13.687(\sigma_t/R_s)$
	骨架密实		19	$\lg N = 11.618 - 10.421(\sigma_t/R_s)$
	骨架空隙	0.7、0.55	14	$\lg N = 10.439 - 8.346(\sigma_t/R_s)$
水泥稳定土		0.7、0.6、0.55	20	$\lg N = 13.091 - 13.903(\sigma_t/R_s)$
石灰粉煤灰稳定碎石	悬浮密实	0.85、0.8、0.7	20	$\lg N = 14.274 - 12.642(\sigma_t/R_s)$
	骨架密实		19	$\lg N = 14.048 - 11.980(\sigma_t/R_s)$
石灰粉煤灰稳定碎石*		0.77～0.57	22	$\lg N = 13.775 - 12.231(\sigma_t/R_s)$

注：　*为小梁试件。

将各种水泥稳定类材料的疲劳试验数据(共 53 个数据样本)综合在一起整理后,得到水泥稳定类材料的疲劳性能模型：

$$\lg N_f = 12.409 - 12.570 \frac{\sigma_t}{R_s} \tag{6-14}$$

式中　σ_t——反复弯拉应力(MPa);
　　　R_s——弯拉强度(MPa)。

上述试验研究中,石灰粉煤灰稳定类材料疲劳试验所采用的应力比处于较高水平,与水泥稳定类材料的疲劳试验(中应力比水平)不属于同一个疲劳曲线区段。为了改善这一情况,"基于多指标的沥青路面结构设计方法研究"课题进行了较低应力比的石灰粉煤灰稳定类材料疲劳试验。试验在由振动成型的大梁试件中切割出的小梁试件(63.5 mm×50 mm×380 mm)上进行,采用四点弯曲疲劳试验仪,施加半正弦反复荷载,其应力比为 0.57～0.77。对 22 个有效试验数据进行回归分析,得到石灰粉煤灰稳定碎石的疲劳寿命预估模型,列于表 6-1 末行。

将各种石灰粉煤灰稳定类材料的疲劳试验数据(共 61 个数据样本)综合在一起整理后,得到石灰粉煤灰稳定类材料的疲劳性能模型(图 6-1):

$$\lg N_{\mathrm{f}} = 14.064 - 12.480 \frac{\sigma_{\mathrm{t}}}{R_{\mathrm{s}}} \tag{6-15}$$

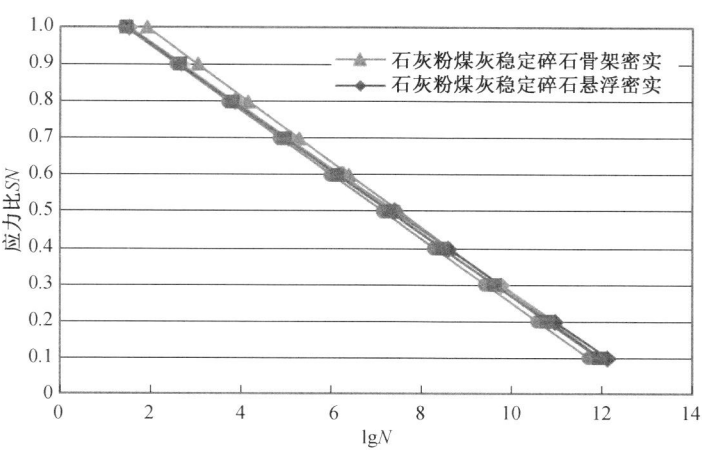

图 6-1　石灰粉煤灰稳定类材料疲劳方程

两类稳定材料疲劳方程的斜率基本一致,仅仅截距有差别,如图 6-2 所示。因此,按照相同应力比时的疲劳寿命中值(取平均),可得到水泥和石灰粉煤灰稳定碎石的综合疲劳方程:

$$\lg N_{\mathrm{f}} = 13.237 - 12.525 \frac{\sigma_{\mathrm{t}}}{R_{\mathrm{s}}} \tag{6-16}$$

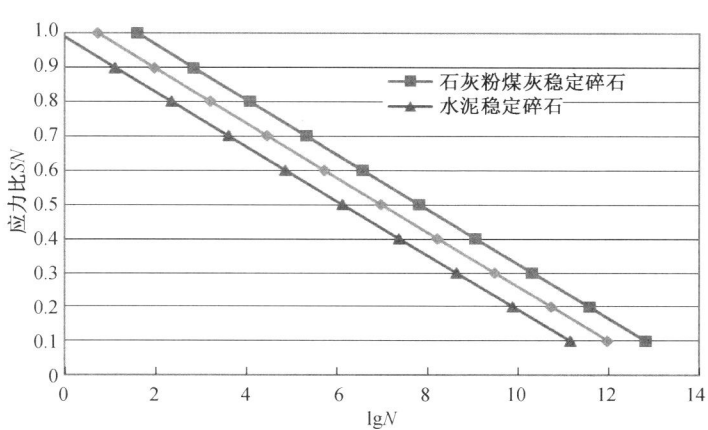

图 6-2　水泥和石灰粉煤灰稳定类材料综合疲劳方程

6.2.2　无机结合料稳定层疲劳模型的构建与调整

1. 相关研究

无机结合料类材料主要用于基层或底基层。由于面层的覆盖,这类材料的疲劳性能模型的结构层验证工作开展的难度较大,国内外迄今还没有研究成果出现。因此,根据试件室内疲劳模型构建结构层现场疲劳模型的过渡关系难以确定。

疲劳方程的建立是以室内试验的试件断裂为标准,而结构层在层底出现疲劳开裂后还能经受住一定次数的荷载反复作用,裂缝逐渐扩大到层顶,因此,结构层的疲劳寿命要比试件的疲劳寿命大。考虑裂缝从基层底部向上的扩展效应时,"沥青路面设计指标与参数的研究"课题中考虑了底基层或土基的支撑效果,疲劳寿命放大系数取值为20。招商局重庆交通科研设计院在进行半刚性基层环道疲劳试验时,认为半刚性基层的荷载寿命是其底面断裂时加载次数的2~4倍,而对室内疲劳试件裂缝进行观测时发现,在简支梁状态下,试件疲劳寿命是底部开裂加载次数的1.5~7.2倍。南非设计方法中考虑裂缝向上的扩展效应时,修正系数值随无机结合料稳定层厚度变化:层厚小于102 mm时,修正系数为1;层厚大于419 mm时,修正系数为8;层厚介于二者之间时,修正系数按式(6-17)取用。

$$k_1 = 10^{0.00285h_b - 0.293} \tag{6-17}$$

式中　k_1——修正系数;

　　　h_b——无机结合料稳定层厚度(mm)。

路面在开放交通初期,基层已经在温度收缩和干燥收缩的条件下产生了裂缝。实际情况是车辆荷载传播作用在板块上,而结构分析时将基层作为没有裂缝的弹性层状体系进行,因此理论分析与实际的应力/应变状态不相符合。荷载作用于基层板块边缘(裂缝两侧)处产生的弯拉应力或弯拉应变要大于荷载作用于板中时,因此,按层状体系解计算得到的应力或应变值是偏小的。Otte应用有限元法分析了带裂缝的无机结合料处治层的裂缝边缘应力,认为平行边缘处的层底水平向拉应力要比无裂缝结构层的增大40%。因此在南非的设计方法中引入了应力增大系数,它随材料性质和结构层厚度而变,建议的增大系数列于表6-2。

表6-2　　　　由无机结合料稳定基层裂缝引起的层底拉应力增大系数

裂缝类型	无侧限抗压强度/MPa	水泥稳定层厚/mm	
		≤200	>200
中等开裂,裂缝宽<2 mm (如石灰或2%~3%水泥处治天然材料)	0.75~1.5	1.1	1.2
	1.5~3.0	1.15	1.3
大量开裂,裂缝宽>2 mm (如4%~6%水泥处治优质天然砾石和碎石)	3.0~12.0	1.25	1.4

"基于多指标的沥青路面结构设计方法研究"课题参照南非设计方法,并增加考虑模型理论分析与实际差异以及疲劳寿命与实际交通荷载等级差异等的综合修正系数,建立的无机结合料稳定层疲劳模型如式(6-18)所示。

$$\lg N_f = \left[a - b\left(\frac{k_e \sigma_t}{R_s}\right)\right] - k_R + k_f + \lg k_1 - \lg k_{T2} \tag{6-18}$$

式中　k_e——考虑收缩裂缝影响的应力增大系数,按表6-2选用。

　　　k_1——考虑裂缝扩展的寿命增大系数,层厚小于102 mm时,修正系数为1;层厚大于

419 mm 时,修正系数为 8;层厚介于二者之间时,按式(6-17)取用。

k_f——综合修正系数。

k_R——可靠度系数,$k_R=0.57\beta$,根据无机结合料稳定材料试件疲劳试验实测数据与模型预估数据的标准差确定。

a,b——无机结合料稳定材料疲劳试验回归参数,列于表 6-3。

表 6-3　　　　　　　　无机结合料稳定层疲劳破坏模型参数

材料类型	a	b
无机结合料稳定粒料	13.24	12.52
无机结合料稳定土	12.18	12.79

应力扩大系数 k_e 可反映弹性层状体系力学理论假设与基层开裂导致的结构层不连续之间的差异,但按表 6-2 取值代入疲劳模型计算时,会在无机结合料稳定层为 200 mm 左右时出现反常点,即结构层厚度增加而疲劳寿命减少的反常情况。

南非沥青路面结构寿命考虑采用分阶段计算,分别计算无机结合料稳定层从底部产生裂缝至裂缝扩展至层顶的疲劳寿命,以及基层不同程度开裂后沥青层开始承受拉应力(拉应变)作用并逐步产生疲劳破坏的疲劳寿命,因此,该方法给出的裂缝扩展寿命增大系数 k_1 只考虑无机结合料稳定层厚度。我国的设计方法未考虑分阶段计算路面疲劳寿命,裂缝扩展寿命增大系数只考虑无机结合料稳定层难以全面反映路面结构性能。

2. 模型的构建

无机结合料稳定层疲劳模型的现场修正难度大,虽然相关研究和国外设计方法给出了一些修正方案,但这些修正方案存在不完善或不适用的情况。由于缺少足够的数据和技术积累,分因素引入修正系数的方案难以实施,考虑引入综合修正系数的方案,同时考虑可靠度系数和环境参数,模型的基本形式为

$$N_{f2}=k_a k_{T2}^{-1} 10^{\left[a-b\left(\frac{\sigma_1}{R_s}\right)+k_c-0.57\beta\right]} \tag{6-19}$$

采用试算拟合的方式确定综合修正系数,对比一定数量路面结构组合的室内模型计算得到的无机结合料稳定层的疲劳寿命与其对应的交通荷载等级和工程经验,根据二者差异,并考虑疲劳寿命随厚度变化的连续性等因素,分别给出综合修正系数(常量),然后拟合综合修正系数关系式。

根据相关研究成果和南非设计方法,修正系数主要考虑的因素是结构层厚度和材料性质,以下模型按基层材料类型划分,以结构层厚度(包含面层、基层和底基层厚度)为关键参数拟合修正系数公式。

以水泥稳定碎石基层为例,说明拟合过程。路基模量分别为 40,50,55,60,70,80,100 MPa 等 7 种不同情况,沥青层厚度 50~250 cm,水泥稳定碎石层厚度 300~600 mm,其中水泥稳定碎石底基层分别考虑两种情况,共计 360 个路面结构的疲劳寿命分析。表 6-4 列出了路基模量为 50 MPa 时水泥稳定碎石基层沥青路结构及疲劳寿命分析结果。

表 6-4　用于疲劳寿命分析的部分水泥稳定碎石基层沥青路面结构及疲劳寿命分析结果（高速公路）

编号	厚度/mm					模量/MPa				基层弯拉强度/MPa	未综合修正的疲劳寿命/(×10⁶)	综合修正系数 K_c	综合修正后的疲劳寿命/(×10⁶)
	AC表层	AC下层	无机基层	无机底基层		AC表层	AC下层	无机基层	无机底基层				
1	20	30	150	150		10 000	11 000	11 500	8 500	1.3	43	−0.49	14
2	20	40	150	150		10 000	11 000	11 500	8 500	1.3	68	−0.56	19
3	30	40	150	150		10 000	11 000	11 500	8 500	1.3	102	−0.63	24
4	40	40	150	150		10 000	11 000	11 500	8 500	1.3	149	−0.69	30
5	40	50	150	150		10 000	11 000	11 500	8 500	1.3	218	−0.75	39
6	40	60	150	150		10 000	11 000	11 500	8 500	1.3	310	−0.80	49
7	40	60	160	160		10 000	11 000	11 500	8 500	1.3	453	−0.85	64
8	40	60	160	160		10 000	11 000	11 500	8 500	1.3	631	−0.89	80
9	40	70	160	160		10 000	11 000	11 500	8 500	1.3	843	−0.94	97
10	40	80	160	160		10 000	11 000	11 500	8 500	1.3	1 108	−0.98	117
11	40	80	170	170		10 000	11 000	11 500	8 500	1.3	1 502	−1.01	146
12	40	80	170	170		10 000	11 000	11 500	8 500	1.3	1 951	−1.05	176
13	40	80	180	180		10 000	11 000	11 500	8 500	1.3	2 561	−1.08	215
14	40	80	180	180		10 000	11 000	11 500	8 500	1.3	3 244	−1.11	255
15	40	80	190	190		10 000	11 000	11 500	8 500	1.3	4 144	−1.13	306
16	40	80	190	190		10 000	11 000	11 500	8 500	1.3	5 130	−1.16	357
17	40	80	200	200		10 000	11 000	11 500	8 500	1.3	6 404	−1.18	423
18	40	80	200	200		10 000	11 000	11 500	8 500	1.3	7 781	−1.20	490
19	40	90	200	200		10 000	11 000	11 500	8 500	1.3	9 138	−1.22	550
20	40	90	210	200		10 000	11 000	11 500	8 500	1.3	11 081	−1.24	639
21	40	100	210	200		10 000	11 000	11 500	8 500	1.3	12 800	−1.26	710

(续表)

编号	厚度/mm				模量/MPa				基层弯拉强度/MPa	未综合修正的疲劳寿命/(×10⁶)	综合修正系数 K_c	综合修正后的疲劳寿命/(×10⁶)
	AC 表层	AC 下层	无机基层	无机底基层	AC 表层	AC 下层	无机基层	无机底基层				
22	40	100	210	210	10 000	11 000	11 500	8 500	1.3	15 047	−1.27	805
23	40	110	210	210	10 000	11 000	11 500	8 500	1.3	17 172	−1.29	889
24	40	120	210	210	10 000	11 000	11 500	8 500	1.3	19 483	−1.30	978
25	40	60	320	170	10 000	11 000	11 500	8 500	1.3	29 399	−1.31	1 433
26	40	70	320	170	10 000	11 000	11 500	8 500	1.3	32 767	−1.32	1 556
27	40	80	320	170	10 000	11 000	11 500	8 500	1.3	36 317	−1.33	1 682
28	40	90	320	170	10 000	11 000	11 500	8 500	1.3	40 110	−1.34	1 816
29	40	100	320	170	10 000	11 000	11 500	8 500	1.3	44 042	−1.35	1 952
30	40	100	330	170	10 000	11 000	11 500	8 500	1.3	49 619	−1.36	2 158
31	40	110	330	170	10 000	11 000	11 500	8 500	1.3	54 089	−1.37	2 308
32	40	110	330	180	10 000	11 000	11 500	8 500	1.3	59 752	−1.38	2 507
33	40	110	340	180	10 000	11 000	11 500	8 500	1.3	66 604	−1.38	2 751
34	40	120	340	180	10 000	11 000	11 500	8 500	1.3	71 684	−1.39	2 919
35	40	130	340	180	10 000	11 000	11 500	8 500	1.3	77 026	−1.40	3 094
36	40	140	340	180	10 000	11 000	11 500	8 500	1.3	82 447	−1.40	3 271
37	40	140	350	180	10 000	11 000	11 500	8 500	1.3	90 329	−1.41	3 543
38	40	140	360	180	10 000	11 000	11 500	8 500	1.3	98 944	−1.41	3 839
39	40	150	360	180	10 000	11 000	11 500	8 500	1.3	104 836	−1.42	4 028
40	40	160	360	180	10 000	11 000	11 500	8 500	1.3	110 886	−1.42	4 221
41	40	160	370	180	10 000	11 000	11 500	8 500	1.3	120 147	−1.42	4 535

为便于分析,根据 2.1 节所述断面的轴载组成数据,计算对应无机结合料稳定层疲劳开裂的当量轴载作用次数,列于表 6-5。

表 6-5　　交通荷载等级与无机结合料稳定层疲劳开裂当量轴次对应关系

交通荷载等级	极重	特重	重	中等	轻
大型客车和货车交通量/($\times 10^6$,辆)	≥50.0	50.0~19.0	19.0~8.0	8.0~4.0	<4.0
当量荷载作用次数/($\times 10^6$)	≥8 800	8 800~3 400	3 400~1 400	1 400~700	<700

采用北京的气候条件和高速公路可靠度系数($\beta=1.65$),未考虑综合修正系数($K_c=0$),路面结构水泥稳定碎石底基层疲劳寿命(表中路面结构的疲劳寿命由底基层控制)计算结果列于表 6-4。

根据表 6-4 疲劳寿命计算结果和表 6-5 所列交通荷载等级划分标准,对于高速公路,路面总厚度为 530 mm 以上时,路面疲劳寿命达到极重荷载等级。4.9 节根据全国路面结构调研,推荐了不同公路等级路面结构方案,其中高速公路路面厚度为 650 mm 以上。根据表 6-5,高速公路路面结构基本可以适应极重交通荷载等级。显然,不进行综合修正时,计算的路面疲劳寿命偏大,与工程经验和 4.9 节推荐的路面结构不符。

结合工程经验和 4.9 节推荐的路面结构,逐一反复调试各结构现场综合修正系数 k_c 取值,直至路面疲劳寿命合乎工程经验和 4.9 节典型路面结构。调整后的疲劳寿命列于表 6-4 末列。调整后,对于表中结构组合和材料参数,高速公路特重、重和中等交通荷载等级对应的路面厚度列于表 6-6,与工程经验和相关典型结构基本符合。

表 6-6　　　　　不同交通荷载等级适宜路面厚度分析结果　　　　　(单位:mm)

公路等级	交通荷载等级		
	特重	重	中
高速公路	≥710	700~600	580~530

注:表中数据计算结果是基于表 6-4 所列结构组合和材料参数以及北京的气候条件。

在上述分析基础上,将各结构综合调整系数 k_c 与厚度 h_a,h_b 拟合,得到以下关系式:

$$k_c=14\mathrm{e}^{-0.0076(h_a+h_b)}-1.47 \tag{6-20}$$

式中　h_a,h_b——沥青混合料层和计算点以上无机结合料稳定层厚度。

重复上述过程,分别回归分析了不同材料类型和设计对象的现场综合修正系数 k_c,相关参数列于表 6-7。

$$k_c=c_1\mathrm{e}^{c_2(h_a+h_b)}+c_3 \tag{6-21}$$

表 6-7　　　　　　　　　　现场综合修正系数 k_c 相关参数

结构层	新建路面结构层或改建工程既有路面结构层		改建工程加铺层	
材料类型	无机结合料稳定粒料	无机结合料稳定土	无机结合料稳定粒料	无机结合料稳定土
c_1	14.0	35.0	18.5	21.0
c_2	−0.007 6	−0.015 6	−0.01	−0.012 5
c_3	−1.47	−0.83	−1.32	−0.82

6.3　沥青混合料层永久变形预估模型

沥青混合料层永久变形问题的研究和解答包含两个方面：一方面是探讨如何提供抗永久变形性能好的沥青混合料，另一方面是研究如何建立沥青混合料层永久变形的预估模型。

控制沥青混合料层永久变形的主要途径是合理地设计沥青混合料的组成。沥青混合料组成设计通常采用马歇尔方法，但许多研究和应用表明，这种经验性试验方法和指标不能正确判别不同沥青混合料抗永久变形性能的优劣。美国 SHRP 项目针对沥青混合料层的永久变形主要是剪切变形这一机理，研制了定高度反复加载单剪试验（RSST-CH）方法。Witczak 等通过各种测试方法和指标的比选后，建议以静载蠕变试验（流动时间）或反复加载蠕变试验（流动数），作为与 Superpave 体积法组成设计相匹配的混合料抗永久变形性能的测试方法和指标。

检测沥青混合料抗永久变形性能的另一类方法是模拟法，应用各种轮辙仪测量轮载作用一定次数后的轮辙量。近年来的对比试验结果表明，轮辙仪的轮辙量与试验路的车辙量之间存在着良好的相关性，而轮辙仪的轮辙量与定高度反复加载单剪试验和三轴蠕变试验的指标之间也存在着良好的相关性。因此可以应用轮辙仪试验测得的轮辙量来判别沥青混合料的抗永久变形性能，并有可能根据路面的容许车辙量来限定沥青混合料在轮辙仪试验中的轮辙量。

沥青混合料层永久变形预估模型可以采用两种方法建立：一种是材料性能试验与路面结构力学分析相结合的方法，按分层应变总和法预估沥青混合料层的永久变形；另一种是经验法，直接利用多年积累的观测资料，根据统计分析建立车辙量与有关影响变量之间的回归关系式。这两种方法建立的预估模型虽然包含有关混合料性质的影响变量，但这些变量与混合料组成设计并无直接关联，因而无法利用它们来调整混合料组成以满足容许车辙量的要求。利用所建立的预估模型可以分析得到沥青混合料层的永久变形量。但如果预估量超出了路面使用性能所容许的数值，路面结构设计所能改进的只是变更沥青混合料层厚度，而这种变更对于减少永久变形量的效果很有限。这时主要还得依靠改变沥青混合料的组成来满足使用性能的要求。因此，对于控制永久变形而言，理想的方案是一方面可用以判别沥青混合料的抗永久变形能力,以便组成抗永久变形性能好的沥青混合料,另一方面能预估出沥青混合料层的永久变形量,以判别是否满足路面使用性能要求。

定高度反复加载单剪试验、静载蠕变试验和反复加载永久变形试验及其相应的指标有可能实现上述目标。虽然定高度反复加载单剪试验已有初步实现该目标的研究成果,但试验设备和技术较复杂,且国内仅个别单位有此设备。而静载蠕变试验和反复加载永久变形试验虽然许多单位拥有这种试验设备,但目前尚无实现该目标的研究成果。轮辙仪在我国的使用很普遍,其指标(所谓动稳定度)也普遍应用于沥青混合料的高温稳定性能评定。因此,在轮辙仪试验的基础上探讨实现上述目标的可能性较为现实。

6.3.1 轮辙深度预估模型

在非标准试验条件下,轮辙仪测量结果(轮辙深度)与各影响因素(温度、轮载、作用次数和层厚等)之间的关系,可以借鉴 Shami 等基于 APA 轮辙仪试验结果建立的模型形式,拟定出以下关系模型:

$$\frac{R_D}{R_0} = k_1 \left(\frac{T}{T_0}\right)^a \left(\frac{p}{p_0}\right)^b \left(\frac{N}{N_0}\right)^c \left(\frac{V}{V_0}\right)^d \tag{6-22}$$

式中 R_0,T_0,p_0,N_0,v_0—— 标准条件下轮辙仪试验的轮辙量(mm)、温度(℃)、轮压(MPa)、作用次数、空隙率(%);

R_D,T,p,N,v—— 沥青分层的车辙量(mm)、温度(℃)、竖向压应力(MPa)、作用次数、空隙率(%);

k_1—— 标定和修正系数;

a,b,c,d—— 试验系数。

"基于多指标的沥青路面结构设计方法研究"课题在不同的轮辙试验条件下,采用 3 种轮子接触压强(0.5 MPa,0.7 MPa 和 0.9 MPa)和不同温度(24~70℃),对 3 种密级配沥青混合料(AC-13,AC-16,AC-20)和 4 种 4% SBS 改性沥青混合料(AC-13,AC-20,SMA-13,SMA-16)进行加载 3 h 的轮辙仪试验。根据 89 个试件的 551 个有效样本数据,按式(6-22)进行多元回归分析,得到模型系数 a,b,c 的值(试件空隙率为 3.9%~4.2%,厚度 $h = h_0 = 50$ mm)。

"基于多指标的沥青路面结构设计方法研究"课题选用 2 种普通沥青混合料和 2 种改性沥青混合料(AC-13 和 AC-20),制备了 60 个试件进行轮辙仪试验,以验证上述试验模型。将两部分试验数据合并处理(共 149 个试件 596 个数据),经回归分析后得到式(6-22)中所列模型系数 a,b,c 的值以及相应的相关系数值。此外又选用这 4 种沥青混合料按 4%,5%,7% 三种空隙率(实际空隙率在 3.8%~7.5% 范围内变化)制备了 80 个试件(共 400 个数据),进行轮辙仪试验,以补充空隙率参数的影响。整理试验结果后得到式(6-22)中参数 d 的值(相关系数 $R^2 = 0.82$),列于表 6-8 中。轮辙深度预测值与实测值的拟合情况绘示于图 6-3。

表 6-8 轮辙试验验证得到的式(6-22)中的系数值

沥青混合料类型	a	b	c	d^*	R^2	试件数	N
普通沥青混合料	3.132	1.480	0.468	0.784	0.86	73	292
改性沥青混合料	2.239	1.688	0.300	0.961	0.71	76	304
沥青混合料(综合)	2.766	1.355	0.373	0.888	0.83	149	596

注：* 系数 d 为由补充试验的数据拟合后得到的系数值。

为验证上述模型的有效性，对 AC-20 改性沥青混合料采用 0.7 MPa 和 0.8 MPa 两种压强以及 50℃和 60℃两种温度进行轮辙仪试验(共 9 个有效试件)。验证结果表明，模型预测值与实测值的平均相对偏差为 13.1%，比原模型参数的预测精度(平均相对偏差为 17.6%)有所提高。此外还选取了山西省交通科学研究院进行的 AC-13、AC-20、改性 AC-13 和改性 AC-20 四种沥青混合料的轮辙仪试验结果(共 400 组有效数据)，与利用上述预估模

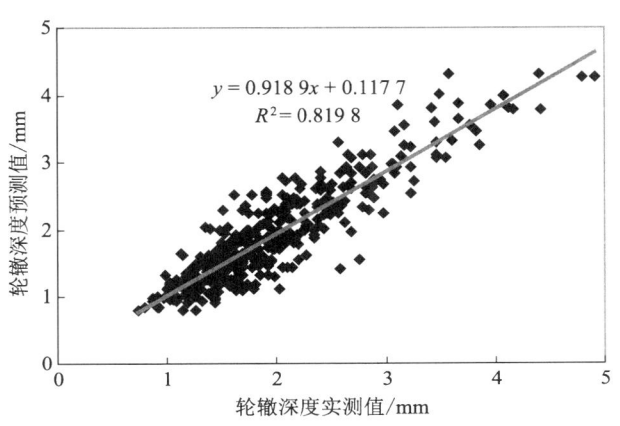

图 6-3 轮辙深度预测值与实测值的拟合

型得到的轮辙深度预测值相比较，其相关性分别为 0.889、0.748、0.884 和 0.889，表明该轮辙预估模型的预测结果较为理想。

6.3.2 沥青混合料层车辙深度预估模型的构建与调整

如何将由轮辙仪试验建立的轮辙量预估模型转化为沥青混合料层的车辙量预估模型，是一个关键而又颇为棘手的问题，特别是遇到我国观测数据齐全而可靠的试验路段极少的情况，更难获得满意的解答。美国 MEPDG 力学-经验法路面设计指南根据 3 476 个沥青混合料永久应变试验数据建立的试件永久应变预估模型，利用 28 个州 88 个路面长期使用性能 LTPP 观测路段的 387 组观测数据进行标定和验证后，得到了沥青混合料层永久应变预估模型。该模型采用分层法计算沥青混合料永久变形，各分层沥青混合料塑性应变值计算方法如式(6-23)所示，以分层厚度乘以塑性应变值即为该分层的永久变形量。

$$\frac{\varepsilon_p}{\varepsilon_r} = k_1 \cdot 10^{-3.4488} \cdot T^{1.5606} \cdot N^{0.479244} \tag{6-23}$$

式中 ε_p——沥青混合料层分层的塑性应变值；
　　　ε_r——沥青混合料层分层的弹性应变值；
　　　$k_1 = (C_1 + C_2 \cdot depth) \cdot 0.328196^{depth}$；
　　　$C_1 = 0.1039 H_{ac}^2 + 2.4868 H_{ac} - 17.342$；
　　　$C_2 = 0.0172 H_{ac}^2 - 1.7331 H_{ac} + 27.428$；

H_{ac}——沥青面层总厚度(inch);

$depth$——沥青层分层的深度(inch)。

一个较为简捷而可行的方法是,先利用式(6-23)对轮辙量预估模型进行标定和验证,得到初步的模型系数修正,然后再利用现有的少量观测路段的车辙量测量数据,对模型进行补充验证和修正,最后得到沥青混合料层车辙深度的预估模型。

"基于多指标的沥青路面结构设计方法研究"课题按上述思路,选用 AC-16 和 AC-20 两种普通沥青混合料与 AC-13 和 AC-20 两种改性沥青混合料以及三种沥青混合料层厚度(5 cm,10 cm 和 18 cm),组成不同材料和层厚的 22 种路面结构组合,分别按美国力学-经验法路面设计指南的永久应变预估模型和分层应变总和法,计算不同当量温度(15℃,20℃,25℃,30℃ 和 35℃)和不同作用轴次(200 万次,500 万次,1 000 万次和 1 200 万次)情况下各结构组合(共 600 个工况)的永久变形量(车辙量)。对这四种沥青混合料进行轮辙仪试验,得到相应的轮辙量,然后利用计算和试验所得数据,按式(6-24)对轮辙深度关系式进行标定和修正。

$$\frac{R_D}{R_0}=k_1 k_h \left(\frac{T}{T_0}\right)^{\beta_1 a}\left(\frac{p}{p_0}\right)^{\beta_2 b}\left(\frac{N}{N_0}\right)^{\beta_3 c}\left(\frac{v}{v_0}\right)^{\beta_4 d} \tag{6-24}$$

式中 R_0,T_0,p_0,N_0,v_0——标准条件下轮辙仪试验的轮辙量(mm)、温度(℃)、轮压(MPa)、作用次数、空隙率(%);

R_D,T,p,N,v——沥青分层的车辙量(mm)、温度(℃)、竖向压应力(MPa)、作用次数、空隙率(%);

k_h——沥青混合料层厚度影响系数;

a,b,c,d——试验参数,取值见表 6-8;

$k_1,\beta_1,\beta_2,\beta_3,\beta_4$——标定和修正系数。

按式(6-24)标定和修正后的模型参数列于表 6-9。由此得到基于轮辙试验结果的车辙量预估模型,如式(6-25)所示。

表 6-9　　　　　　　　　模型标定和修正后的各项系数取值

参数	k_1	β_1	β_2	β_3	β_4
取值	0.117 9	1.058 9	1.328 4	1.284 8	0.932 0

$$\begin{cases} R_a = \sum_{i=1}^{n} R_{ai} \\ R_{ai} = 2.31 \times 10^{-8} k_{Ri} T_{pef}^{2.93} p_i^{1.80} N_{e3}^{0.48}(h_i/h_0) R_{0i} \end{cases} \tag{6-25}$$

式中 R_a——沥青混合料层永久变形量(mm);

R_{ai}——分层 i 永久变形量(mm);

n——分层数;

T_{pef}——沥青混合料层永久变形等效温度(℃),根据第 3 章确定;

N_{e3}——沥青混合料层永久变形设计使用年限内设计车道上设计轴载累计作用次数(轴次);

h_i——i 分层厚度(mm);

h_0——车辙试验试件的厚度(mm);

R_{0i}——i 分层沥青混合料在试验温度为 60℃、压强为 0.7 MPa、加载次数为 2 520 次时,车辙试验永久变形量(mm);

k_{Ri}——综合修正系数,按式(6-26)—式(6-28)计算。

$$k_{Ri} = (d_1 + d_2 z_i) \times 0.9731^{z_i} \tag{6-26}$$

$$d_1 = -1.35 \times 10^{-4} h_a^2 + 8.18 \times 10^{-2} h_a - 14.50 \tag{6-27}$$

$$d_2 = 8.78 \times 10^{-7} h_a^2 - 1.50 \times 10^{-3} h_a + 0.90 \tag{6-28}$$

式中 z_i——沥青混合料层 i 分层深度(mm),第一分层取为 15 mm,其他分层为路表距沥青分层中点的深度;

h_a——沥青混合料层厚度(mm),$h_a > 200$ mm 时,取 200 mm;

p_i——沥青混合料层 i 分层顶面竖向压应力(MPa),根据弹性层状体系理论计算。

应用式(6-25)时需首先对沥青混合料层进行分层,分别计算各分层的永久变形量,将各分层永久变形量累加即为沥青混合料层永久变形量。各分层永久变形量累加值与沥青混合料层总的永久变形量之间的差异以及车辙边缘隆起等因素的影响,已考虑在综合修正系数 k_R 中。各沥青混合料层的分层规则如下:

(1) 表面层,采用 10~20 mm 为一分层。

(2) 第二层沥青混合料层,每一分层厚度应不大于 25 mm。

(3) 第三层沥青混合料层,每一分层厚度应不大于 100 mm。

(4) 第四层及其以下沥青混合料层,作为一个分层。

"基于多指标的沥青路面结构设计方法研究"课题收集了江苏省 2002—2004 年通车的 10 条高速公路 92 个路段 5 年以上的车辙量数据(598 个)、"沥青路面设计指标和参数研究"课题的 ALF 试验段(3 种沥青混合料 8 cm 厚沥青混合料层)在 4 种加载条件下的车辙深度数据和 2005 年东南大学环道试验 6 种不同材料路面结构的车辙量数据,对上述车辙量预估模型进行了验证分析。与江苏省的车辙量逐年增长数据的对比结果表明,预估模型中 N 项的指数(0.48)取值较为合理;与 ALF 试验段的车辙深度相比,预估模型的车辙深度略小于 ALF 试验段的车辙深度,预估误差在 10% 左右,精度可以接受。

验算所得的沥青混合料层永久变形量应满足路面容许永久变形量要求,否则应调整沥青混合料设计,直至满足要求。

按照上述过程得到的各层沥青混合料在标准试验状态下的车辙试验永久变形量 R_0,可用作沥青混合料的质量要求和施工控制指标。标准车辙试验温度为 60℃,压强为 0.7 MPa,试件厚度为 50 mm,加载次数为 2 520 次时沥青混合料的动稳定度 DS,可根据永久变形量 R_0 按式(6-29)计算。

$$DS = 9365 R_0^{-1.48} \tag{6-29}$$

式中 DS——沥青混合料动稳定度(次/mm)。

6.4 路基顶面容许压应变

1962年,Dormon 和 Pettie 分别提出了通过控制路基顶面压应力或压应变来限制路基土的永久变形,进而控制沥青路面结构永久变形的设想,并建议通过对使用性能已知的路面结构进行路基压应力或压应变反算的方法确定其容许指标值。随后,一些沥青路面结构设计方法采用路基顶面竖向压应变指标来控制沥青路面的永久变形。如 Shell 法利用 AASHO 试验路的资料,按现时服务能力指数 $PSI = 2.5$ 的路面状况,通过结构反算建立了路基顶面容许压应变与标准轴载作用次数的关系式。AI 法则按车辙量为 12.7 mm 的路况标准反算出路基顶面容许压应变关系式。

"基于多指标的沥青路面结构设计方法研究"课题收集了 AASHO 试验路的 195 个路面结构资料以及现时服务能力指数 PSI 达 2.5 时的轴载作用次数,采用单轴 100 kN 轴载,并对沥青混合料选用动态模量参数,反算了各个结构的路基顶面竖向压应变值,由此建立了路基顶面容许压应变与 100 kN 轴载作用次数之间的经验关系式:

$$[\varepsilon_z] = 0.62 \times 10^{-2} N^{0.207} \tag{6-30}$$

路基顶面竖向压应变与沥青混合料层底拉应变同是粒料基层路面和沥青碎石基层(粒料底基层)路面的设计指标,路基顶面竖向压应变控制模型的调整主要考虑其与沥青混合料层底拉应变的协调。

对于粒料基层路面和沥青碎石基层(粒料底基层)路面,路面结构较厚(如沥青层厚度大于 50 mm)时,路面结构疲劳寿命由沥青混合料层层底拉应变控制;较薄时(如沥青层厚度小于 50 mm),路面结构疲劳寿命采用路基顶面竖向压应变控制的原则对式(6-30)进行验证和调整,并与前述其他模型类似,增加可靠度指标和温度调整系数,得到容许永久变形控制模型,如式(6-31)所示。

$$[\varepsilon_z] = 1.25 \times 10^{4-0.1\beta}(k_{T3} N_{e4})^{-0.21} \tag{6-31}$$

6.5 沥青面层低温开裂预估模型

季节性冰冻地区的沥青面层,由于低温收缩受到约束而引起的横向开裂,是沥青和沥青混合料的变形性质与环境温度的变化(低温和降温速率)不相适应所产生的。在给定的环境温度条件下,对沥青面层低温缩裂及其开裂密度(开裂量)的控制,主要依赖于选用与环境温度相适应的沥青和沥青混合料,沥青路面的结构特性(沥青面层厚度、龄期和路基类型)仅影响到沥青面层低温缩裂的开裂量。

6.5.1 沥青低温性能评价指标

影响沥青混合料层低温开裂的最重要因素是沥青在低温时的蠕变劲度或稠度(如黏度或针入度)及其温感性(随温度变化的范围)。如果沥青结合料在当地的最低气温下不变脆,则沥青面层不会产生低温开裂;如果沥青在最低气温下变脆,则沥青面层会产生低温开裂。只有在采用了低温时会变脆开裂的沥青的情况下,其他影响因素,如沥青混合料层温度低于临界开裂温度的程度、沥青混合料组成、路面厚度、路基类型和交通荷载等,才会对沥青面层开裂的严重程度(开裂量或裂缝密度)产生作用。因此,选用在该地区最低气温下不会变脆的沥青结合料是预防沥青面层低温开裂的关键。

我国《公路沥青路面施工技术规范》(JTG F40—2004)规定用15℃时的延度作为评价沥青低温性能的指标,而有些研究成果建议选择当量脆点和10℃延度作为评价指标。美国战略公路研究计划(SHRP)在研究制定基于使用性能的沥青规范时,认为现有的以黏度和针入度为基础的沥青规范是经验性的,难以在沥青性质和混合料性质之间建立起合理的关系;老化的纯沥青和改性沥青的性状含有相当多的弹性响应,不能用以牛顿液体为基础的毛细黏度测定法来表征其性状;由于无法定义试件内的应力-应变场以及试验时应变过大,针入度和延度试验也不适合用作表征沥青低温流变性能的基本测量方法。AASHTO沥青规范MP1和MP1a采用由弯曲梁流变(BBR)试验测得的低温蠕变劲度S和劲度随时间变化曲线(双对数)的斜率m,采用直接拉伸(DT)试验测定沥青断裂时的破坏应变和应力,以及通过计算得到的临界开裂温度作为评价沥青低温性能的指标。

"基于多指标的沥青结构设计方法研究"课题对3种基质沥青(A90,A110,A140)进行了各种性质指标的测定,并对它们与临界开裂温度的关系进行灰色关联分析。分析结果表明,低温延度、低温针入度和当量脆点与临界开裂温度的关联度都很小,因此,这些评价指标无法很好地表征沥青的低温性能。为了验证AASHTO沥青规范MP1和MP1a所提指标的适用性,课题组对吉林和黑龙江省4条公路的12个路段进行了裂缝调查,对回收沥青进行了弯曲梁流变试验和直接拉伸试验,并计算了临界开裂温度。调查和测试结果汇总于表6-10。

表6-10　　　基质沥青低温性能指标验证路段的调查和测试结果

路段编号	裂缝平均间距/m	路龄/年	BBR(−12℃) S/MPa	m	BBR(−18℃) S/MPa	m	DT(−12℃) 应力/MPa	应变/%	DT(−18℃) 应力/MPa	应变/%	临界开裂温度/℃
T1	10	6	453	0.37	845	0.24	4.12	2.53	4.33	0.46	−18.2
T2			366	0.34	664	0.25	3.57	2.45	3.70	0.31	−17.9
T3			392	0.35	760	0.24	3.87	2.14	4.01	0.45	−30.1
T4			417	0.41	931	0.27	6.99	2.21	7.72	0.64	−18.7
T5	20	5	266	0.39	550	0.28	7.01	3.21	7.12	0.64	−27.1
T6			245	0.39	546	0.28	4.56	3.42	4.98	0.74	−25.0
Y1			294	035	526	0.29	5.67	2.67	6.30	0.55	−25.7
Y2			278	0.35	522	0.29	6.23	2.75	6.78	0.59	−26.8
Y3			288	0.35	540	0.29	6.10	2.66	6.44	0.52	−28.9
T7	50	6	238	0.43	523	0.33	5.57	3.78	6.03	0.93	−28.0
D	70	4	141	0.40	346	0.30	6.87	3.29	7.35	1.04	−29.6
X		3	131	0.39	314	0.32	6.43	5.37	7.35	1.33	—

注:路段编号T1~T7相应为吉林省通化—辽源公路的7个验证路段,编号Y1~Y3相应为吉林省榆江公路景山西南段的3个验证路段,编号D为哈尔滨外环高速公路东环段的验证路段,X为哈尔滨外环高速公路西环段的验证路段。

由表中数值可看出：

（1）弯曲梁流变试验的低温蠕变劲度值随各路段裂缝平均间距的增加而降低；在试验温度为$-18℃$时，各路段的劲度值均超过了 300 MPa，温度为$-12℃$时，除了裂缝平均间距为 10 m 的路段，其他路段的劲度值都低于 300 MPa。

（2）弯曲流变梁试验的劲度-时间双对数曲线斜率 m 的变化范围很小，温度为$-18℃$时，m 为 0.24～0.33，随裂缝间距的增加略有增大；温度为$-12℃$时，m 为 0.34～0.43，随裂缝间距变化的趋势不明显。

（3）直接拉伸试验的断裂应变随各路段裂缝平均间距的增加而增大。温度为$-18℃$时，除了间距最长的两个路段外，应变均小于 1%；温度为$-12℃$时，各路段的应变均大于 1%。

（4）各路段的临界开裂温度，除了 T3 路段外，均随各路段裂缝平均间距的增加而降低。

（5）按 MP1 的标准（当地路面最低温度加 10℃时，$S<300$ MPa，$m>0.30$，破坏应变$>1\%$），试验温度为$-18℃$时各指标值（除了 D 段和 X 段的破坏应变外）均不符合标准的要求，它所适应的当地路面最低温度（$-28℃$）都低于或接近各路段的临界开裂温度（除了 T3 段和 D 段外）；试验温度为$-12℃$时，除了 T1～T4 段的蠕变劲度值外，其他各项指标值均符合标准的要求，它所适应的当地路面最低温度（$-22℃$），除了 T1～T4 段外，都高于各路段的临界开裂温度。

上述验证表明，蠕变劲度 S、劲度曲线斜率 m 和断裂应变这三项沥青低温性能指标可以有效地判别沥青混合料层抗低温性能的优劣，其标准值，即当地路面最低温度加 10℃时，$S<300$ MPa，$m>0.30$，破坏应变$>1\%$，与路面的实际开裂程度相吻合。因而认为可以采纳 AASHTO 沥青规范 MP1 和 MP1a 中的沥青低温性能指标和标准。

6.5.2　沥青混合料低温性能评价指标

评价沥青混合料低温性能的主要指标为低温蠕变劲度（蠕变柔度）、低温抗拉强度和温度收缩系数。由这三项参数可以计算分析沥青混合料的临界开裂温度，并与当地的路面最低温度比较后判断该沥青混合料的性能能否满足要求。

美国 SHRP 研究项目开发了低温间接拉伸试验方法以测定沥青混合料在低温时的蠕变柔度和抗拉强度。我国需要制定这方面的试验规程，以提供统一的方法和手段评价沥青混合料的低温性能。

6.5.3　沥青面层低温开裂量预估模型

对沥青面层低温开裂量的预估，提出过两类方法和模型。一类是力学-经验法：分析沥青面层内温度沿深度和随时间的变化；利用沥青混合料低温蠕变劲度试验数据，计算沥青混合料层内温度应力沿深度和随时间的变化；应用断裂力学和混合料抗拉强度的测定结果，分析裂缝的发生（临界开裂温度）和裂缝的发展（裂缝深度）；通过对野外标定建立开裂量的概率模型。另一类是经验法：通过对大量沥青面层低温开裂路段的调查、测试和统计分析，建立开裂量与影响变量（沥青和沥青混合料的低温性能指标、环境温度、路面结构、路面龄期和路基类型等）之间的经验回归关系式。

应用力学预估模型，需要提供沥青面层内的温度数据（分析期内不同时刻不同深度处的温度）以及沥青混合料的低温性能参数（蠕变劲度、温度收缩系数和抗拉强度）。模型预估的精度主要依赖于所提供的这两类数据的完整性和准确性。

建立经验模型需要在不同气候条件地区进行大量的调查、测试和分析工作，并选取合适的影响变量。经验模型的适用范围和预估精度，受调查地区、路面结构和沥青类型覆盖范围以及测试数据量的约束，需要不断地补充、扩大和改善。

"基于多指标的沥青结构设计方法研究"课题采用经验法，对吉林和黑龙江省4条公路的14个路段进行了沥青混合料层开裂状况调查，并对沥青的性能（劲度模量）、路面结构（沥青混合料层厚度）和路基土类型进行了测试。根据所取得的数据，提出以下低温开裂量经验预估模型：

$$CI = 0.075[(T - 0.7h_a + 0.5a)\lg S_t + 0.026 S_t \lg b] \tag{6-32}$$

式中 CI——裂缝指数，定义为100 m路段区间内双车道全幅横向裂缝数加上半幅横向裂缝数的一半，不超过一个车道宽度的裂缝不计入；

S_t——加载时间180 s和测试温度T时的沥青劲度模量（MPa）；

a——路面龄期（年）；

b——路基土类型参数，砂$b=5$，亚黏土$b=3$，黏土$b=2$；

T——低温设计温度（取绝对值，℃）；

h_a——沥青混合料层厚度（cm）。

式（6-32）参数中含有路面龄期a，根据对上述14个路段的低温开裂状况调查结果，通车3~5年，路面低温开裂状况基本稳定，为便于模型应用，将路面龄期取常量（$a=4$年），代入式（6-32），并按格式要求修改后的公式如下：

$$CI = 1.95 \times 10^{-3} S_t \lg b - 0.075(T + 0.07h_a)\lg S_t + 0.15 \tag{6-33}$$

6.6 季节性冻土地区防冻层厚度要求

季节性冻土地区路基为中湿或潮湿状态时，应进行路面防冻厚度验算。首先按式（6-34）计算公路多年最大冻深。根据公路多年最大冻深，按表6-11的规定验算路面的防冻厚度。路面结构厚度小于表6-11中规定的最小防冻厚度时，应增设防冻层，使其满足最小防冻厚度的要求。

$$Z_{\max} = abc Z_d \tag{6-34}$$

式中 $Z_{\max}$——公路多年最大冻深（mm）；

Z_d——大地多年最大冻深（mm），根据调查资料确定；

a——大地冻深范围内路基、路面各层材料热物性系数，按表6-12确定；

b——路基湿度系数，按表6-13确定；

c——路基断面形式系数，根据表6-14按内插法确定。

表 6-11　　　　　　　　　　　　沥青路面结构最小防冻厚度

路基土质	基层、底基层材料类型	对应于以下公路多年最大冻深 Z_{max}(mm)和路基干湿类型的最小防冻厚度/mm							
		中湿				潮湿			
		500~1 000	1 000~1 500	1 500~2 000	>2 000	500~1 000	1 000~1 500	1 500~2 000	>2 000
黏性土、细亚砂土	粒料类	400~450	450~500	500~600	600~700	450~550	550~600	600~700	700~800
	水泥或石灰稳定类、水泥混凝土	350~400	400~450	450~550	550~650	400~500	500~550	550~650	650~750
	水泥粉煤灰或石灰粉煤灰稳定类、沥青结合料类	300~350	350~400	400~500	500~550	350~450	450~500	500~550	550~700
粉性土	粒料类	450~500	500~600	600~700	700~750	500~600	600~700	700~800	800~1 000
	水泥或石灰稳定类、水泥混凝土	400~450	450~500	500~600	600~700	450~550	550~650	650~700	700~900
	水泥粉煤灰或石灰粉煤灰稳定类、沥青结合料类	300~400	400~450	450~500	500~650	400~500	500~600	600~650	650~800

注：1. 在现行《公路自然区划标准》(JTJ 003—1986)中，对潮湿系数小于 0.5 的地区，Ⅱ、Ⅲ、Ⅳ等干旱地区的防冻厚度可比表中数值减小 15%~20%。
　　2. 对Ⅱ区砂性土路基防冻厚度应相应减小 5%~10%。
　　3. 公路多年最大冻深大时，靠近上限取值，反之靠近下限取值。
　　4. 基层、底基层采用不同材料类型时，按厚度较大的材料类型确定。

表 6-12　　　　　　　　　　　　路基、路面材料热物性系数 a

路基材料	黏质土	粉质土	粉土质砂	细粒土质砂、黏土质砂	含细粒土质砾(砂)
热物性系数	1.05	1.10	1.20	1.30	1.35
路面材料	水泥混凝土	沥青混合料	级配碎石	石灰粉煤灰或水泥稳定粒料	石灰粉煤灰土及水泥土
热物性系数 a	1.40	1.35	1.45	1.40	1.35

表 6-13　路基湿度系数 b

干湿类型	干燥	中湿	潮湿
湿度系数 b	1.0	0.95	0.90

表 6-14　路基断面形式系数 c

填挖形式和高(深)度 /m	路基填土高度					路基挖方深度			
	零填	<2	2~4	4~6	>6	<2	2~4	4~6	>6
断面形式系数 c	1.0	1.02	1.05	1.08	1.10	0.98	0.95	0.92	0.90

第 7 章
路面结构验算

7.1 计算理论

7.1.1 路面结构力学响应计算理论

沥青路面结构力学响应计算按照弹性层状体系理论进行。图 7-1 给出了柱坐标中单圆荷载作用下多层弹性体系示意图。弹性层状体系理论的基本假设包括：①各层材料是线弹性材料，且不计自重；②各层材料连续、均匀且各向同性；③最下一层在水平方向和竖直方向无限大，即为半空间无限体，其上各层厚度有限，水平方向无限大；④各层在水平方向无限远处及最下一层无限深处，力学响应为零。

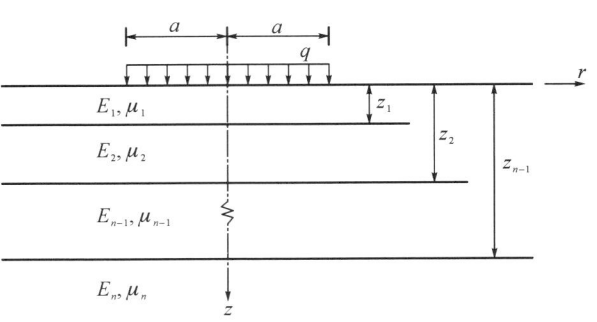

图 7-1 单圆荷载作用下多层弹性体系

对于图 7-1 所示的轴对称问题，其理论解析解如式(7-1a)—式(7-1f)所示。

$$(\sigma_z^*)_i = -mJ_0(m\rho) \begin{Bmatrix} [A_i - C_i(1-2\mu_i - m\lambda)]e^{-m(\lambda_i - \lambda)} + \\ [B_i - D_i(1-2\mu_i + m\lambda)]e^{-m(\lambda - \lambda_{i-1})} \end{Bmatrix} \quad (7\text{-}1\text{a})$$

$$(\sigma_r^*)_i = \left[mJ_0(m\rho) - \frac{J_1(m\rho)}{\rho}\right] \begin{Bmatrix} [A_i + C_i(1+m\lambda)]e^{-m(\lambda_i - \lambda)} + \\ [B_i - D_i(1-m\lambda)]e^{-m(\lambda - \lambda_{i-1})} + \\ 2\mu_i m J_0(m\rho)[C_i e^{-m(\lambda_i - \lambda)} - D_i e^{-m(\lambda - \lambda_{i-1})}] \end{Bmatrix} \quad (7\text{-}1\text{b})$$

$$(\sigma_t^*)_i = \frac{J_1(m\rho)}{\rho} \begin{Bmatrix} [A_i + C_i(1+m\lambda)]e^{-m(\lambda_i - \lambda)} + \\ [B_i - D_i(1-m\lambda)]e^{-m(\lambda - \lambda_{i-1})} + \\ 2\mu_i m J_0(m\rho)[C_i e^{-m(\lambda_i - \lambda)} - D_i e^{-m(\lambda - \lambda_{i-1})}] \end{Bmatrix} \quad (7\text{-}1\text{c})$$

$$(\tau_{rz}^*)_i = mJ_1(m\rho) \begin{Bmatrix} [A_i + C_i(2\mu_i + m\lambda)]e^{-m(\lambda_i - \lambda)} - \\ [B_i - D_i(2\mu_i - m\lambda)]e^{-m(\lambda - \lambda_{i-1})} \end{Bmatrix} \quad (7\text{-}1\text{d})$$

$$(w^*)_i = -\frac{1+\mu_i}{E_i} J_0(m\rho) \begin{Bmatrix} [A_i - C_i(2-4\mu_i - m\lambda)]e^{-m(\lambda_i - \lambda)} - \\ [B_i + D_i(2-4\mu_i + m\lambda)]e^{-m(\lambda - \lambda_{i-1})} \end{Bmatrix} \quad (7\text{-}1\text{e})$$

$$(u^*)_i = \frac{1+\mu_i}{E_i} J_1(m\rho) \begin{Bmatrix} [A_i + C_i(1+m\lambda)]e^{-m(\lambda_i-\lambda)} + \\ [B_i - D_i(1-m\lambda)]e^{-m(\lambda-\lambda_{i-1})} \end{Bmatrix} \qquad (7\text{-}1f)$$

式中 J_0，J_1—— 零阶和一阶贝塞尔函数；
A_i，B_i，C_i，D_i—— 积分常数，由边界条件和层间接触条件确定；
σ_z，σ_r，σ_t—— 竖向、径向和切向的应力；
τ_{rz}—— 剪应力；
w，u—— 竖向和径向的位移。

式中的 * 表示式(7-1)不是均布荷载 q 作用下的力学响应，而是垂直荷载 $-mJ_0(m\rho)$ 作用下的响应。荷载 q 作用下的响应由汉克尔变换得到：

$$R = q\alpha \int_0^\infty \frac{R^*}{m} J_1(m\alpha) \mathrm{d}m \qquad (7\text{-}2)$$

式中 R^*—— 由式(7-1)计算得到的结果。

由式(7-1)和式(7-2)计算得到应力响应后，根据线弹性材料的本构关系，就可以得到应变响应。多圆荷载下的力学响应可由单圆荷载下的响应根据叠加原理计算得到。

7.1.2 关键力学响应计算模式

路面结构验算时，不同设计指标应选用表 7-1 规定的竖向位置处的力学响应，并应按图 7-2 所示计算点位置，分别计算 A、B、C 和 D 四点的力学响应，取其中最大的力学响应为关键力学响应，进行路面结构验算。

表 7-1　　　　　　　　各使用性能指标对应的力学响应及其竖向位置

设计指标	力学响应	竖向位置
沥青混合料层层底拉应变	沿行车方向的水平拉应变	沥青混合料层层底
无机结合料稳定层层底拉应力	沿行车方向的水平拉应力	无机结合料稳定层层底
沥青混合料层永久变形量	竖向压应力	沥青混合料层各分层顶面
路基顶面竖向压应变	竖向压应变	路基顶面

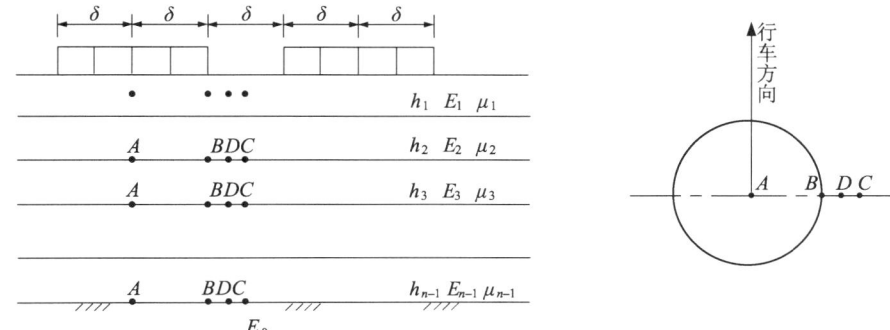

图 7-2　力学响应计算点位置图示

7.2 参数确定

7.2.1 交通参数

为了确定设计车道的当量设计轴载累计作用次数,需要通过交通荷载调查确定公路初期交通量、增长率、方向系数、车道系数、车辆类型组成、轴载谱等参数。对于车道系数和车辆类型分布系数,改扩建设计应采用水平一,新建路面设计可采用水平二或水平三。对于各类车辆当量设计轴载换算系数,高速公路和一级公路的改建设计应采用水平一,通过分析实测的轴型、轴重数据确定轴载谱,进而确定不同设计指标下的车辆当量轴载换算系数;其他情况可采用水平二或水平三,通过选用当地或全国的非满载车、满载车的比例及相应的换算系数,确定各种车辆的当量轴载换算系数。

7.2.2 环境参数

沥青混合料层疲劳开裂寿命、无机结合料稳定层疲劳开裂寿命和路基顶面竖向压应变验算时,当路面结构沥青面层或基层(含底基层)由两层或两层以上不同材料的结构层组成时,将路面结构简化为由当量沥青面层、当量基层和路基构成的三层路面结构。对于采用沥青结合料类基层的路面,将基层换算至当量沥青面层。根据工程所在地区选择基准路面结构温度调整系数,根据转化后的当量路面结构,利用 3.2.4 节的步骤计算得到不同设计指标下的温度调整系数。沥青混合料层永久变形量验算时,应根据所在地的气温条件,按照 3.2.3 节的方法确定相应的等效温度系数。

7.2.3 材料参数

路面结构层材料设计参数的确定可分为下列三个水平:
(1) 水平一:通过室内试验实测确定材料参数。
(2) 水平二:根据预估方程和简单材料试验(如测定材料的含水量、最大干密度、颗粒组成等)预估材料力学参数。
(3) 水平三:根据材料类型、交通等级等参照推荐的典型数值确定参数。

高速公路和一级公路的施工图设计阶段宜采用水平一,其他设计阶段可采用水平二或水平三;二级及以下公路可采用水平二或水平三。路面结构验算时结构层模量取值应符合下列规定:
(1) 沥青面层采用 20℃、10 Hz 条件下的动态压缩模量,沥青类基层采用 20℃、5 Hz 条件下的动态压缩模量。
(2) 无机结合料稳定层采用经调整系数修正后的弹性模量。
(3) 粒料层根据层位采用经过湿度调整的回弹模量,路基采用平衡湿度状态下并考虑干湿与冻融循环作用后的顶面当量回弹模量。

7.3 设计指标

路面结构验算时,根据路面结构组合,参照表 7-2 选择设计指标。

表 7-2　　　　　　　　　不同结构组合路面的设计指标

基层类型	底基层类型	设计指标[a]
无机结合料稳定类	粒料类	无机结合料稳定层层底拉应力、沥青混合料层永久变形量
	无机结合料稳定类	
沥青结合料类	粒料类	沥青混合料层层底拉应变、沥青混合料层永久变形量、路基顶面竖向压应变
	无机结合料稳定类	沥青混合料层永久变形量、无机结合料稳定层层底拉应力
粒料类[b]	粒料类	沥青混合料层层底拉应变、沥青混合料层永久变形量、路基顶面竖向压应变
	无机结合料稳定类	沥青混合料层层底拉应变、沥青混合料层永久变形量、无机结合料稳定层层底拉应力
水泥混凝土[c]	—	沥青混合料层永久变形量

注：a. 季节性冻土地区应增加沥青面层低温开裂验算和防冻厚度验算。
　　b. 在沥青面层与无机结合料稳定类基层之间设置粒料层时,应验算沥青混合料层疲劳。
　　c. 水泥混凝土基层应按现行《公路水泥混凝土路面设计规范》(JTG D40—2011)设计。

7.4 路面结构验收弯沉

我国传统上采用弯沉作为路面结构的验收指标,弯沉存在非唯一性、与路面结构损坏无特定关联以及与各个单项指标难以协调等缺点,但对于同一种或同一段路面结构,弯沉指标仍能反映出路面结构的承载能力,其测定结果具有可比性,可用于判断和比较。另外,与其他方法相比,弯沉测定具有使用简便、直观、经济和较快速的优点,因此仍将弯沉作为质量检查和工程验收的一项指标。

7.4.1 路基顶面验收弯沉

路基顶面验收弯沉值 l_g 按式(7-3)计算：

$$l_g = \frac{176pr}{E_0} \qquad (7-3)$$

式中　l_g——路基顶面验收弯沉值(0.01 mm)；
　　　p——落锤式弯沉仪承载板施加荷载(MPa)；
　　　r——落锤式弯沉仪承载板半径(mm)；

E_0——平衡湿度状态下路基顶面回弹模量(MPa)。

计算路基顶面验收弯沉值时,采用路基平衡湿度状态下的顶面当量回弹模量,即只考虑湿度调整系数,不考虑干湿与冻融循环作用后的模量折减系数。当弯沉检测中路基湿度与平衡湿度存在差异时,需进行湿度修正。

宜采用落锤式弯沉仪进行路基验收,落锤式弯沉仪荷载为 50 kN,荷载盘半径为 150 mm。路基顶面实测代表弯沉值 l_0 应符合式(7-4)的要求。

$$l_0 \leqslant l_g \tag{7-4}$$

式中 l_g——路基弯沉检测标准值(0.01 mm);
l_0——路段内实测的路基顶面弯沉代表值(0.01 mm),以 1~3 km 为一个评定路段,按式(7-5)计算:

$$l_0 = (\bar{l}_0 + \beta s) K_1 \tag{7-5}$$

式中 $\bar{l}_0$——路段内实测路基顶面弯沉平均值(0.01 mm);
s——路段内实测路基顶面弯沉标准差(0.01 mm);
β——可靠度指标,根据公路等级按表 1-5 取值;
K_1——路基顶面弯沉湿度影响系数,根据当地经验确定。

式(7-3)是根据单圆荷载作用下弹性半无限空间体顶面竖向位移的理论解推导得出,适用于路基填料为未处治材料的情况。对采用粒料或无机结合料处治材料改善层的路基,可根据路基分层情况采用弹性层状体系理论分析路基顶面竖向位移,结合分析结果和当地工程经验确定路基顶面验收弯沉值。

7.4.2 路表验收弯沉

路表验收弯沉值 l_a 应根据设计路面结构,根据弹性层状体系理论按式(7-6)计算。路面结构层参数应与路面结构验算时相同。路基顶面回弹模量应采用平衡湿度状态下路基顶面回弹模量乘以模量调整系数 k_l。

$$\begin{cases} l_a = p\bar{l}_a \\ \bar{l}_a = f\left(\dfrac{h_1}{\delta}, \dfrac{h_2}{\delta}, \cdots, \dfrac{h_{n-1}}{\delta}; \dfrac{E_2}{E_1}, \dfrac{E_3}{E_2}, \cdots, \dfrac{K_l E_0}{E_{n-1}}\right) \end{cases} \tag{7-6}$$

式中 $\bar{l}_a$——理论弯沉系数;
k_l——路基顶面回弹模量调整系数,无机结合料稳定类基层或底基层的路面以及水泥混凝土基层沥青路面,取 0.5,其他基层类型的沥青路面,取 1.0;
E_0——平衡湿度状态下路基顶面回弹模量(MPa);
p, δ——标准轴载的轮胎接地压强(MPa)和当量圆半径(mm);
$h_1, h_2, \cdots, h_{n-1}$——各结构层厚度(cm);
$E_1, E_2, \cdots, E_{n-1}$——各结构层模量(MPa)。

路面交(竣)工时应对路表弯沉值进行检测。落锤式弯沉仪中心点弯沉代表值应符合式

(7-7)的要求：

$$l_0 \leqslant l_a \tag{7-7}$$

式中 l_a——路表弯沉检测标准值(0.01 mm)；
l_0——路段内实测路表弯沉代表值(0.01 mm)，以 1～3 km 为一个评定路段，按（7-8）计算：

$$l_0 = (\bar{l}_0 + \beta s) K_1 K_3 \tag{7-8}$$

式中 $\bar{l}_0$——路段内实测路表弯沉平均值(0.01 mm)；
s——路段内实测路表弯沉标准差(0.01 mm)；
β——可靠度指标；
K_1——路表弯沉湿度影响系数，根据当地经验确定；
K_3——路表弯沉温度影响系数，按式（7-9）确定：

$$K_3 = e^{[9\times10^{-6}(\ln E_0 - 1)h_a + 4\times10^{-3}](20-T)} \tag{7-9}$$

式中 T——弯沉测定时沥青层中点实测或预估温度(℃)；
h_a——沥青层厚度(mm)；
E_0——平衡湿度状态下路基顶面回弹模量(MPa)。

7.5 路面结构验算流程

路面结构验算应按图 7-3 所示的流程进行，包括下列主要内容：

（1）按 2.4 节的要求调查分析交通参数，确定各交通荷载输入参数，计算得到设计车道累计当量轴载作用，进而确定交通荷载等级。

（2）根据路基土类、地下水位高度确定路基干湿类型和湿度状况，并结合现行《公路路基设计规范》(JTG D30—2015)的有关规定确定路基顶面回弹模量及必要的路基改善措施。

（3）根据设计要求，收集所在地区的常用路面结构组合和材料性质要求，分析影响路面结构设计的其他因素，初拟路面结构组合与厚度方案，选取设计指标。

（4）确定各结构层模量等设计参数，并检验沥青低温性能要求、沥青混合料的低温破坏应变、动稳定度、贯入强度和水稳定性。

（5）收集工程所在地区气温资料，确定各设计指标对应的温度调整系数或等效温度。

（6）采用多层弹性体系理论程序计算各设计指标的力学响应量。

（7）进行路面结构验算。对于不同的路面结构组合形式，应满足 7.3 节规定的各个设计指标要求；对于季节性冻土地区，还需满足沥青面层低温开裂指数以及防冻厚度的要求。不能满足全部要求时，应调整路面结构方案并重新验算，直至满足要求为止。

（8）对通过结构验算的路面结构进行技术经济分析，选定路面结构方案。

（9）按 7.4 节要求计算设计路基顶面验收弯沉值和路表验收弯沉值。

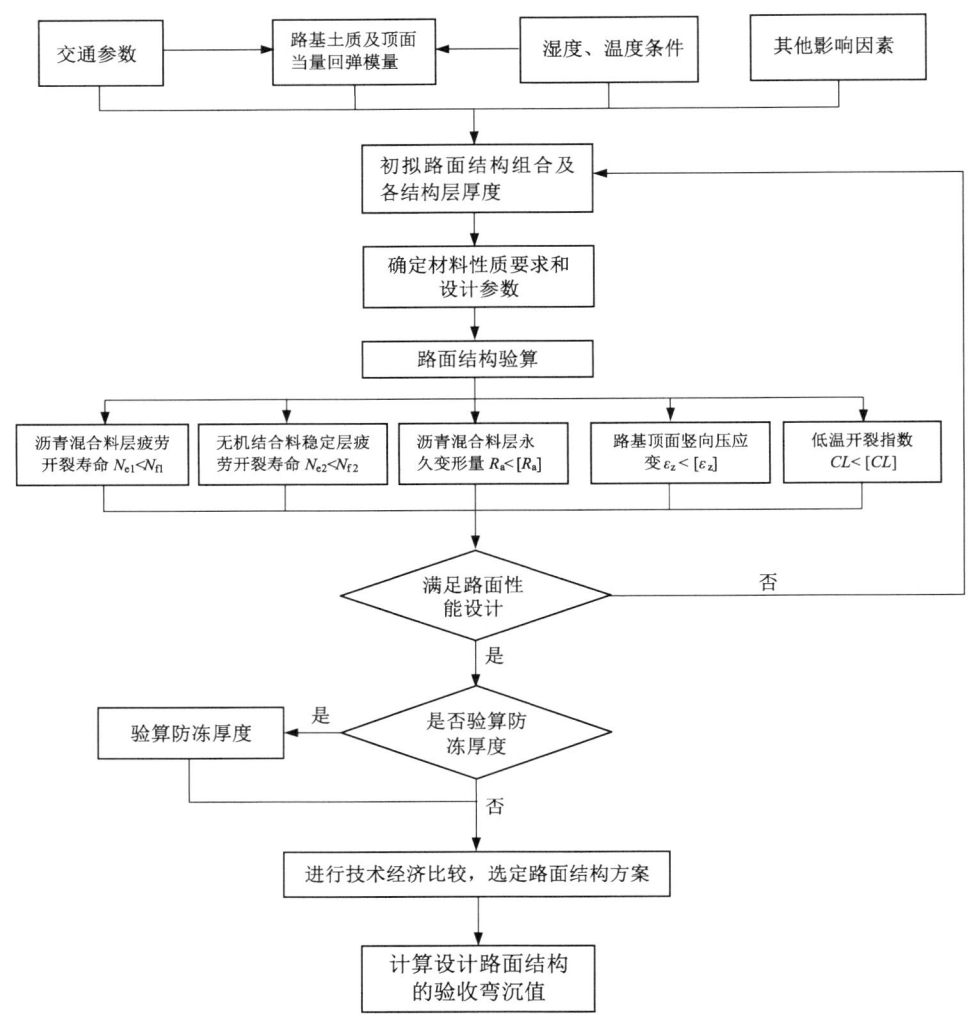

图 7-3　路面结构 179 验算流程图

7.6　沥青路面结构分析软件简介

"沥青路面结构分析软件"是一款基于 B/S 架构的网页版沥青路面分析与设计系统软件,用户可登录好路网(www.goodpave.com)使用该软件。该软件根据《沥青路面设计规范》(JTG D50—2017)开发,用户可以在任何接入互联网的计算机终端使用该软件,通过在浏览器上打开软件,录入沥青路面结构、材料、交通、环境等相关参数,便可进行沥青路面结构的分析与设计。

打开软件后,首先显示系统的项目列表页,该页面上列出了当前用户的所有项目。用户可以新建项目,或对已有项目进行修改、删除、另存、条件搜索等操作,并可以将选定的项目共享给其他用户,以便于不同用户之间进行技术交流。

软件共包括 5 个模块:"项目基本信息""交通参数""结构与材料参数""环境参数"和"分

析及计算书下载”。其中，“交通参数”模块下又有“一般交通参数”“轴重及当量轴载换算参数”两个子模块。图 7-4 所示为软件界面。每个模块前都有一个标识模块数据是否完整、正确的显示灯，当显示灯为红色时，表示该模块中输入的数据不完整或有错误，需要用户进行检查修改。当所有模块前面的显示灯为绿色时，表明可以对该项目进行计算分析。

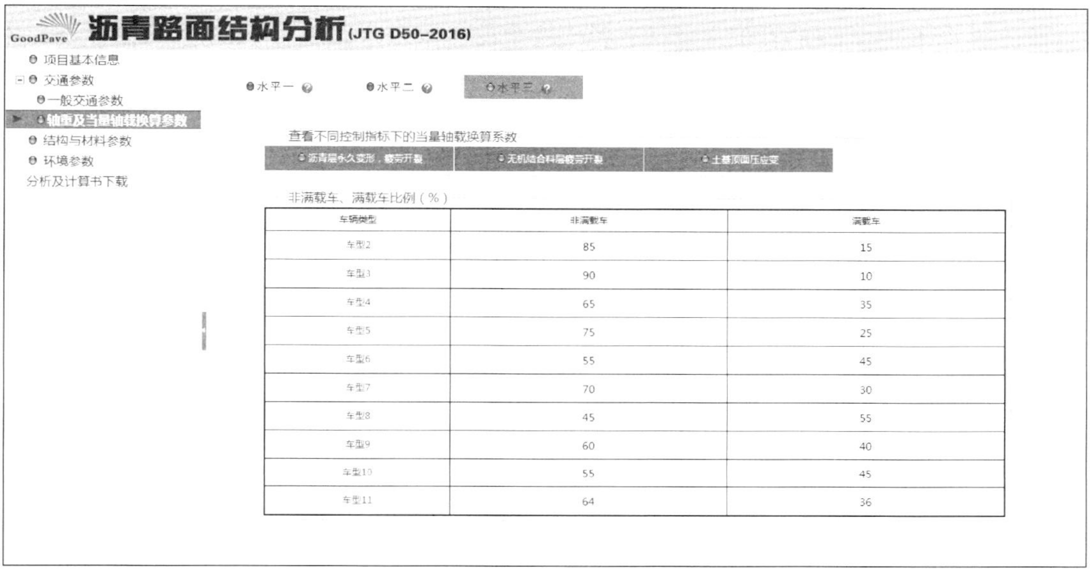

车辆类型	非满载车	满载车
车型2	85	15
车型3	90	10
车型4	65	35
车型5	75	25
车型6	55	45
车型7	70	30
车型8	45	55
车型9	60	40
车型10	55	45
车型11	64	36

图 7-4　沥青路面结构分析软件界面

在每一个输入页面上，根据输入数据的属性进行分类，每一类数据的标题后面带有一个帮助提示符，点击该提示符就显示该类数据的说明信息。用户在界面进行参数录入时，当鼠标移动到某个参数上时，系统会自动显示该参数的帮助信息，对该参数的意义及取值等方面进行提示。当用户输入的数据有误时，系统会自动提示录入错误，并提出修改建议。对于表格类数据的输入，用户可以从 Excel 表格中拷贝数据，然后粘贴到输入界面相应的位置。

“沥青路面结构分析软件”的详细介绍见其使用手册，软件各模块功能与参数简介如下：

“项目基本信息”模块：用户在该模块下输入“项目文件名”“设计项目名称”“公路等级”“公路路面设计类型”等项目信息。

“一般交通参数”模块：用户在该模块下输入“AADTT”“交通增长率”“方向系数”“车道系数”和“车辆类型分布系数”等参数。要求“车辆类型分布系数”中所输入数据之和为 100。

“轴重及当量轴载换算参数”模块：用户可以针对不同的输入水平，在该模块下输入“轴载谱”“平均轴数”“不同控制指标下的当量轴载换算系数”“非满载车、满载车比例”等参数。在“水平一”下输入轴载谱时，用户可以通过导入外部 Excel 文件来直接输入数据，并且提供了下载 Excel 文件模板的链接。要求不同车型、不同轴型的轴载谱之和为 100。对于每一类型的车辆，要求非满载车、满载车比例之和为 100。不满足这些要求时，系统会自动提示错误信息。

"结构与材料参数"模块：用户可以通过增加或删除结构层来建立拟分析的路面结构，并通过"编辑参数"页面录入各结构层的相关材料参数。

"环境参数"模块：用户可以输入与路面结构设计相关的环境参数，如"基准路面结构温度调整系数""季节性冻土地区调整系数"等，还可以根据设计项目的具体要求，输入"贯入强度验算""沥青层低温开裂验算"和"防冻厚度验算"的相关参数。

"分析及计算书下载"模块：当以上各模块中的参数录入完成后（显示灯均为绿色），用户可以在该模块下进行路面结构的分析计算。分析完成后，此页面会显示出路面设计的分析结果列表，包括路面结构的验算内容和验算结果，并自动判断是否满足规范要求。该页面同时给出了路表和路基顶面的验收弯沉值，以及针对该项目的优化设计建议，以供用户参考。用户还可以生成计算报告并下载，计算报告是该项目的详细计算分析过程与结果。

"沥青路面结构分析软件"作为一款方便、高效的分析、设计与研究的工具，借助当前快速发展的互联网技术，为广大业界人员免费提供服务。

7.7 验算示例

算例1：水泥稳定碎石基层沥青路面结构

1. 工程概况

东北地区某高速公路，设计车速 100 km/h，设计使用年限 15 年。所在地区自然区划属Ⅱ-2区，沥青路面气候分区属2-2区，年均降雨量 607 mm，年平均气温 11.6℃，月平均气温最低为 -3.2℃，月平均气温最高为 24.8℃，多年最低气温为 -20℃。

2. 交通参数

详见 2.5.2 节交通参数示例。

3. 初拟路面结构方案

结合工程经验，初拟水泥稳定碎石基层沥青路面结构列于表 7-3，其中水泥稳定碎石基层厚度分别取 340 mm，360 mm 和 380 mm。

表 7-3　　　　　　　　　初拟水泥稳定碎石基层沥青路面结构

结构层	材料类型	厚度/mm
面层	AC13（SBS改性沥青）	40
面层	AC20（90号道路石油沥青）	60
面层	AC25（90号道路石油沥青）	80
基层	水泥稳定碎石	340/360/380
底基层	级配碎石	180

4. 路基和结构层材料参数

（1）路基顶面回弹模量

路基为受气候影响的干燥类，土质为低液限黏土。参考《公路路基设计规范》（JTG

D30—2015），低液限黏土路基标准状态下回弹模量取 70 MPa，回弹模量湿度调整系数 k_s 取 0.95，干湿与冻融循环作用折减系数 k_η 取 0.80，则经过湿度调整和干湿与冻融循环作用折减的路基顶面回弹模量为 53 MPa，满足表 1-9 的规定。

（2）级配碎石底基层模量

根据试验测定结果，经湿度调整后，级配碎石底基层模量为 300 MPa。

（3）水泥稳定碎石基层模量和弯拉强度

根据试验测定结果，水泥稳定碎石材料的弹性模量为 24 000 MPa，乘以结构层模量调整系数 0.5，水泥稳定碎石基层模量为 12 000 MPa，弯拉强度为 1.8 MPa。

（4）沥青面层模量

根据试验测定结果，20℃、10 Hz 时，SBS 改性沥青 AC13 表面层模量为 11 000 MPa，90 号道路石油沥青 AC20 中面层和 AC25 下面层模量为 10 000 MPa。

（5）泊松比

根据相关研究结果，路基泊松比取 0.40，级配碎石底基层泊松比取 0.35，沥青混合料面层和水泥稳定碎石基层泊松比取 0.25。

5. 路面结构验算

根据表 7-2，本工程需要验算的设计指标为无机结合料基层层底拉应力和沥青混合料层永久变形量。当项目处于季节性冻土地区时，还需进行低温开裂指数验算。

（1）水泥稳定碎石基层层底应力

根据结构层厚度和力学参数，采用弹性层状体系理论，计算得到水泥稳定碎石基层厚度为 340 mm，360 mm 和 380 mm 时的层底拉应力，列于表 7-4。

表 7-4　　　　　　　　　　水泥稳定碎石基层层底拉应力计算结果

水泥稳定碎石基层厚度/mm	340	360	380
拉应力/MPa	0.269	0.251	0.236

根据表 1-5，高速公路目标可靠指标 β 取 1.65。

根据气象资料，工程所在地区冻结指数 F 为 242℃·d，季节性冻土地区调整系数 k_a 取 0.95。

当水泥稳定碎石基层厚度为 340 mm，360 mm 和 380 mm 时，现场综合修正系数 k_c 分别为 -1.201，-1.239 和 -1.271。

工程所在地区的基准路面结构温度调整系数 $\hat{k}_{T2}=1.16$。根据表 7-3 初拟路面结构和路面结构层材料参数，根据 3.2.4 节中的方法计算得到水泥稳定碎石厚度为 340 mm，360 mm 和 380 mm 时，路面结构的温度调整系数 k_{T2} 分别为 1.25，1.22 和 1.19。

根据表 6-3，疲劳开裂模型参数 $a=13.24$，$b=12.52$。

根据以上参数，按式（6-18）计算不同基层厚度时水泥稳定碎石基层疲劳开裂寿命，列于表 7-5。根据 2.5.2 节交通参数示例，对应于无机结合料层层底拉应力的当量设计轴载累计作用次数为 1.91×10^9 次，水泥稳定碎石基层厚度为 380 mm 时，基层疲劳开裂寿命可满足设计要求，故基层厚度取 380 mm。

表 7-5　　　　　　　　　　　　水泥稳定碎石基层疲劳开裂寿命

水泥稳定碎石基层厚度/mm	340	360	380
疲劳开裂寿命/次	1.29×10^9	1.59×10^9	1.95×10^9

（2）沥青混合料层永久变形量

在试验温度为 60℃、压强为 0.7 MPa、加载次数为 2 520 次时，三种沥青混合料的车辙试验变形深度 R_0 见表 7-6。

表 7-6　　　　　　　　　　　　沥青混合料 R_0 取值

材料类型	改性沥青 AC13	道路石油沥青 AC20	道路石油沥青 AC25
车辙试验总变形深度 R_0/mm	2.5	5.0	5.1

根据式(3-40)，基准等效温度 $T_\xi=18.2℃$，代入 T_ξ 和沥青混合料层厚度 $h_a=180$ mm，由式(3-41)计算得到沥青混合料层永久变形等效温度为 21.1℃。

根据分层方法，将沥青混合料层分为 7 个分层：

① 40 mm 改性沥青 AC13 表面层，分为 10 mm＋15 mm＋15 mm，共三层；
② 60 mm 道路石油沥青 AC20 中面层，分为 20 mm＋20 mm＋20 mm，共三层；
③ 80 mm 道路石油沥青 AC25 下面层，作为一层。

分别计算设计荷载作用下各分层顶部的竖向压应力，以上 7 个分层的压应力分别标识为 $p_1\sim p_7$，结果列于表 7-7。

表 7-7　　　　　　不同分层顶部压应力计算结果　　　　　　（单位：MPa）

p_1	p_2	p_3	p_4	p_5	p_6	p_7
0.70	0.70	0.69	0.67	0.62	0.55	0.48

根据式(6-27)和式(6-28)，$h_a=180$ mm 时，$d_1=-4.15$，$d_2=0.66$。根据以上分层方法和式(6-26)规定的取值规则，自上而下各分层的中点深度取值分别为 15 mm，17.5 mm，32.5 mm，50 mm，70 mm，90 mm 和 140 mm，根据 d_1 和 d_2 的计算结果，代入规范中式 (B.3.2-2)，可得到 7 个分层的永久变形修正系数取值(表 7-8)，分别以 $k_{R1}\sim k_{R7}$ 表示。

表 7-8　　　　　　　　　　　各分层修正系数 k_{Ri} 计算结果

k_{R1}	k_{R2}	k_{R3}	k_{R4}	k_{R5}	k_{R6}	k_{R7}
3.80	4.57	7.11	7.36	6.22	4.74	1.94

根据 2.5.2 节交通参数示例，对应于沥青混合料层永久变形量的当量设计轴载累计作用次数为 2.74×10^7 次。

根据以上参数，根据式(6-25)计算 7 个分层的永久变形量，分别以 $R_{a1}\sim R_{a7}$ 表示，第 1～7 层的永久变形量分别为 $R_{a1}=0.7$ mm，$R_{a2}=1.2$ mm，$R_{a3}=1.8$ mm，$R_{a4}=3.9$ mm，$R_{a5}=2.9$ mm，$R_{a6}=1.8$ mm，$R_{a7}=2.4$ m。各层永久变形量累加得到沥青混合料层总永久变形量，$R_a=\sum_{i=1}^{7}R_{ai}=14.6$ mm，满足表 1-10 中容许变形量的要求。

根据式(6-29)和表 7-6 所列车辙试验变形深度 R_0 计算沥青混合料的动稳定度,取整后列于表 7-9,满足表 5-14 的规定。

表 7-9　　　　　　　　　　　　沥青混合料动稳定度

材料类型	改性沥青 AC13	道路石油沥青 AC20	道路石油沥青 AC25
动稳定度/(次·mm^{-1})	2 410	1 120	1 000

（3）路面低温开裂指数

根据气候条件,所在地区低温设计温度 $T=-20℃$。根据式(6-33),路基填料为低液限黏土,路基类型参数 $b=2$。表面层改性沥青在 $-10℃$ 条件下弯曲梁流变试验的劲度模量 $S_t = 300\ \text{MPa}$。沥青混合料层厚度 $h_a = 180\ \text{mm}$。

将上述参数代入式(6-33),低温开裂指数 $CI=1.7$,满足表 1-11 中对低温开裂指数的要求。

6. 路基顶面和路表验收弯沉值

确定路基顶面和路表验收弯沉值时,荷载与落锤式弯沉仪相同,荷载盘半径为 150 mm,荷载为 50 kN。

路基标准状态下回弹模量取 70 MPa,回弹模量湿度调整系数 k_s 取 0.95,则平衡湿度状态下的回弹模量为 66 MPa。采用弹性半空间体理论计算得到路基顶面验收弯沉值 $l_g = 248.1(0.01\ \text{mm})$。

采用表 7-3 拟定的路面结构以及各层结构模量值,路基顶面回弹模量采用平衡湿度状态下的回弹模型乘以模量调整系数 $k_1(k_1=0.5)$,数值为 33 MPa,根据弹性层状体系理论计算得到路表验收弯沉值 $l_a = 24.7(0.01\ \text{mm})$。

7. 设计结论

综合以上分析,满足无机结合料层疲劳开裂、沥青混合料容许永久变形量和沥青面层低温开裂要求的路面结构设计结果汇总于表 7-10。

表 7-10　　　　　　　　　　沥青路面结构组合与结构层模量

结构层	材料类型	厚度/mm	结构层模量/MPa
面层	AC13(SBS 改性沥青)	40	11 000
面层	AC20(90 号道路石油沥青)	60	10 000
面层	AC25(90 号道路石油沥青)	80	10 000
基层	水泥稳定碎石	380	12 000
底基层	级配碎石	180	300
路基			53

水泥稳定碎石材料 90 d 弯拉强度不小于 1.8 MPa,并宜不大于 2.0 MPa。

表面层改性沥青低温性能应满足 5.5.1 节的规定。

沥青混合料低温弯曲试验的破坏应变应符合表 5-13 的有关规定。

改性沥青 AC13 动稳定度不小于 2 400 次/mm,道路石油沥青 AC20 动稳定度不小于 1 120 次/mm,道路石油沥青 AC25 动稳定度不小于 1 000 次/mm。

沥青混合料的贯入强度宜符合 5.5.1 节的规定。

沥青混合料的水稳定性要求应符合表 5-15 的规定。

设计沥青路面结构的路基顶面验收弯沉值为 248.1(0.01 mm),路表验收弯沉值为 24.7(0.01 mm)。

(其他要求从略)

算例 2：级配碎石基层沥青路面结构

1. 工程概况

华中地区某二级公路,全长 60 km,设计车速 80 km/h,设计年限 12 年。所在地区为暖温带大陆性气候,自然区划属 Ⅱ-5 区,沥青路面气候分区属 1-3 区,年均降雨量 641 mm,年平均气温 14.3℃,月平均气温最低 0.1℃,月平均气温最高 27.5℃。

2. 交通参数

参照 2.5.3 节交通参数示例。

3. 初拟路面结构方案

结合工程经验,初拟路面结构见表 7-11,沥青混合料层厚度分别为 100 mm、120 mm 和 140 mm。

表 7-11　　　　　　　　　　初拟级配碎石基层沥青路面结构

结构层	材料类型	厚度/mm
面层	AC13(90 号道路石油沥青)	40
面层	AC25(90 号道路石油沥青)	60/80/100
基层	级配碎石	300
底基层	级配碎石	200

4. 路基和结构层材料参数

(1) 路基顶面回弹模量

参考《公路路基设计规范》(JTG D30—2015),黏土质砂路基标准状态下的回弹模量取 75 MPa,湿度调整系数 k_s 取 1.1,干湿与冻融循环作用折减系数 k_η 取 0.85,则经过湿度调整和干湿与冻融循环作用折减的路基顶面回弹模量为 70 MPa,满足表 1-9 的规定。

(2) 级配碎石层模量

根据表 5-10,经湿度调整后,级配碎石基层模量取 500 MPa,级配碎石底基层模量取 300 MPa。

(3) 沥青混合料层模量

根据表 5-17,20℃、10 Hz 时,90 号道路石油沥青 AC13 表面层模量取 9 000 MPa,

AC25 下面层模量取 10 000 MPa。

（4）泊松比

根据相关研究结果，路基泊松比取 0.40，沥青混合料层泊松比取 0.25，级配碎石基层和底基层泊松比取 0.35。

5. 路面结构验算

根据表 7-2，需要验算的设计指标为沥青混合料层层底拉应变、沥青混合料层永久变形量和路基顶面竖向压应变。

（1）沥青混合料层层底拉应变

采用弹性层状体系理论，计算沥青混合料层厚度为 100 mm，120 mm 和 140 mm 时沥青混合料层层底拉应变，结果列于表 7-12。

表 7-12　　　　　　　　　沥青混合料层层底拉应变计算结果

沥青混合料层厚度/mm	100	120	140
拉应变/$\mu\varepsilon$	119.6	103.9	91.3

根据表 1-5，二级公路目标可靠指标 β 取 1.04。

工程所在地区不是季节性冻土地区，季节性冻土地区调整系数 k_a 取 1.0。

根据工程所在地区，按式(3-40)计算得到基准路面结构温度调整系数为 1.18，按 3.2.4 节中的方法计算沥青混合料层厚度分别为 100 mm，120 mm 和 140 mm 时，温度调整系数 k_{T1} 分别为 1.01，1.05 和 1.08。

根据常用的 AC25 型混合料的配合比设计情况，沥青饱和度 VFA 取 65%。

根据以上参数，按式(6-12)计算不同沥青混合料层厚度时沥青混合料层疲劳开裂寿命（表 7-13）。参照 2.5.3 节交通参数示例，对应于沥青混合料层层底拉应变的当量设计轴载累计作用次数为 7.5×10^6 次，按二级公路和设计年限 12 年重新计算，沥青混合料层厚度取 120 mm 时沥青混合料层疲劳开裂寿命可满足要求，故面层厚度取 120 mm。

表 7-13　　　　　　　　　沥青混合料层疲劳开裂寿命

沥青混合料层厚度/mm	100	120	140
疲劳开裂寿命/次	6.01×10^6	9.63×10^6	1.44×10^7

（2）沥青混合料层永久变形量

在试验温度为 60℃、压强为 0.7 MPa、加载次数为 2 520 次时，三种沥青混合料的车辙试验变形深度 R_0 见表 7-14。

表 7-14　　　　　　　　　沥青混合料 R_0 取值

材料类型	改性沥青 AC13	道路石油沥青 AC25
车辙试验总变形深度 R_0/mm	4.5	4.5

根据式(3-40)计算基准等效温度 $T_\xi=20.9℃$,代入 T_ξ 和沥青混合料层厚度 $h_a=120$ mm,由式(3-41)计算得到沥青混合料层永久变形等效温度为 22.8℃。

根据分层方法,将沥青混合料层分为 7 个分层:

① 40 mm 道路石油沥青 AC13 表面层,分为 10 mm+15 mm+15 mm,共三层;

② 80 mm 道路石油沥青 AC25 下面层,分为 20 mm+20 mm+20 mm+20 mm,共四层。

分别计算设计荷载作用下各分层顶部的竖向压应力,以上 7 个分层的压应力分别标识为 $p_1 \sim p_7$,结果列入表 7-15。

表 7-15　　　　　　　　　不同分层顶部压应力计算结果

分层	p_1	p_2	p_3	p_4	p_5	p_6	p_7
压应力/MPa	0.70	0.69	0.66	0.59	0.47	0.33	0.21

根据式(6-27)和式(6-28),$h_a=120$ mm 时,$d_1=-6.63$,$d_2=0.73$。根据以上分层方法和式(6-26)规定的取值规则,自上而下各分层的中点深度取值分别为 15 mm,17.5 mm,32.5 mm,50 mm,70 mm,90 mm 和 110 mm,根据 d_1 和 d_2 的计算结果,代入规范中式(B.3.2-2),可得到 7 个分层的永久变形修正系数取值(表 7-16),分别以 $k_{R1} \sim k_{R7}$ 表示。

表 7-16　　　　　　　　　各分层修正系数 k_{Ri} 计算结果

分层	k_{R1}	k_{R2}	k_{R3}	k_{R4}	k_{R5}	k_{R6}	k_{R7}
修正系数	2.90	3.84	7.08	7.67	6.62	5.10	3.68

参照 2.5.3 节交通参数示例,按二级公路和设计年限 12 年重新计算,对应于沥青混合料层永久变形量的当量设计轴载累计作用次数为 7.5×10^6 次。

根据以上参数,按式(6-25)计算 7 个分层的永久变形量,分别以 $R_{a1} \sim R_{a7}$ 表示,第 1 层至第 7 层的永久变形量分别为 $R_{a1}=0.6$ mm,$R_{a2}=1.2$ mm,$R_{a3}=2.0$ mm,$R_{a4}=2.4$ mm,$R_{a5}=1.3$ mm,$R_{a6}=0.5$ mm,$R_{a7}=0.2$ mm。各层永久变形量累加得到沥青混合料层总永久变形量,$R_a = \sum_{i=1}^{7} R_{ai} = 8.2$ mm,满足表 1-10 中容许变形量的要求。

根据式(6-29)和表 7-14 所列车辙试验变形深度 R_0 计算沥青混合料的动稳定度,取整后列于表 7-17,满足表 5-14 的规定。

表 7-17　　　　　　　　　沥青混合料动稳定度技术要求

材料类型	道路石油沥青 AC13	道路石油沥青 AC25
动稳定度/(次·mm^{-1})	1 010	1 010

(3) 路基顶面竖向压应变

根据工程所在地区,按式(3-40)计算得到基准路面结构温度调整系数为 1.02,根据初拟路面结构和路面结构层材料参数,按式(3-43)计算得到温度调整系数 k_{T3} 为 0.91。参照

2.5.3节交通参数示例,按二级公路和设计年限 12 年重新计算,对应于路基顶面竖向压应变的当量设计轴载累计作用次数为 1.27×10^7 次。

根据以上参数,按式(6-31)计算得到路基顶面容许竖向压应变值 ε_z 为 323.5 $\mu\varepsilon$。采用弹性层状体系理论,计算沥青混合料层厚度为 120 mm 时,路基顶面竖向压应变为 244.1 $\mu\varepsilon$,满足路基顶面容许竖向压应变要求。

6. 路基顶面和路表验收弯沉值

确定路基顶面和路表验收弯沉值时,荷载与落锤式弯沉仪相同,荷载盘半径为 150 mm,荷载为 50 kN。路基标准状态下的回弹模量取 75 MPa,湿度调整系数 k_s 取 1.1,则平衡湿度状态下的回弹模量为 83 MPa。采用弹性半空间体理论计算得到路基顶面验收弯沉值 l_g = 200.0(0.01 mm)。

采用经过验算的结构层厚度以及各层结构模量值,路基顶面回弹模量采用平衡湿度状态下的回弹模型乘以模量调整系数 k_1(k_1=1.0),取值为 83 MPa,根据层间连续弹性层状体系理论计算得到路表验收弯沉值 l_a = 35.8(0.01 mm)。

7. 设计结论

综合以上分析,满足沥青层疲劳开裂、沥青混合料永久变形量和路基顶面竖向压应变要求的路面结构设计结果汇总于表 7-18。

表 7-18　　　　　　　沥青路面结构组合与结构层模量

结构层	材料类型	厚度/mm	结构层模量/MPa
面层	AC13(90 号道路石油沥青)	40	9 000
	AC25(90 号道路石油沥青)	100	10 000
基层	级配碎石	300	500
底基层	级配碎石	200	300
路基			70

道路石油沥青 AC13 和道路石油沥青 AC25 的动稳定度不小于 1 000 次/mm。

沥青混合料的贯入强度宜符合 5.5.1 节的规定。

沥青混合料的水稳定性要求应符合表 5-15 的规定。

设计沥青路面结构的路基顶面验收弯沉值为 200.0(0.01 mm),路表验收弯沉值为 35.8(0.01 mm)。

(其他要求从略)

第 8 章
改建设计

8.1 总体要求

8.1.1 改建设计主要内容与原则

区别于公路路面日常养护、预防性养护和局部维修等,改建设计主要是针对路面结构性能不足的补强设计,如公路改建工程中既有路面的补强等。

改建设计的主要内容包括气候条件和交通荷载分析、既有路面状况调查分析、既有路面处理和加铺方案设计、改建路面结构验算等。

改建设计应在充分调查既有路面状况和深入分析路面损坏原因的基础上进行。在保证改建设计可靠性的前提下,应充分利用既有路面的结构性能,避免不必要的开挖、铣刨;对开挖或铣刨的既有路面材料,应积极再生利用。对于改建施工时不中断交通的项目,改建设计应与交通组织设计和施工组织设计相结合。

8.1.2 交通组织设计

当改建施工中无法中断交通时,交通组织设计、施工组织设计和改建方案是相互影响的。合理的交通组织设计和施工组织设计是保障施工安全、质量和进度的前提。交通组织设计应兼顾交通安全、施工安全和改建施工实施的可行性;应尽量缩短单幅双向通行的时间,以降低事故风险、减少交通拥堵;设置合理的封闭车道路段(施工路段)长度,以保证施工连续性。

8.1.3 动态设计

由于既有路面状况复杂且受限于设计阶段的调查条件,设计阶段的调查难以准确掌握每个路段的实际路况。工程实施阶段具备更好的路况调查条件,需逐段详细调查、复核既有路面状况。现场路况与设计阶段调查有偏差时,需调整相应段落的改建方案。

8.2 既有路面调查与分析

8.2.1 调查目的

既有路面调查的目的是分析既有路面结构层结构性能和材料性能状况,记录路面损坏分布位置,判断损坏产生的深度(层位),分析损坏产生的原因。

8.2.2 调查内容

（1）既有路面及其排水设施的设计、施工及历史养护维修情况等技术资料。目的是结合这些资料分析路面损坏产生的原因，并根据历史养护维修情况初步判断路面的主要损坏类型及其处治措施的有效性。

（2）调查分析交通量、轴载组成和增长率等交通荷载参数。改建工程具备实测交通参数的条件，高速公路和一级公路应采用第 2 章"水平一"分析交通参数；二级及以下公路，宜尽量实测交通参数。

（3）路面损坏状况，包括路面损坏类型、严重程度、位置和数量等。损坏调查是既有路面调查的核心。通过调查不同类型损坏的数量分布，总结提出既有路面的 1~3 种主要损坏类型，作为损坏原因深入分析和处治的主要目标。损坏位置（桩号、左幅、车道）应记录准确，可采用汇总表结合损坏分布图的形式记录损坏信息，以方便施工时对照图表进行损坏处治。

图 8-1 为某项目路面不同类型损坏折算面积对比图，可见横向裂缝、松散类损坏和拥包三类损坏的折算面积约占损坏总折算面积的 85%，是既有路面损坏处治的重点。

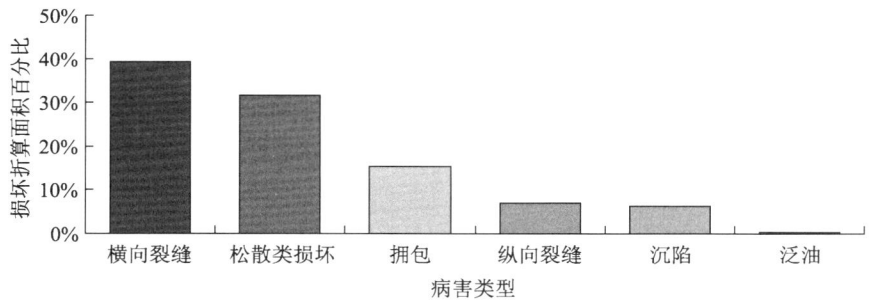

图 8-1　路面损坏类型分布

（4）采用落锤式动态弯沉仪或其他弯沉仪检测评价既有路面结构承载能力。落锤式动态弯沉仪的弯沉盆数据可用以反算路面结构层和路基模量，且检测速度快，对交通影响小，有条件时应尽量采用。路表弯沉值与无机结合料稳定类基层的结构性破坏有一定关联，改建项目中常以路表弯沉值作为判别无机结合料稳定类基层是否发生结构性破坏的指标之一。因此，有条件时可按照一定的频率，在弯沉检测点位处取芯，分析基层芯样完整性（或强度）与路表弯沉值的关联性，提出对应基层破坏的弯沉临界值。

（5）采用钻芯、探坑、切块等方式，调查分析既有路面厚度、层间结合及损坏程度情况，并取样进行室内试验，测定试件模量、强度等，分析路面材料组成、衰减情况和损坏原因。

图 8-2　横向裂缝处芯样照片

对上述第 3 条确定的主要损坏类型,应注意加大频率、重点调查。以图 8-1 所列三种主要损坏为例,图 8-2 为横向裂缝处芯样照片,裂缝从水泥稳定碎石基层贯通至路表,裂缝产生的原因显然是反射裂缝。

图 8-3 为网裂处取芯,开裂只发生在 4 cm 厚的表面层,为自上而下开裂,即所谓的"TOP-DOWN"裂缝。

图 8-4 为拥包处取芯,在 4 cm 加铺层底部有明显滑动面,由于加铺层与既有路面间黏结不足导致推移,出现拥包。

图 8-3 网裂处芯样照片

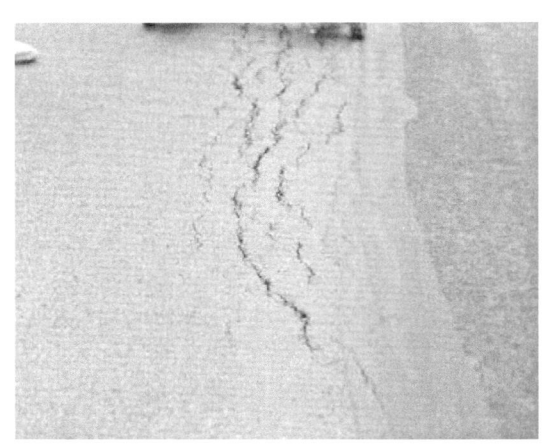

图 8-4 拥包处芯样照片

(6) 有条件时,可在取芯分析的基础上,采用雷达技术,连续检测路面结构层厚度、脱空及开裂情况。需注意采用取芯等方式对雷达检测结果进行验证或标定。

(7) 对因路基问题导致路面损坏的路段,取样调查路基土质类型、含水率和 CBR 值等,分析路基稳定性和承载力等。对于路面改建设计中路基调查深度,各地做法不一。建议首先结合现场踏勘和前述路面的调查情况,初步分析是否存在路基造成路面损坏的问题,存在此类问题时,应对路基进行深入调查。

(8) 调查沿线气候条件、地下水位及路基路面排水状况。该项为改建设计的环境因素调查。气候条件和地下水位资料可从当地气象部门和既有路面设计图中获得。路基、路面排水状况调查需结合现场踏勘、既有路面设计图和向管养部门了解等多种方式。

(9) 调查沿线跨线桥、隧道净空要求及其他影响路面改建设计的因素。上跨结构的净空、沿线结构的承载能力等是加铺层厚度的约束条件。其他影响因素包括所在路网的交通分流条件、沿线路面材料的分布和品质等。

8.2.3 调查结果分析

1. 路况评价指标

现行《公路技术状况评定标准》(JTG 5210—2018)和《公路养护技术规范》(JTG H10—2009)规定的路况评价指标包括路面损坏状态指数 PCI、路面行驶质量指数 RQI、路面车辙深度指数 RDI、路面抗滑性能系数 SRI、路面结构强度系数 $PSSI$ 等。其中 PCI 可以综合反映路面的损坏状况,是用以评价路面状况的最常用指标,但无法反映具体损坏的集中程度。改建设计时,往往需要根据具体损坏集中程度制定对应的处治方案,需要分析不同类型损坏集中程度与路面结构性能之间的关系等。综合反映路面损坏状况的指标显然是不够的。因此,除上述指标外,建议增加路面裂缝间距、纵向裂缝率、网裂面积率和修补面积率等针对性的具体损坏指标。

2. 路况评价单元

路况数据应分幅别、分车道进行整理,可根据路况分段进行路况评价。最小评价单元需结合不同路段路况的变化情况和改建方案的最小施工段落长度确定。建议先按100 m或50 m 作为最小评价单元,然后根据最小施工段落长度并考虑施工的连贯性进行段落归并。

3. 无机结合料稳定基层结构性破坏的判断指标

对于无机结合料稳定基层沥青路面,改建设计中需要评估基层结构状态,即判别基层是否出现了结构性破坏。在设计阶段,无机结合料稳定基层破坏一般通过路表损坏密度和路表弯沉值两项指标初步判别。

路面结构层不同时,基层破坏与路表损坏密度和弯沉值之间的相关关系有一定差异。建议通过一定数量的取芯工作,分析基层芯样结构状态(完整性、强度等)与路表损坏密度和弯沉值的相关关系,针对性地提出判别基层结构状态的指标。

表 8-1 为以往部分工程中采用的判别无机结合料稳定基层是否出现结构性破坏的指标,满足所列指标之一时,即认为基层出现了结构性破坏。

表 8-1 无机结合料稳定基层结构性破坏判别指标

编号	指标	范围	编号	指标	范围
1	路面破损率/%	≥10	4	修补面积率/%	≥10
2	裂缝间距/m	≤15	5	路表弯沉	大于弯沉临界值
3	网裂面积率/%	≥10			

表中弯沉临界值为通过实测路表弯沉值并对相应弯沉检测点钻取芯样,根据芯样完整性和强度与路表弯沉值的相关关系,分析对应无机结合料稳定基层结构性破坏的弯沉临界值。表 8-2 为部分项目采用的弯沉临界值。

表 8-2　　　　　　　　　　　相关项目弯沉临界值

项目名称	弯沉临界值/0.01 mm
连霍高速西安至宝鸡段改扩建	29
连霍高速西安至潼关段改扩建	25/28
沈大高速公路改扩建	50
梨温高速改扩建	50
京港澳高速安阳到新乡段改扩建	27
沪宁高速江苏段改扩建	30

由于影响因素多、路面结构状况复杂,设计阶段所采用的指标,只能大致确定基层结构性破坏的路段位置,施工过程中需加强二次判定。判定工作可采用现场取芯方式,根据芯样完整性或强度判断对应路段是否发生了结构性破坏,或者结合路面铣刨工作,将上层铣刨后,现场根据外观等分析下层的开裂情况。图 8-5 为一路表弯沉值超过临界值的路段,沥青面层铣刨后,无机结合料稳定层的开裂情况。

图 8-5　沥青面层铣刨后无机结合料稳定层开裂情况

4. 损坏原因分析和状态评估

路面损坏的原因、层位、破坏程度、发展趋势和可利用程度是确定既有路面处治方案的重要依据,需根据路面状况及相关影响因素,系统分析具体工程损坏产生的原因和发展趋势。根据损坏产生的层位和严重程度,结合交通荷载状况、气候条件和拟采用的改建方案,判断既有路面结构层可否继续利用,并分析如何利用。

5. 路面数据的成果形式

路况数据可通过表、图两种方式汇总。汇总表便于进行工程量统计,损坏分布图便于施工中根据桩号查找损坏。

8.3 改建方案

改建设计包括既有路面处治方案设计和加铺方案设计。

8.3.1 既有路面处治

路面未发生结构性破坏且路表损坏密度不大时,可采用局部损坏处治方案,即针对损坏部位和类型进行局部处治。路面损坏密度较大时,损坏处治工作量大且处治后路面性能整体性下降较多,或当较长段落路面发生结构性破坏时,需采用整体性处理方式。

局部损坏处治路段与整体性处理路段的划分标准根据具体项目情况会有一定差异。公路等级、交通参数、原路面结构状况、路面整体加铺厚度等对划分标准都有影响。表 8-1 所列 5 项指标可作为参考,可在该表格所列指标的基础上,结合具体项目特点调整。

1. 局部损坏处理

局部损坏处理的工艺可以参考现行《公路养护技术规范》(JTG H10—2009)和《公路沥青路面养护技术规范》(JTG 5142—2019)。

2. 整体性处理

整体性处理主要包括直接采用较厚的结构层加铺、整段铣刨至某一结构层后加铺和就地再生后再加铺等方式。具体处理方式首先要服从项目的总体加铺方案,并兼顾结构的可靠性和施工的可行性。以下列出部分项目的整体性处理方案。

(1) 高速公路 A 改扩建工程

既有路面结构如表 8-3 所列。

表 8-3　　　　　　　　高速公路 A 改扩建工程既有路面结构

结构层编号	厚度/cm	材料类型
1	4	AC13
2	4	AC16
3	4	AC16
4	5	AC25
5	7	AM25
6	20	水泥稳定碎石
7	35	石灰土

该项目 1997 年通车,2008—2010 年进行改扩建。表 8-3 中第 1 层 AC13 和第 2 层 AC16 为通车后进行的两次罩面,第 3~7 层为建成之初的路面结构。加铺结构为 4 cm SMA13+6 cm AC20。

既有路面第 1，2 层发生结构性破坏或损坏过于密集时的改建方案列于表 8-4，该方案中为了保证施工连贯（避免拌合站频繁调配比），加铺结构第 2 层和第 3 层采用了相同的沥青混合料。

表 8-4　　　　　　　　　　　高速公路 A 改建结构 1

厚度/cm	材料类型	备注
4	SMA13	加铺层
6	AC20	加铺层
8	AC20	铣刨既有 4 cm AC13 和 4 cm AC16 后回填
4	AC16	既有路面结构层
5	AC25	既有路面结构层
7	AM25	既有路面结构层
20	水泥稳定碎石	既有路面结构层
35	石灰土	既有路面结构层

既有路面第 1～5 层发生结构性破坏或损坏过于密集时的改建方案列于表 8-5。

表 8-5　　　　　　　　　　　高速公路 A 改建结构 2

厚度/cm	材料类型	备注
4	SMA13	加铺层
6	AC20	加铺层
8	AC25	铣刨既有路面 4 cm AC13 和 4 cm AC16 后回填
16	AC25（2 层摊铺）	铣刨既有路面 4 cm AC16，5 cm AC25 和 7 cm AM25 后回填
20	水泥稳定碎石	既有路面结构层
35	石灰土	既有路面结构层

既有路面水泥稳定碎石层及其以上结构（第 1～6 层）发生结构性破坏或损坏过于密集时的改建方案列于表 8-6。

表 8-6　　　　　　　　　　　高速公路 A 改建结构 3

厚度/cm	材料类型	备注
4	SMA13	加铺层
6	AC20	加铺层
8	AC25	铣刨既有路面 4 cm AC13 和 4 cm AC16 后回填
16	AC25（2 层摊铺）	铣刨既有路面 4 cm AC16，5 cm AC25 和 7 cm AM25 后回填

厚度/cm	材料类型	备注
20	水泥稳定碎石	铣刨既有路面水泥稳定碎石层后回填
35	石灰土	既有路面结构层

(2) 高速公路 B 改扩建工程

该项目 2003 年通车,既有路面结构列于表 8-7,2013—2015 年进行改扩建。路面改建方案为既有路面处理后整体加铺 4 cm AC13。

表 8-7　　　　　　　　　　　高速公路 B 既有路面结构

结构层编号	厚度/cm	材料类型
1	4	AC13
2	6	AC20
3	7	AC25
4	36(34)	水泥稳定碎石
5	18	水泥石灰土/砂

既有路面第 1 层发生结构性破坏或损坏过于密集时的改建方案列于表 8-8。

表 8-8　　　　　　　高速公路 B 改扩建工程路面改建结构 1

厚度/cm	材料类型	备注
4	AC13	加铺层
6	AC20	铣刨既有路面 4 cm AC13＋2 cm AC20 后回填
4	AC20	既有路面结构层
7	AC25	既有路面结构层
36(34)	水泥稳定碎石	既有路面结构层
18	水泥石灰土/砂	既有路面结构层

既有路面第 1,2 层发生结构性破坏或损坏过于密集时的改建方案列于表 8-9。

表 8-9　　　　　　　高速公路 B 改扩建工程路面改建结构 2

厚度/cm	材料类型	备注
4	AC13	加铺层
10	AC20	铣刨既有路面 4 cm AC13＋6 cm AC20 后回填
7	AC25	既有路面结构层
36(34)	水泥稳定碎石	既有路面结构层
18	水泥石灰土/砂	既有路面结构层

既有路面第 1~3 层发生结构性破坏或损坏过于密集时的改建方案列于表 8-8。

表 8-10　　　　　　　　　高速公路 B 改扩建工程路面改建结构 3

厚度/cm	材料类型	备注
4	AC13	加铺层
6	AC20	铣刨既有路面 17 cm 沥青层后回填
11	AC25	
36(34)	水泥稳定碎石	既有路面结构层
18	水泥石灰土/砂	

既有路面水泥稳定碎石层及其以上结构（第 1~4 层）发生结构性破坏时的改建方案列于表 8-11。

表 8-11　　　　　　　　　高速公路 B 改扩建工程路面改建结构 4

厚度/cm	材料类型	备注
4	AC13	加铺层
6	AC20	铣刨既有路面 17 cm 沥青层后回填
11	AC25	
36(34)	水泥稳定碎石	铣刨既有路面水泥稳定碎石层后回填
18	水泥石灰土/砂	既有路面结构层

（3）高速公路 C 改扩建工程

该项目 1996 年通车，既有路面结构列于表 8-12，2004—2006 年进行改扩建。根据改扩建设计方案，既有路面整体平均抬高 4 cm，加铺 4 cm SMA13。

表 8-12　　　　　　　　　高速公路 C 扩建工程既有路面结构

结构层编号	厚度/cm	材料类型
1	4	AC16
2	6	AC25
3	6	AC25
4	40(36)	石灰粉煤灰碎石
5	20	石灰粉煤灰土

既有路面第 1，2 层发生结构性破坏或损坏过于密集时的改建方案列于表 8-13。

表 8-13　　　　　　　　　高速公路 C 改扩建工程路面改建结构 1

厚度/cm	材料类型	备注
4	SMA13	加铺层
10	SUP20	铣刨既有路面 4 cm AC16 和 6 cm AC25 后回填

(续表)

厚度/cm	材料类型	备注
6	AC25	既有路面结构层
40(36)	石灰粉煤灰碎石	
20	石灰粉煤灰土	

既有路面第1~3层发生结构性破坏或损坏过于密集时的改建方案列于表8-14。

表8-14　　　　高速公路C改扩建工程路面改建结构2

厚度/cm	材料类型	备注
4	SMA13	加铺层
8	SUP20	铣刨既有路面4 cm AC16和12 cm AC25后回填
8	SUP25	
40(36)	石灰粉煤灰碎石	既有路面结构层
20	石灰粉煤灰土	

既有路面第1~4层发生结构性破坏或损坏过于密集时的改建方案列于表8-15。

表8-15　　　　高速公路C改扩建工程路面改建结构3

厚度/cm	材料类型	备注
4	SMA13	加铺层
8	SUP20	铣刨既有路面4 cm AC16和12 cm AC25后回填
8	SUP25	
40(36)	水泥稳定碎石	铣刨既有路面40(36)cm石灰粉煤灰碎石后回填
20	石灰粉煤灰土	—

8.3.2　再生技术

根据施工方式,再生技术可分为就地冷再生、就地热再生、厂拌冷再生、厂拌热再生等。其中,就地热再生主要适用于结构性能良好路面的表层处理,多用于路面功能恢复或车辙处理,对路面结构性能影响不大;厂拌热再生混合料具有与新拌和混合料相当的性能,可用于加铺结构各沥青层;就地冷再生和厂拌冷再生多用于下面层及以下结构层,部分工程尝试用于中面层。

(1) 高速公路C改扩建工程

高速公路C改扩建工程既有路面铣刨材料主要采用乳化沥青厂拌冷再生和水泥厂拌冷再生两种方式。

部分沥青混合料铣刨料采用乳化沥青厂拌冷再生,用于新拼宽车道(22 km),路面结构列于表8-16。

表 8-16　　　　　高速公路 C 改扩建工程拼宽车道路面结构 1

厚度/cm	材料类型
4	SMA13
8	SUP20
8	SUP25
10	大粒径沥青碎石 LSM25
10	乳化沥青再生层
20	级配碎石
16	石灰粉煤灰碎石铣刨料再生层

该项目既有路面石灰粉煤灰碎石铣刨料与沥青混合料铣刨料或碎石混合,掺加 2% 的水泥,采用厂拌冷再生,用于路面底基层,路面结构列于表 8-17。

表 8-17　　　　　高速公路 C 改扩建工程拼宽车道路面结构 2

厚度/cm	材料类型
4	SMA13
8	SUP20
8	SUP25
40(38)	水泥稳定碎石
20	石灰粉煤灰碎石铣刨料再生层

(2) 其他工程再生方案

其他相关工程路面改建再生方案列于表 8-18。

表 8-18　　　　　相关工程路面改建铣刨材料再生利用方案

江西 昌九高速、九景高速	广东惠河高速	江西梨温高速	陕西西阎高速	成渝高速
4 cm SMA13	4 cm AC13	4 cm AC13	4 cm SMA13	4 cm SMA13
6 cm SUP20	8 cm GAC20	6 cm AC20	5 cm AC20	6 cm AC20
6 cm SUP25	7 cm AC25	—	—	—
12 cm 厂拌冷再生沥青混合料	15 cm 厂拌冷再生沥青混合料	18 cm 就地冷再生沥青混合料	15 cm 厂拌冷再生沥青混合料	30 cm 就地冷再生沥青混合料
无机结合料稳定材料基层	无机结合料稳定材料基层	无机结合料稳定材料基层	无机结合料稳定材料基层	无机结合料稳定材料基层

8.3.3　加铺方案

1. 既有路面结构状况较好时的加铺方案

既有路面结构状况较好时,一般对局部损坏处治后直接加铺,加铺层厚度通过结构验算确定。表 8-19 为相关工程路况较好路段的加铺方案。

表 8-19　相关工程路况较好路段的加铺方案

项目名称	加铺方案
高速公路 A 改扩建	4 cm SMA13＋6 cm AC20
高速公路 B 改扩建	4 cm AC13
高速公路 C 改扩建	4 cm SMA13
高速公路 D 改扩建	10 cm(4 cm SMA13＋6 cm AC20)
高速公路 E 改扩建	10 cm(4 cm SMA13＋6 cm AC20)

注：表中加铺厚度为平均厚度。

2. 既有路面结构状况较差时的加铺方案

既有路面结构状况较差，损坏集中或存在结构层碎裂情况时，可将既有路面铣刨至某一结构层或将既有路面就地再生后再加铺一层或多层改建方案，或在既有路面顶面直接设置较厚的加铺结构。

高速公路 F 改扩建中，对于路表弯沉值大于 50(0.01 mm)的路段，根据弯沉值大小，分别采取了不同的加铺方案，列于表 8-20。

表 8-20　高速公路 F 改扩建工程既有路面结构性破坏严重路段加铺方案

$50 \leqslant l_o < 120$	$l_o \geqslant 120$
4 cm SMA16(AK16)	4 cm SMA16(AK16)
6 cm AC20	6 cm AC20
8 cm AC30	8 cm AC30
28 cm 水泥稳定砂砾	35 cm 水泥稳定砂砾
既有路面	既有路面

8.3.4　其他技术要求

1. 加铺层与既有路面间的黏结

由于加铺层与既有路面材料的差异和施工因素的影响，加铺层与既有路面间较难形成有效黏结。对以往改建工程的调研表明，加铺层与既有路面间脱层是导致加铺层推移、网裂等损坏的重要原因，因此需重视加铺层与既有路面间黏结层和封层设计。具体措施包括：①采用改性乳化沥青或改性沥青（SBS 改性沥青、SBR 改性沥青、橡胶沥青等）；②适当提高黏结层或封层用量，乳化沥青类用量建议 $0.4 \sim 0.6$ kg/m²（折算为纯沥青），改性沥青类用量建议 $1.0 \sim 2.0$ kg/m²；③重视对既有路面处理，要求处理后的既有路面满足结构性能要求，且清洁、平整、干燥；④黏结层和封层施工完成后注意封闭交通，并及时施工罩面层。

改建工程坑槽修补时回填混合料与既有路面间，以及扩建项目拼宽车道路面与既有路面拼接处竖向界面的黏结也十分重要，处理不好容易造成拼缝处开裂，或沿拼缝处渗水导致路面破坏。竖向界面处理措施包括涂刷改性乳化沥青、设置止水带等，其中设置止水带效果较好，能形成有效黏结并具有封水效果。图 8-6 所示为竖向界面设置止水带的工艺，以及设置止水带后，在新铺路面与既有路面接缝部位的取芯情况。

图 8-6　新铺路面与既有路面竖向界面间设置止水带及接缝处芯样

2. 路面排水系统

既有路面排水系统失效或设置不当,可能导致路面内部排水不良,引起水损坏,表现为唧泥、松散、坑槽等。存在此类情况时,改建设计中需重新设置排水系统或采取措施提高原排水系统的排水能力。

对于修建时没有采取中分带封闭措施的工程,雨水可经由中分带渗入路基和路面结构层。改建设计时,应注意调查既有路面是否发生由于中分带渗水导致的水损坏,并检测路基含水量,如已出现上述损坏,改建时可采取封闭中分带、设置横向排水管或排水盲沟等措施降低渗水对路面的影响。

应结合现场踏勘,仔细分析边部排水和横向排水是否有效,存在排水效率不足(失效)等情况时,应采取疏通、增设排水设施等措施。

对于扩建项目,应注意拼宽车道与既有车道路面结构的协调,避免拼宽车道影响既有车道层间水的排出,同时应注意拼缝位置的防水,避免雨水经由拼接部位渗入路面结构层。图 8-7 举例说明拼宽车道与既有路面结构的不合理组合,图中既有路面结构级配碎石底基层为透水层,而拼宽车道路面结构对应的石灰土底基层为不透水层,内侧(路拱上游)级配碎石底基层的水向外侧(路拱下游)排出的途径受阻。

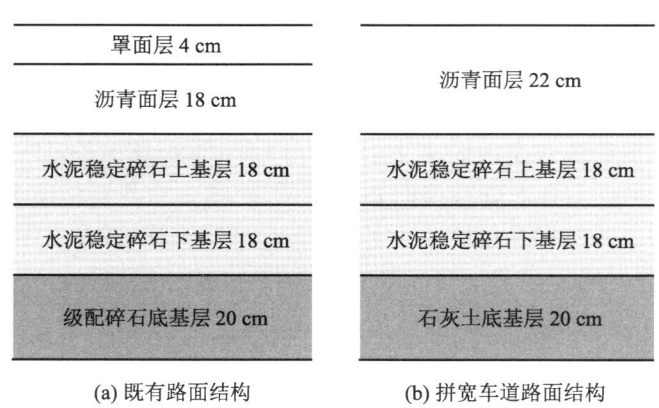

图 8-7　拼宽车道路面与既有路面的不合理组合

8.4 改建路面结构验算

8.4.1 改建路面结构验算原则

改建路面结构验算的整体要求是加铺层以及经处治后的既有路面结构在设计使用年限内的使用性能要求。

既有路面破损不严重且结构性能较好,采用直接加铺方案或铣刨至某一结构层再加铺方案时,应同时对既有路面结构层和加铺层进行结构验算。

既有路面破损严重或结构性能不足,无论直接加铺方案还是铣刨至某一结构层再加铺方案,应对加铺层进行结构验算。既有路面结构视为加铺结构的基础,不再验算其结构性能。

8.4.2 既有路面与加铺层设计参数

加铺层的设计参数应按新建路面结构确定。

既有路面破损不严重且结构性能较好时,设计使用年限内要求既有路面保持结构性能,需对其进行结构验算,此时既有路面结构层的设计参数应按下列要求确定:

(1) 将既有路面简化为由沥青混合料层、无机结合料稳定层或粒料层和路基组成的三层体系,利用弯沉盆反演或芯样实测的方法确定各层结构模量。

(2) 既有路面无机结合料稳定层弯拉强度,宜根据现场取芯实测的无侧限抗压强度按式(8-1)计算。无条件时,可根据既有路面整体强度、基层和面层损坏状况,结合当地经验确定。

$$R_s = 0.21 R_c \tag{8-1}$$

式中 R_s——无机结合料试件的弯拉强度(MPa);
R_c——无机结合料试件的无侧限抗压强度(MPa)。

无机结合料稳定层材料具有强度长期增长的特性,现场取芯实测既有路面结构层强度时,可能会出现芯样强度大于设计强度的情况。本设计方法以路面建成初期的状态参数为基础建立相关性能模型,直接采用既有路面无机结合料层芯样强度进行结构验算存在一定的误差,需根据既有路面已承受的交通荷载作用次数及其损坏状况,对结构层强度适当折减。折减后的强度以不超过本方法规定的建成初期强度为宜。一些单位采用行车道处与硬路肩处芯样的强度比作为强度折减系数,有一定借鉴意义。

既有路面破损严重或结构性能不足时,不再要求既有路面在设计使用年限内保持结构性能,既有路面或铣刨后留用的路面结构层不再进行结构验算(此时往往需要更厚的加铺结构),采用既有路面或铣刨后留用的路面结构层顶面当量回弹模量验算加铺层结构性能,其顶面当量回弹模量按式(8-2)计算。

$$E_d = \frac{176 pr}{l_0} \tag{8-2}$$

式中 E_d——既有路面结构顶面当量回弹模量(MPa);

p——落锤式弯沉仪承载板施加荷载(MPa);

r——落锤式弯沉仪承载板半径(mm);

l_0——落锤式弯沉仪承载板中心点弯沉值(0.01 mm)。

8.4.3 验算指标

验算指标包括:无机结合料稳定层或沥青混合料层疲劳开裂寿命、沥青混合料层永久变形量和路基顶面竖向压应变。对于季节性冻土地区,验算指标还包括低温开裂指数。

对于上述既有路面破损不严重且结构性能较好的情况,对既有路面结构层和加铺结构层都需进行验算。

对于上述既有路面破损严重或结构性能不足时,只需针对加铺结构层进行验算。

8.5 改建示例

8.5.1 工程概况

华东地区某一级公路,2000年通车,已接近既有路面的设计使用年限,近年来路面损坏日益严重,为提高服务水平,拟进行改建。本项目全长 20 km,双向六车道,设计车速100 km/h,改建后路面的设计使用年限为15年。

项目所在地属亚热带季风气候,自然区划属Ⅳ-2区,沥青路面气候分区属1-3区,年均降雨量1 047 mm,年平均气温15.9℃,月平均气温最低为2.6℃,月平均气温最高为28.1℃。

8.5.2 既有路面调查

2008年针对车辙和路表抗滑性能不足进行了一次加铺,加铺采用SBS改性沥青AC13,厚度为4 cm,目前的路面结构见表8-21。

表8-21　　　　　　　　　　既有路面结构

结构层	材料类型	厚度/mm
2008年加铺层	AC13(70号道路石油沥青)	40
既有路面面层	AC16(70号道路石油沥青)	40
	AC20(70号道路石油沥青)	60
既有路面基层	石灰粉煤灰稳定碎石	300

调查表明,既有路面损坏主要是车辙、横向裂缝和网裂。K0+000~K5+000(以下称东段)和K5+000~K20+000(以下称西段)路况存在明显差异。东段路面损坏严重,路面损坏状况评价等级为中,且路表弯沉值较大,落锤式弯沉仪检测弯沉代表值为40(0.01 mm),结构强度评价等级为差;西段路况较好,路面损坏状况评价等级为良,落锤式弯沉仪检测弯沉代表值为26(0.01 mm),结构强度评价等级为良。

现场每公里钻取两个芯样,分析石灰粉煤灰稳定碎石基层芯样完整性与路表损坏密集程度和弯沉的关系,表明弯沉和路表损坏密度达到表8-22所列条件之一时,基层芯样松散或强度严重不足。

表 8-22　　　　　　　　对应芯样松散或强度严重不足时的路况指标

指标	标准
破损密集程度/[处·(100 m)$^{-1}$]*	多于或等于 5 处
路表弯沉值/(0.01 mm)	≥ 35

注:* 此处路面破损包括横向裂缝、坑槽、网裂、修补,不包括车辙损坏。

公路沿线路基状况和水文条件良好,主线桥梁和其他构造物结构状况良好。

8.5.3 交通参数

根据现场交通调查和历史交通数据分析,断面货车和大型客车交通量为2 000辆/d,交通量年增长率为5.0%,方向系数为0.56,车道系数为0.5,设计车道初始年日均货车和大型客车交通量为560辆/d,根据式(2-17)计算得到设计年限内货车和大型客车交通量累计为441万辆,根据表1-8,设计交通荷载等级为中等。

根据现场调查,车辆类型分布系数及各车型车辆的累计交通量见表8-23。

表 8-23　　　　　　　　车辆类型分布系数和各车型车辆交通量

车辆类型	2 类	3 类	4 类	5 类	6 类	7 类	8 类	9 类	10 类	11 类
车型分布系数/%	19.5	26.0	5.6	1.2	6.7	7.5	12.3	9.4	11.8	0.0
交通量/万辆	86.0	114.7	24.7	5.3	29.6	33.1	54.3	41.5	52.0	0.0

根据路网相邻公路的车辆满载情况分析,得到各类车型非满载与满载比例,结合表8-23计算得到各类车型非满载车和满载车数量,列于表8-24。

表 8-24　　　　　　　　非满载车与满载车所占比例以及相应的交通量

车辆类型	2 类	3 类	4 类	5 类	6 类	7 类	8 类	9 类	10 类	11 类
交通量/万辆	86.0	114.7	24.7	5.3	29.6	33.1	54.3	41.5	52.0	0.0
非满载车比例	0.89	0.58	0.86	0.46	0.75	0.60	0.61	0.47	0.75	0.0
满载车比例	0.11	0.42	0.14	0.54	0.25	0.40	0.39	0.53	0.25	0.0
非满载车交通量/万辆	76.5	66.5	21.2	2.4	22.2	19.8	33.1	19.5	39.0	0.0
满载车交通量/万辆	9.5	48.2	3.5	2.9	7.4	13.2	21.2	22.0	13.0	0.0

改建工程可能用到的设计指标包括无机结合料稳定层层底拉应力、沥青混合料层永久变形量和层底拉应变,针对上述三个设计指标,根据表2-9和表2-10,可得到各车型对应的

非满载车和满载车当量设计轴载换算系数。结合表 8-24，计算得到各车型非满载车和满载车所对应当量设计轴载作用次数，列于表 8-25。

表 8-25　　　　　　　　　　非满载车和满载车当量设计轴载作用次数

车型	当量设计轴载换算系数				当量设计轴载累计作用次数/万次			
	沥青混合料层永久变形量和层底拉应变		无机结合料稳定层层底拉应力		沥青混合料层永久变形量和层底拉应变		无机结合料稳定层层底拉应力	
	非满载车	满载车	非满载车	满载车	非满载车	满载车	非满载车	满载车
2 类	0.8	2.8	0.5	35.5	61.2	26.5	38.3	335.9
3 类	0.4	4.1	1.3	314.2	26.6	197.5	86.5	15 133.3
4 类	0.7	4.2	0.3	137.6	14.9	14.5	6.4	475.8
5 类	0.6	6.3	0.6	72.9	1.5	18.0	1.5	208.4
6 类	1.3	7.9	10.2	1 505.7	28.8	58.4	226.1	11 123.9
7 类	1.4	6	7.8	553.0	27.8	79.4	154.8	7 317.3
8 类	1.4	6.7	16.4	713.5	46.3	141.8	542.7	15 096.2
9 类	1.5	5.1	0.7	204.3	29.2	112.1	13.6	4 489.3
10 类	2.4	7.0	37.8	426.8	93.7	91.1	1 475.5	5 553.3
11 类	1.5	12.1	2.5	985.4	0.0	0.0	0.0	0.0
合计					1.07×10^3		6.23×10^4	

根据表 8-25 的计算结果，对应沥青混合料层永久变形量和层底拉应变的当量设计轴载累计作用次数为 1.07×10^7 次，对应无机结合料稳定层层底拉应力的设计轴载累计作用次数为 6.23×10^8 次。

8.5.4　初拟改建方案

1. 既有路面分段

根据既有路面调查情况，东段和西段路况差异较大，分别拟定改建方案。

2. 既有路面处理

西段路况较好，没有路段达到表 8-22 所列损坏或路表弯沉标准，拟对既有路面局部损坏处治后，直接加铺面层。

东段约 80% 的路段达到表 8-22 所列损坏或路表弯沉标准，基层结构性损坏严重，同时沥青面层损坏严重。拟将既有路面沥青面层铣刨后，加铺基层和面层。

3. 初拟改建方案

根据西段和东段路况，西段既有路面局部损坏处置后加铺 40～60 mm 道路石油沥青 AC13；东段铣刨至既有路面基层顶后，加铺 180～220 mm 水泥稳定碎石基层和 100 mm 沥青面层，两段加铺结构分别列于表 8-26 和表 8-27。

表 8-26　　　　　　　　　　　　　　西段加铺结构

结构层	材料类型	厚度/mm
加铺层	AC13（70 号道路石油沥青）	40/50/60
损坏处治后的既有路面面层	AC13（70 号道路石油沥青）	40
	AC16（70 号道路石油沥青）	40
	AC20（70 号道路石油沥青）	60
既有路面基层	石灰粉煤灰稳定碎石	300

表 8-27　　　　　　　　　　　　　　东段加铺结构

结构层	材料类型	厚度/mm
加铺层	AC13（70 号道路石油沥青）	40
	AC20（70 号道路石油沥青）	60
	水泥稳定碎石	180/200/220
既有路面基层	石灰粉煤灰稳定碎石	300

8.5.5　结构层材料参数

1　西段路面结构层材料参数

路基顶面回弹模量取落锤式弯沉仪实测弯沉盆反算模量，均值为 60 MPa。

对既有路面石灰粉煤灰稳定碎石层钻取芯样，实测芯样弹性模量均值为 20 000 MPa，乘以结构层模量调整系数 0.5，得到结构层模量为 10 000 MPa。按现行《公路工程无机结合料稳定材料试验规程》（JTG E51—2009）T0851 测定的弯拉强度均值为 1.6 MPa。

既有路面结构沥青混合料层厚 140 mm，无法采用芯样实测沥青混合料动态模量，按落锤式弯沉仪实测弯沉盆反算的模量均值为 8 500 MPa。

采用现行《公路工程沥青及沥青混合料试验规程》（JTG E20—2011）T0738 测试加铺层 AC13 动态模量均值为 10 000 MPa。

2. 东段路面结构层材料参数

根据 8.4 节，东段既有路面破坏严重，且采用较厚的加铺方案，不再验算既有路面结构层疲劳。以既有路面基层顶面当量模量进行加铺层结构验算。选择代表性段落开挖面层后实测基层顶面弯沉均值为 55（0.01 mm），根据式（8-2）计算得到基层顶面当量模量为 336 MPa。

加铺层水泥稳定碎石基层实测养生 90 d 后的弹性模量为 24 000 MPa，乘以结构层模量调整系数 0.5，得到结构层模量为 12 000 MPa。根据现行《公路工程无机结合料稳定材料试验规程》（JTG E51—2009）T0851 测定的弯拉强度均值为 1.8 MPa。

采用现行《公路工程沥青及沥青混合料试验规程》（JTG E20—2011）T0738 测试加铺层 AC13 动态模量均值为 10 000 MPa，AC20 动态模量均值为 11 000 MPa。

3. 泊松比

路基泊松比取 0.40，沥青混合料面层和水泥稳定碎石基层取 0.25。

8.5.6 改建路面结构验算

路面结构需验算的设计指标包括无机结合料稳定层层底拉应力和沥青混合料层永久变形量。本算例沥青混合料层永久变形量验算从略，以下仅给出无机结合料稳定层层底拉应力验算的过程。

根据 8.4 节的规定，西段需验算既有路面石灰粉煤灰稳定碎石层层底拉应力，东段需验算加铺层水泥稳定碎石层层底拉应力。

1. 西段既有路面石灰粉煤灰稳定碎石层层底拉应力

采用弹性层状体系理论，计算表 8-26 所列改建方案中当加铺层厚度分别为 40 mm，50 mm 和 60 mm 时，既有路面石灰粉煤灰稳定碎石基层层底拉应力列于表 8-28。

表 8-28　　既有路面石灰粉煤灰稳定碎石层底拉应力计算结果

加铺层厚度/mm	拉应力/MPa
40	0.310
50	0.299
60	0.271

根据表 1-5，一级公路目标可靠指标 β 取 1.28。

工程所在地区不是季节性冻土地区，季节性冻土地区调整系数 k_a 取 1.0。

根据式(6-17)，加铺层厚度分别为 40 mm，50 mm 和 60 mm 时，现场综合修正系数 k_c 分别为 -1.24，-1.26 和 -1.29。

根据工程所在地区，按式(3-40)计算得到基准路面结构温度调整系数 $\hat{k}_{T2} = 1.35$。根据表 8-26 初拟加铺结构和路面结构层材料参数，以及式(3-44)计算得到加铺层厚度为 40 mm，50 mm 和 60 mm 时，k_{T2} 分别为 1.50，1.55 和 1.59。

由表 6-3，疲劳破坏模型参数 $a = 13.24$，$b = 12.52$。

根据以上参数，按式(6-18)计算不同加铺层厚度时，既有路面石灰粉煤灰稳定碎石层疲劳开裂寿命见表 8-29，可见加铺层厚度为 60 mm 时，基层疲劳开裂寿命可满足表 8-25 所列设计使用年限当量设计轴载累计作用次数要求，故加铺层厚度取 60 mm。

表 8-29　　既有路面石灰粉煤灰稳定碎石层疲劳开裂寿命

加铺层厚度/mm	疲劳开裂寿命/次
40	4.69×10^8
50	5.27×10^8
60	7.94×10^8

2. 东段加铺层水泥稳定碎石层层底拉应力

采用弹性层状体系理论,计算表 8-27 所列加铺结构当水泥稳定碎石层厚度分别为 180 mm,200 mm 和 220 mm 时的层底拉应力,列于表 8-30。

表 8-30　　　　　　　加铺结构水泥稳定碎石层层底拉应力计算结果

水泥稳定碎石层厚度/mm	拉应力/MPa
180	0.504
200	0.458
220	0.417

工程所在地区不是季节性冻土地区,季节性冻土地区调整系数 k_a 取 1.0。

根据式(6-17),水泥稳定碎石层厚度分别为 180 mm,200 mm 和 220 mm 时,现场综合修正系数 k_c 分别为 -0.33,-0.53 和 -0.70。

根据工程所在地区,按式(3-40)计算得到基准路面结构温度调整系数 $\hat{k}_{T2}=1.35$。根据表 8-31 初拟加铺结构和结构层材料参数,以及式(3-44)计算得到水泥稳定碎石层厚度分别为 180 mm,200 mm 和 220 mm 时,k_{T2} 分别为 1.44,1.36 和 1.30。

由表 6-3,疲劳破坏模型参数 $a=13.24$,$b=12.52$。

根据以上参数,按式(6-18)计算不同加铺层厚度时,加铺结构水泥稳定碎石层疲劳开裂寿命列于表 8-31,可见水泥稳定碎石层厚度为 220 mm 时,其疲劳开裂寿命可满足表 8-25 所列设计使用年限当量设计轴载累计作用次数要求,故加铺结构水泥稳定碎石层厚度取 220 mm。

表 8-31　　　　　　　　加铺水泥稳定碎石层疲劳开裂寿命

水泥稳定碎石层厚度/mm	疲劳开裂寿命/次
180	3.31×10^8
200	4.62×10^8
220	6.34×10^8

8.5.7 路表验收弯沉值

根据 7.4 节规定,采用弹性层状体系理论计算得到加铺后路面结构路表验收弯沉值 l_a 西段为 19.6(0.01 mm),东段为 14.6(0.01 mm)。

8.5.8 设计结论

综合以上分析,满足验算要求的路面结构设计结果汇于表 8-32 和 8-33。

西段既有路面局部损坏处治后直接加铺 60 mm 道路石油沥青 AC13,加铺后路面结构组合和结构层模量列于表 8-32。

表 8-32　　　　　　　　　西段加铺后结构组合和结构层模量

结构层	材料类型	厚度/mm	结构层模量/MPa
加铺层	AC13（70号道路石油沥青）	60	10 000
损坏处治后的既有路面面层	AC13（70号道路石油沥青）	40	8 500
	AC16（70号道路石油沥青）	40	
	AC20（70号道路石油沥青）	60	
既有路面基层	石灰粉煤灰稳定碎石	300	10 000
既有路基			60

东段铣刨至既有路面石灰粉煤灰基层顶面后，加铺 220 mm 水泥稳定碎石基层和 100 mm 沥青面层，加铺后路面结构组合和结构层模量列于表 8-33。

表 8-33　　　　　　　　　东段加铺后结构组合和结构层模量

结构层	材料类型	厚度/mm	结构层模量/MPa
加铺层	AC13（70号道路石油沥青）	40	10 000
	AC20（70号道路石油沥青）	60	11 000
	水泥稳定碎石基层	220	12 000
既有路面石灰粉煤灰基层顶面			336

设计改建方案的西段路表验收弯沉值为 19.6(0.01 mm)，东段路表验收弯沉值为 14.6(0.01 mm)。其他从略。

第 9 章
桥面铺装设计

9.1 总体要求

9.1.1 桥面铺装典型病害及原因分析

桥面铺装的病害包括表面变形类、开裂类、松散坑槽、脱层等多种类型。

1. 变形类病害

变形类破坏是桥面铺装较普遍的破坏形式，包括车辙、推挤、拥包、波浪和沉陷等。

沥青混凝土桥面铺装产生车辙（图 9-1）的原因主要有以下几个方面：①通车后铺装层在车辆荷载作用下的补充压实，如果施工中压实度不够，开放交通初期铺装层在车辆荷载的作用下逐渐被压密，形成两侧没有隆起、只有中间部分下凹，呈 V 形或 W 形的压密型车辙；②铺装层抗车辙能力不足，在荷载反复作用下，荷载应力造成沥青混凝土材料的"流

图 9-1 桥面铺装车辙

动"；③由于桥面板与铺装层之间存在薄弱面，产生"剪切滑动效应"，在水平方向上产生相对位移，发生结构失稳性车辙，同时还表现为推挤、波浪及拥包等变形。

2. 开裂类病害

开裂类病害主要指横桥向裂缝、沿板（梁）纵向裂缝、局部网状开裂（图 9-2）等。

图 9-2 局部不规则开裂

中小跨径的板(梁)桥面铺装的裂缝以纵桥向板缝处的开裂最为严重,属于反射裂缝,最大裂缝宽度可达到 1～5 mm。

钢桥面箱梁纵肋、纵隔板部位,在负弯矩作用下,可能引起铺装层的疲劳开裂,出现纵向裂缝。

桥面纵向开裂的危害在于极大地削弱了桥梁的横向刚度,使得荷载分布不均匀,严重时会造成单板受力负担加重,导致桥梁整体承载能力严重下降。此外,桥面开裂后雨水下渗,防水层破坏时,导致主梁受腐蚀,从而降低结构的耐久性。

水泥混凝土桥面铺装的横向开裂,主要发生在主梁支座中心处,对跨径较大的梁桥,跨中部位亦有发生横向开裂的现象;钢箱梁横肋或横隔板处负弯矩部位,铺装层也会出现横向开裂。

桥面铺装网状开裂的原因比较复杂:产生过大的车辙后,轮辙的两侧和底部会出现自上而下的开裂;铺装层与桥面间脱层导致的推移开裂;纵横向裂缝进一步发展出现支缝;等等。

3. 松散类病害

松散类病害主要包括松散、剥落和坑槽等(图 9-3)。该类病害发生最为普遍,主要表现为:使用初期出现泛浆,继而表现为坑槽松散,往往屡治不绝,最后容易导致桥面铺装的整体破坏。松散类病害产生的原因多是雨水渗入铺装体系后,导致铺装层与桥面脱层(图 9-4),脱层后铺装层在车辆荷载和环境因素作用下出现破坏。

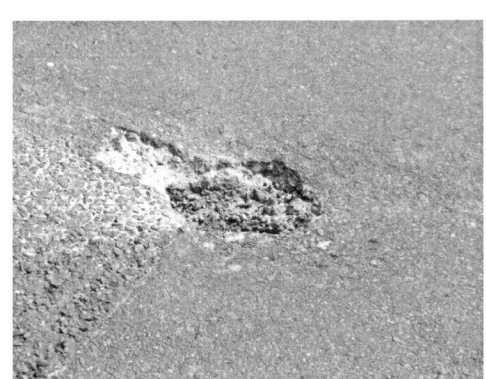 

图 9-3 松散及坑槽类病害

图 9-4 桥面铺装层脱层

4. 接缝破损

接缝破损主要发生在小跨径装配式预制梁中,在现浇板按铰接板配筋的桥涵中同样存在。其病害特征主要表现为:接缝处混凝土被剪坏,并逐步松散而脱落。在桥面铺装沿接缝方向产生不规则纵向裂缝,严重时形成纵向破损带,雨雪过后,水通过破损部位渗入板底,留下明显的盐融腐蚀痕迹(图 9-5)。

图 9-5 接缝处铺装破坏

5. 水泥混凝土桥面防水调平层或三角垫层损坏

水泥混凝土桥面现浇调平层和三角垫层是施工的一个薄弱环节,当其厚度过薄或养生不到位导致强度不足时,通车后可能发生开裂,进而引起铺装层破坏(图 9-6)。

图 9-6 水泥调平层破碎导致桥面铺装出现反射裂缝

9.1.2 桥面铺装设计总体要求

(1) 为了保证混凝土层与铺装层的黏结,在沥青混凝土铺装层施工之前,混凝土铺装层应有严格的平整度要求,如可采用水泥混凝土路面的平整度标准,纵向和横向 3 m 直尺下最大间隙不超过 3 mm。为保证铺装层与水泥混凝土的黏结良好,不得采用薄层水泥砂浆抹平铺装层表面，应加强对水泥混凝土面板粗糙度、表面纹理与黏结、桥面浮浆处理等的质量控制。

（2）铺装层与桥面板之间应设置防水系统，防水系统须兼有防水、黏结两大基本功效，同时满足耐久性和施工便利等要求，要求防水材料具有以下技术特征：

① 具有良好的渗透性和黏结能力，保证与桥面板的黏结；

② 在施工阶段及高温天气下不易发黏和变软，低温条件下能保持较好的柔性，同时具有良好的变形恢复能力，减少施工和运营过程中车辆碾压和荷载作用对防水层薄膜产生的挤压破坏；

③ 桥面柔性防水材料多为有机材料或高分子聚合物改性沥青材料，考虑有机材料易老化的特点，要求防水材料具有优良的耐久性，不低于桥面铺装面层材料的耐久性；

④ 具有可操作性，施工质量可控，同时具备足够的抗施工损伤能力，能抵抗后续铺装层施工机具的作用。

（3）重视防水体系设计，能及时排除路表水，减少进入铺装层与桥面间的层间水，对进入层间的雨水能及时排除。

（4）桥面铺装宜分两三层设计，铺装层应具有以下特点：

① 具有良好的密水性能、高温性能、低温性能及变形协调能力；

② 易于施工压实，对桥面状况适应性好。

9.2 水泥混凝土桥面铺装

9.2.1 桥面铺装技术发展

1. 国外水泥混凝土桥面铺装结构

围绕桥面铺装的使用功能要求和对桥梁结构的保护性要求，各国根据自己的国情开展了大量的研究工作，并取得了许多成果。

（1）丹麦

丹麦自20世纪20年代开始在混凝土桥面采用较为原始的防水层，四五十年代，防水层逐步得到应用。铺装设计思路为，在喷砂处理过的桥面上涂环氧树脂作下封闭层，之后铺设完全黏结于桥面的改性沥青卷材，其上大多采用两层浇注式沥青混凝土，或底层采用浇注式沥青混凝土，面层采用改性沥青SMA等。

（2）德国

与丹麦防水体系基本相同，德国混凝土桥面铺装规范《混凝土桥面防水体系要求》（ZTV-BEL-B）中桥面防水有如下两种方法：一种是使用沥青卷材的防水体系，它由环氧下封闭层、沥青卷材、浇注式沥青保护层（约35 mm）组成；另一种是使用弹性体材料的防水体系，它由环氧下封闭层、弹性体材料、浇注式沥青保护层（约35 mm）组成。铺装层多采用SMA结构。

（3）日本

日本常用水泥混凝土桥面铺装列于表9-1。其中，第三种结构中的浇注式沥青混凝土因空隙率小、高抗渗性而代替了防水层,日本 1985 年通车的大鸣门桥、1998 年通车的明石海峡大桥采用了该结构,目前使用情况基本良好。

表 9-1　　　　　　　　　　日本水泥混凝土桥面铺装结构分类

结构编号	黏结剂	防水黏结层	
1	沥青橡胶	卷材等防水材料	沥青混凝土铺装层
2	氯丁橡胶	3 层氯丁橡胶型防水材料	
3	沥青橡胶	浇注式沥青混凝土+乳化沥青	

从欧洲国家和日本等桥面铺装结构可以看出,水泥混凝土桥面铺装在国外研究、应用得已经相对比较成熟。这些铺装结构体系无论是局部,还是整体,都突出了防水的理念,倾向于由防水黏结层与铺装下层共同组成桥面铺装的防水体系,保证桥梁结构的耐久性。从使用效果来看,许多桥面铺装使用寿命及性能都很好,一方面是材料性能优良,使用条件好;另一方面是桥面铺装施工控制、管理以及后期的养护工作做得很细致。许多欧洲国家都已经形成了相应的规范、手册,对桥面铺装整个过程进行指导、监控。从桥面板处理到竣工验收,每个环节的工作做得都非常细致,都有各自具体的功能及实施、验收的规范。

2. 我国水泥混凝土桥面铺装结构

相对而言,我国对水泥混凝土桥面防水及铺装结构研究起步较晚。水泥混凝土桥面铺装层多直接采用与相邻路段中面层和上面层相同的结构,厚度在 30～120 mm 之间。防水黏结材料多采用热沥青、乳化沥青、涂膜类专用防水涂料等。目前水泥混凝土桥面铺装层比路基段路面破坏出现得早,而且维修难度大。

桥面铺装已引起广大工程技术人员及学者的普遍关注。近年来,我国公路部门对水泥凝土桥面铺装技术进行了一些研究工作,做了一些有益的探讨。一些特大桥或对铺装有特殊要求的桥梁,对铺装结构进行了改进,如采用双层 SMA 铺装结构、设置具有防水功能的细粒式密级配调平层、采用性能更好的沥青胶结料、添加可提高铺装层性能的添加剂(如聚酯纤维、抗车辙剂等)等。近年来,桥面板处理和桥面防水黏结层也日益得到重视,桥面板处理由过去的简单清扫,逐步发展为精铣刨、抛丸处理等多种方式,桥面防水黏结层也由单一的乳化沥青等,发展为改性沥青、橡胶沥青、环氧类材料等多种材料类型。

9.2.2　桥面处理

9.2.2.1　桥面的基本要求

桥面铺装需要一个稳定、平整、清洁、干燥的平台,桥面的施工质量和处理方式对桥面铺装有重要影响。桥面应具有足够的强度,没有薄弱夹层;具有足够的平整度和满足要求的横坡,避免桥面积水引起铺装混合料水损害,图 9-7 和图 9-8 为桥面不平整引起积水和积水长期浸泡导致防水层剥落;桥面浮尘等对防水层与桥面间黏结有严重不利的影响,应予以清除;防水层和铺装层施工前,应保证桥面干燥,避免水分蒸发引起防水层剥离和铺装层破坏。

图 9-7 桥面不平整引起积水

图 9-8 桥面积水引起防水层剥落

9.2.2.2 桥面处理方式

为使桥面达到上述要求，在防水层施工前需要对桥面进行处理，常用的桥面处理方式有机械清扫、抛丸（喷砂）处理和精铣刨处理等。

1. 机械清扫

机械清扫是常用的桥面处理方式，其操作简便、单价低、施工速度快，但通常只能清除桥面表层浮尘，而对于构造深部的灰尘往往难以清理干净，采用机械清扫方式应加强质量控制，确保桥面清洁。

图 9-9 桥面机械清扫作业

2. 抛丸（喷砂）处理

抛丸（喷砂）处理可将桥面 1~3 mm 浮浆清除（图 9-10），喷砂过程中清除的浮浆、灰尘会随铁砂一起回收干净，因此表面清洁度很高，有利于防水层与桥面黏结（图 9-11）。其控制重点在于保证抛丸深度，充分清除桥面浮浆。与机械清扫相比，抛丸（喷砂）处理费用高，施工速度慢。

图 9-10 抛丸处理桥面

(a) 机械清扫桥面　　　　　　　　　(b) 抛丸桥面

图 9-11 机械清扫与抛丸处理后防水层黏结效果对比

3. 精铣刨处理

精铣刨处理可清除桥面 5～10 mm 深度,可更为彻底地清理表层软弱层,并能在一定程度上改善桥面板的平整度,且铣刨后桥面有充足的表面构造,比铣刨前的桥面更为粗糙(图 9-12)。精铣刨处理的不足之处在于铣刨过程中产生的灰尘仍需人工或机械清扫,清洁度不易保证。

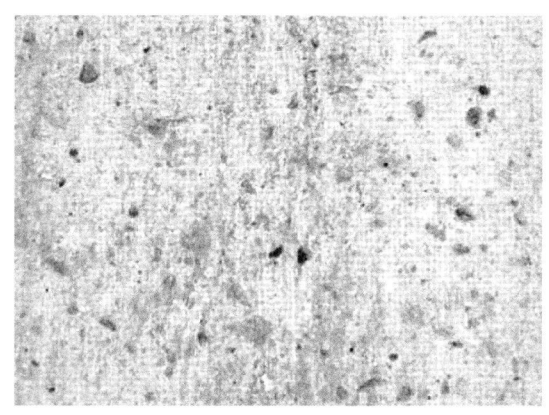

图 9-12 精铣刨处理的桥面

9.2.3 防水体系

9.2.3.1 雨水进入桥面铺装的路径

按照路拱倾斜方向,雨水可能会沿桥面铺装的上游(图 9-13 中 A 点处)、行车道部位(图 9-13 中 B 点处)和下游(图 9-13 中 C 点处)进入桥面铺装,其中上游是最主要的入水口。

图 9-13　雨水进入桥面铺装的路径

1. 路拱的上游和下游

由于桥梁两侧护栏的限制,铺装层碾压时,靠近护栏一定范围内难以碾压充分,孔隙率较大,从而成为雨水进入铺装层内部的途径。上游雨水进入后,沿铺装层与桥面间的间隙向下游渗流,滞留于层间(图 9-14),浸泡防水层和铺装层混合料,在下游形成"水渍"(图 9-15),进而引起铺装破坏。下游靠近护栏处也存在铺装层压实不足引起渗水的情况,如果排水系统功能完善,渗入的雨水可从排水系统排出,雨水不会沿路拱向上渗流,从而不会对桥面铺装造成严重影响;反之,如果排水系统不通畅,则可能形成积水(图 9-16),并沿层间和铺装层空隙向路拱上游渗流,对桥面铺装构成威胁。

图 9-14　铺装层与桥面层间水

图 9-15 雨水浸泡引起的水渍

图 9-16 铺装层下游积水

2. 行车道部位

行车道部位压实比两侧边缘充分，在施工质量合格的情况下，可保证密水性，尤其是通车后经过车辆补充压实，密水性会进一步提高，雨水渗入量不大。但压实度不满足要求时，行车道桥面铺装也会渗水，从而引起铺装破坏。随着近年来路面施工质量的整体提升，这类情况有所改善。

通过以上分析，可从如下几个方面消除或减少雨水进入铺装层的路径：①做好铺装层碾压控制，避免行车道渗水，注重两侧边缘薄弱环节的压实，减少铺装边缘雨水渗入；②做好桥面排水系统设计和施工，有效排除下游渗入的雨水；③在上游护栏附近采取封水措施；④在铺装层与桥面之间设置防水层。

上述①和②分别属于施工控制和排水设计的范畴，以下重点介绍铺装层边部封水措施和防水层。

9.2.3.2 铺装层边部封水措施

1. 设置边部止水带

在铺装层与护栏接触的竖向界面上设置止水带，可避免雨水从界面渗入（图 9-17）。

止水带以沥青为主要材料生产，厚度为 2~5 mm，铺装层混合料施工时，在高温作用下，止水带会部分软化，使靠近护栏的铺装层形成富沥青层，并填充铺装层与护栏竖向界面的孔隙，封堵雨水进入的通道。

2. 在铺装层底部和上下铺装层之间喷洒热沥青

除铺装层与桥面间的防水层和铺装层间的黏层外，可在路拱上游靠近护栏 1 m 范围内，或

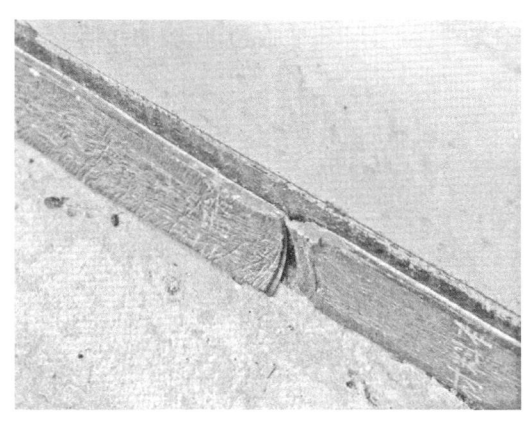
图 9-17 铺装层边部止水带

左右两侧靠近护栏 1 m 范围内的铺装层底部和上下铺装层之间补充喷洒热沥青,用量为 1.5~2.5 kg/m²,防水层或黏层为热沥青时取靠近下限的用量,其他材料时,取靠近上限的用量。

在铺装层底部洒布沥青的目的是封堵铺装层与桥面间的层间空隙,消除层间水的渗流路径。

在上下铺装层之间喷洒热沥青的目的是降低铺装下层靠近护栏部位的渗水系数,减少渗入铺装层的雨水量。

热沥青上需撒布适量碎石,以避免后续施工环节对沥青的机械破坏。

9.2.3.3 防水层

防水层种类繁多,按照防水层材料组成和厚度,可分为薄膜类防水层、卷材类防水层和结构性防水层类三种。

1. 薄膜类防水层

乳化沥青、热沥青、桥面专用防水涂料等防水材料,通过喷洒或涂刷的方式施工,成型后在桥面上形成一层薄膜,此类防水层可归为薄膜类。

薄膜类防水层的使用性能主要受材料本身性能影响,要求材料与桥面间能形成足够的黏结力,能抵抗厚度施工环节的机械作用,并具有足够的耐久性。

图 9-18 运料车导致防水层的损伤

薄膜类防水层材料抗施工损伤性能不足或施工控制不好时,易出现机械损伤(图 9-18)。

2. 卷材类防水层

桥面防水卷材将沥青类或高分子类防水材料浸渍在胎体上,制作成防水产品。根据主要组成材料的不同,分为沥青防水卷材、高聚物改性沥青防水卷材;根据胎体的不同,分为无胎体卷材、玻璃纤维胎卷材、玻璃布胎卷材和聚乙烯胎卷材。

图 9-19 防水卷材

图 9-20 防水卷材施工

卷材类防水层均匀性好，抗施工机械损伤能力强，防水效果好。但卷材对桥面平整度较为敏感，桥面凹陷处易出现脱空，从而引起层间滑移。一些重载交通公路上弯坡斜桥层间剪切力大，以卷材作防水层的桥面铺装发生滑动推移，可能与此有关。

3. 结构性防水层

除薄膜类和卷材类防水层外，一些工程中在铺装层底部采用 15～30 mm 厚、密水性能好的砂粒式沥青混合料，兼顾防水和调平作用。国外一些水泥混凝土桥面上，采用浇注式作为铺装下层，有类似的作用。此类防水层除具有防水功能外，还具有一定的结构功能，所以称为结构性防水层。结构性防水层比薄膜类、卷材类防水层具有更好的综合性能。

9.2.4 桥面铺装结构

1. 铺装结构组合

桥面铺装通常采用两层，少数工程采用单层或两层以上（图 9-21—图 9-23）。由于施工离析，铺装层难免存在局部渗水的情况，如采用单层铺装，离析部位易出现防水层和铺装层水损害。采用两层或两层以上结构时，不同铺装层在同一部位出现施工离析的概率较小，从而可以显著降低水损害的风险。因此，对于高速公路、一级公路，宜采用两层或两层以上的铺装结构。

单层铺装 AC/SMA
防水层
水泥混凝土桥面

图 9-21　单层铺装结构

铺装上层 AC/SMA
铺装下层 AC/SMA
防水层
水泥混凝土桥面

图 9-22　双层铺装结构

铺装上层 AC/SMA
铺装下层 AC/SMA
砂粒式沥青混凝土层
水泥混凝土桥面

图 9-23　三层铺装结构

2. 铺装层材料设计

桥面铺装混合料需要具有如下几个方面的性能：

（1）良好的施工性能。铺装混合料首先应具有良好的施工性能，主要表现为施工过程中不易离析且容易压实。这样可保证混合料施工过程不会因离析而出现过多的渗水部位，同时能适应桥面铺装施工时对重型压路机和强振碾压的限制。

（2）足够的抗车辙能力。由于桥面模量大，与路基段路面相比，铺装层在车辆荷载作用下承受更大的剪应力，产生车辙的风险更大，所以需要具有足够的抗车辙能力。

（3）良好的抗水损害能力。由于路面离析及薄弱环节（如靠近护栏部位）碾压不足等原因，难免存在局部渗水现象，为了避免桥面铺装发生水损害，要求铺装层混合料具有良好的抗水损害性能。

（4）不同层位的性能要求差异。不同层位铺装层的性能要求有一定差异。铺装上层除上述性能外，还需具有足够的构造深度和抗磨耗能力、负弯矩区较好的变形适应能力和更好的抗老化性能。与桥面板接触的铺装下层则需具有更好的密水性、对桥面不平整的适应能力和与桥面板良好的接触状态等。

铺装层混合料可以选择密级配 AC 型沥青混合料、沥青玛蹄脂碎石 SMA 等。铺装层混合料类型选择和组合需结合上述性能要求，并注意与相邻路段路面混合料相协调，以方便施工。

9.2.5 桥面铺装案例

近年来，国内部分项目的大跨径桥梁（如 2011 年通车的青岛海湾大桥）采用图 9-24 所示的铺装结构，取得了良好的效果。该结构采用"防水体系＋多功能防水层＋承重结构层＋表面功能层"的组合设计思路，按照铺装层层位功能进行设计，形成多道设防、防排结合的密水体系，从铺装层顶面到底端各个层位功能互相补充，以增加防水体系的可靠度。铺装上层和下层的功能定位更加鲜明，强调下层承重功能和上层抗磨耗功能，同时，两层都采用细粒式混合料，密水性更好。与常规的桥面铺装结构相比，该结构增设了砂粒式密水型改性沥青混合料层，该层兼具防水、黏结和结构性能等多方面功能，是承上启下的关键层位，具有如下功能：

(1) 空隙率小，具有良好的封水作用，阻断雨水进入桥面与铺装界面；
(2) 避免下层防水层施工时被刺破，发挥保护层的作用；
(3) 粒径小，能更好地适应桥面不平整状态，起到调平层作用；
(4) 作为铺装层与桥面间的过渡，改善铺装层受力，发挥结构层功能。

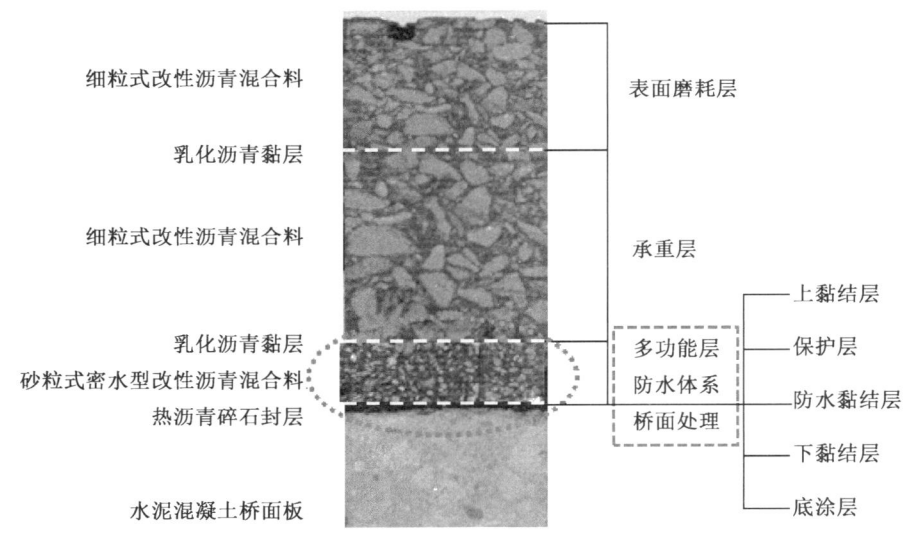

图 9-24 桥面铺装结构案例

9.3 钢桥面铺装

由于车辆作用下钢桥面变形大、局部应力集中（各纵向加劲肋、纵隔板、横肋或横隔板与桥面板焊接处等），桥面板的温差大、对防水防锈和层间黏结要求高，且承受较大的震动作用，使得钢桥面铺装的使用条件比水泥混凝土桥面和普通路面要苛刻得多。虽然国内外针对钢桥面铺装开展了系统研究,开发了多种专用的铺装材料和结构,钢桥面铺装的早期病害和耐久性问题仍没有得到令人满意的解决。

9.3.1 钢桥面铺装技术发展

9.3.1.1 国外钢桥面铺装

各国的钢桥面铺装基本上均采用沥青混凝土体系。以材料和施工方法划分,国外钢桥面铺装可分为如下四种:

(1) 以德国、日本为代表的浇注式沥青混凝土(Guss Asphalt)方案;
(2) 以英国为代表的沥青玛蹄脂混凝土(Mastic Asphalt)方案;
(3) 德国和日本等国近期采用的改性沥青 SMA 方案(Stone Mastic Asphalt);
(4) 以美国为代表的环氧树脂沥青(Epoxy Asphalt)混凝土方案。

1. 欧洲

欧洲桥面铺装体系以德国和英国为代表。

以德国为代表的高温拌和浇注式沥青混合料方案,以英国为代表的沥青玛蹄脂混合料方案,二者都归为高温拌和型沥青混凝土。

德国的桥面铺装体系较为复杂,特别注重结构层次功能和防水功能。由于气候寒冷,考虑到撒盐除雪和冻融破坏,多将黏结层、缓冲层(防水层)和铺装下层组成防水隔层。

混凝土桥面铺装由防水体系层和面层构成。防水体系层由底涂层、封闭层或调平层、防水层和保护层组成。防水层类型有主要改性沥青防水卷材及橡胶沥青与矿粉(及细集料)拌制的沥青类材料(橡胶沥青胶砂或沥青玛蹄脂)。保护层可采用浇注式沥青混凝土、热碾沥青混凝土等。

防水体系主要由以下几个方面组成:

(1) 双层铺设的沥青防水卷材防水层+热碾沥青混凝土保护层(ZTV-BEL-B2 1987 版规范);
(2) 防水卷材防水层+浇注式沥青混凝土保护层(ZTV-BEL-B1 1999 版规范);
(3) 液态塑料防水层+浇注式沥青混凝土保护层(ZTV-BEL-B1 1995 版规范);
(4) 玻璃纤维网格织物+橡胶沥青与矿粉(及细集料)拌制的沥青类材料(橡胶沥青胶砂或沥青玛蹄脂)防水层+浇注式沥青混凝土和热碾沥青混凝土保护层。

德国规范规定,底涂层和黏结层采用反应性树脂类材料(如环氧树脂等)。浇注式沥青混凝土、改性沥青 SMA 都可作为铺装下层,上层可以采用浇注式沥青混凝土、改性沥青SMA 及改性沥青密级配沥青混凝土。

英国道路运输研究协会在 20 世纪 50 年代早期时就对钢桥面铺装做了广泛的研究,英国运输与道路研究实验室进行大量试验研究后,认为采用约 38 mm 厚的单层沥青玛蹄脂铺装是最合适的,并在福斯桥的钢桥面铺装工程中首次应用。玛蹄脂也属于高温拌和混合料的一种,与我国沥青玛蹄脂碎石 SMA 不同,玛蹄脂一般采用单层铺装,铺装层的厚度薄,重量轻。玛蹄脂可以现场生产,也可以加工成固体块状以便储存和运输,到现场后再加热使用。

英国在 20 世纪 60 年代开始一直采用沥青玛蹄脂混凝土的薄层铺装(总厚度约 40 mm),铺装层与钢板间采用沥青玛蹄脂防水层或反应性树脂防水层,结构如图 9-25 所示。

2. 日本

1956 年,日本从德国引进相应的技术后,根据本国特点,逐步形成了符合日本国情的一整套技术,并在 1961 年沥青铺装纲要中公布了相关的钢桥面铺装技术规范。20 世纪 70 年代中后期,最终推荐下层浇注式沥青混凝土、上层橡胶沥青改性密级配沥青混凝土为典型方案,铺装总厚度为 7~

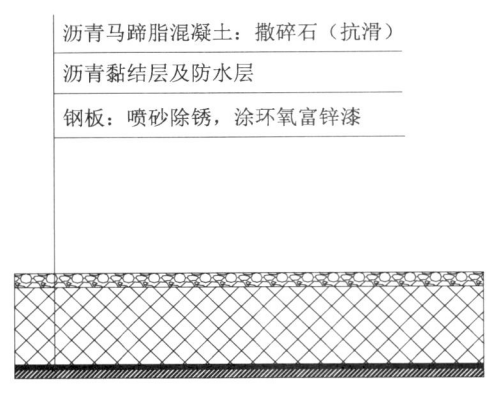

图 9-25 英国钢桥面铺装结构

9 cm(图 9-26)。与欧洲桥面铺装体系不同的是,日本不设置防水层,仅在钢板表面涂布溶剂型沥青橡胶作为黏结层。实体工程中病害为局部鼓包、重载下推移和车辙、轮迹带开裂。90 年代初期,开始在工程中应用改性沥青 SMA 代替浇注式沥青混凝土作为铺装下层,使用效果良好。

3. 美国

美国桥面铺装中的典型结构是两层环氧改性沥青混凝土,厚度为 5 cm 左右,分两层摊铺碾压,黏结层也采用环氧改性沥青,洒布在桥面板上后,在其固化之前铺筑铺装层,典型结构如图 9-27 所示。

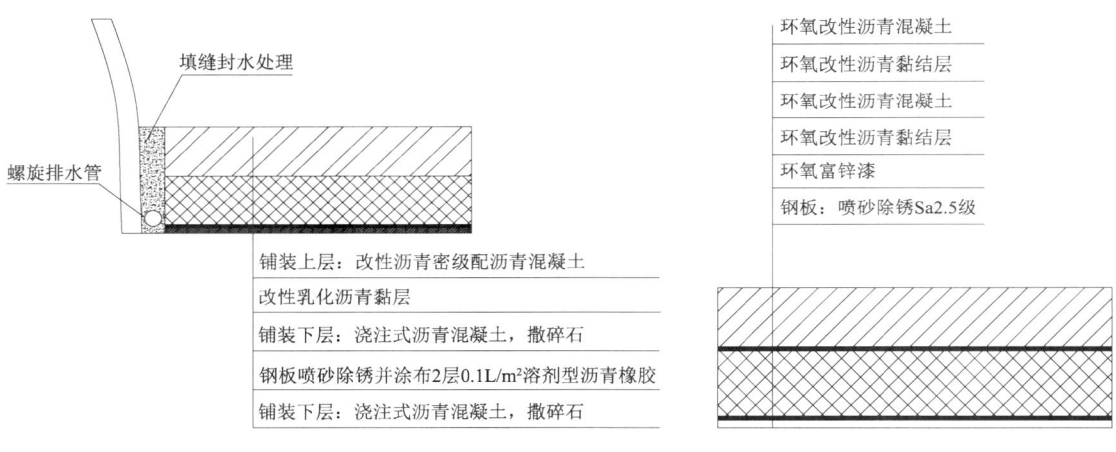

图 9-26 日本桥面铺装结构　　　　　　图 9-27 美国桥面铺装结构

9.3.1.2 我国的钢桥面铺装

1. 改性沥青 SMA

我国对改性沥青桥面铺装的研究最早始于 20 世纪 90 年代的广东肇庆马房大桥,系统性的研究和分析则是从广东虎门大桥开始进行,当时交通部重庆公路科研所在系统研究基础上,采用双层改性沥青 SMA 方案对其进行铺装。此后该方案在汕头礐石大桥和厦门海沧大桥钢桥面铺装中得以应用,但均出现了开裂、水损害等早期破坏。

2. 浇注式沥青混凝土

浇注式沥青混凝土起源于德国,已有近百年的使用历史,其最大的特点是流动成型,不需要碾压,冷却即形成强度。浇注式沥青混凝土已在重庆菜园坝长江大桥、南京长江四桥等项目中得到应用。随着应用项目增加和研究深入,国内的配套施工机具和技术日益完备。浇注式桥面铺装在以往工程应用中主要的问题在于高温性能不足,常见病害包括车辙、推移等。

3. 环氧沥青混凝土

环氧沥青是一种由环氧树脂、固化剂与基质沥青经复杂的化学改性所得的混合物。1997年,东南大学结合南京长江二桥桥面铺装工作对环氧沥青混合料进行了系统研究,提出了将其作为桥面铺装材料时的具体指标和建议,并于2000年成功应用于南京长江二桥钢桥面铺装工程。南京长江二桥自2001年初通车以来桥面铺装性能良好。目前国内已建的润扬长江公路大桥、浙江舟山桃夭门大桥以及南京长江三桥、苏通大桥、杭州湾大桥等工程也采用进口环氧沥青混合料作为桥面铺装材料。环氧沥青铺装主要的病害表现为纵横向开裂以及局部脱层。

以上不同类型的钢桥面铺装,都有成功和失败的工程案例。不成功的原因很多,有设计的因素,也有施工的因素。从设计角度考虑,钢桥面铺装设计应充分考虑气候、交通、桥型、桥面技术参数(如钢板厚度等)、施工条件等因素,选择合适的铺装类型、设计材料的技术指标和施工控制指标。

9.3.2 防水体系

钢桥面常用的防水体系,主要有以下几种:

(1) 环氧富锌漆+环氧沥青黏结剂。环氧富锌漆为纯防腐体系、有机涂层,造价相对较低,施工难度不大,是国内钢桥面铺装常用的防腐材料,多与环氧沥青黏结剂+环氧沥青混凝土组合。不足之处在于材料热负荷性能低,理论上低于250℃,对于高温拌和类材料如浇注式沥青混凝土铺装,不能选用环氧富锌漆。

(2) 无机富锌漆+环氧沥青。无机富锌漆的热负荷性能相对环氧富锌漆较好,施工后表面粗糙度好,耐高温性能好,可用于浇注式沥青混凝土铺装。该防水体系造价稍高,施工专业化要求稍高。

(3) 英国Eliminator防水体系。Eliminator防水黏结体系由英国Stirling Lloyd Polychem公司研发。Eliminator防水黏结体系由底漆、两层Eliminator高性能防水膜和黏合层组成,兼有防腐、防水、黏结功能。Eliminator防水体系施工后,迅速固化,形成坚韧、柔性的无缝防水膜,抗刺破能力强,能抵抗铺装面层高达250℃的高温。2003年首次在国内应用,2009年重庆朝天门大桥也采用了该防水体系。

(4) EBCL体系。采用环氧树脂类材料,分两层刮涂,上层涂布完毕后在胶料表面撒布一层3~5 mm粒径石子。该防水体系在江东大桥、杭州湾大桥匝道桥等项目的钢桥面铺装中得到应用。

9.3.3 铺装结构

1. 改性沥青玛蹄脂碎石 SMA

改性沥青玛蹄脂碎石 SMA 铺装层的主要优点是：柔韧性好，抗松散、抗裂能力强，具有良好的耐久性和防水性能；抗塑性流动和抗永久变形能力强，不易产生车辙；具有粗糙的表面构造，防滑性能好；施工难度不大，与浇注式和环氧沥青混合料相比费用较低。但需要更进一步解决铺装层与钢板的黏结和防水问题。典型结构如图 9-28 所示。

2. 浇注式沥青混凝土

浇注式沥青混凝土铺装层的主要优点是：空隙率接近零，具有良好的防水、抗老化性能，抗裂性能强，对钢板的追从性、黏结性能好于一般沥青混凝土。其主要缺点是：高温稳定性差，易形成车辙，在热带和亚热带夏季气温高且持续时间长的地区，需要进一步改进后才能使用；施工需要一系列专用设备，施工控制难度较大。

浇注式沥青混凝土多与沥青玛蹄脂碎石 SMA 或密级配沥青混凝土组合使用，利用 SMA 或密级配沥青混凝土抗车辙能力强、抗滑抗磨耗等优势，弥补浇注式沥青混凝土的不足。典型结构如图 9-29 所示。

改性沥青玛蹄脂碎石 SMA (30~40mm)
改性乳化沥青黏层
浇注式沥青混凝土 (30~40 mm)
防水黏结层
钢板喷砂除锈、涂防腐底漆

图 9-28 双层沥青玛蹄脂碎石 SMA 钢桥面铺装典型结构

改性沥青玛蹄脂碎石 SMA 或 AC(30~35mm)
改性乳化沥青黏层
浇注式沥青混凝土 (30~40 mm)
防水黏结层
钢板喷砂除锈、涂防腐底漆

图 9-29 浇注式沥青混凝土钢桥面铺装典型结构

3. 环氧沥青混凝土

环氧沥青混凝土铺装层的主要优点是：强度高，高温时抗塑性流动和抗永久变形能力很强，低温抗裂性能很好，具有极好的抗疲劳性能，抵抗溶剂、燃料和油等化学物质侵蚀的能力强。同时，环氧沥青混凝土的延展性、收缩性与钢板接近，变形协同性好。环氧沥青混凝土的配制工艺比较复杂，施工中对时间和温度要求十分严格，施工难度大，相关技术在国外多属专利产品，材料费用也较高。由于环氧沥青混合料的施工组织比较复杂，施工中对时间和温度要求十分严格，施工难度大，在美国和国内有部分桥梁由于施工或重载原因产生了早期破坏。同时，环氧沥青是热固性材料，固化过程不可逆，这一特性使其病害维修难度大。典型结构如图 9-30 所示。

环氧沥青混凝土 (25~30 mm)
环氧沥青黏层
环氧沥青混凝土 (25 mm)
环氧沥青防水黏结层
钢板喷砂除锈、涂防腐底漆

图 9-30 环氧沥青钢桥面铺装典型结构

9.4 案例

9.4.1 水泥混凝土桥面铺装工程案例

国内部分工程水泥混凝土桥面铺装结构如表 9-2 所列。

表 9-2　　　　　　　　国内部分工程水泥混凝土桥面铺装结构

序号	项目名称	通车时间/年	总厚度/mm	结　　构	备注
1	东海大桥	2005	80	50 mm 沥青玛蹄脂碎石 SMA13 改性乳化沥青黏层 30 mm 浇注式，表面撒布碎石 溶剂型沥青橡胶防水层 反应性树脂下封层，预拌碎石 桥面板喷砂处理	
2	苏通大桥	2007	80	40 mm 沥青玛蹄脂碎石 SMA13 改性乳化沥青黏层 40 mm 沥青玛蹄脂碎石 SMA13 纤维增强型防水涂料 桥面板抛丸处理	引桥 1
3	舟山连岛工程	2003 前	100	40 mm 沥青玛蹄脂碎石 SMA13 改性乳化沥青黏层 60 mm 沥青玛蹄脂碎石 SMA13 SBS 改性沥青封层，预拌碎石 桥面板处理	岑港大桥
		2003			响礁门大桥
		2003			桃夭门大桥
4	杭州湾大桥	2008	100	40 mm 沥青玛蹄脂碎石 SMA13 改性乳化沥青黏层 60 mm 沥青玛蹄脂碎石 SMA16 聚合物改性沥青防水层 桥面板处理	引桥
5	济南东外环工程	2009	100	40 mm 沥青玛蹄脂碎石 SMA10 40 mm 沥青玛蹄脂碎石 SMA13 20 mm 普通沥青砂 SBS 热沥青防水层，预拌碎石 人工凿毛处理	

9.4.2 钢桥面铺装工程案例

国内部分大跨径钢箱梁桥面铺装结构如表 9-3 所列。

表 9-3　　　　　　　　国内部分大跨径钢箱梁桥面铺装结构

序号	项目名称	施工面积 /m²	时间 /年	厚度 /mm	结　构	备注
1	苏通大桥	65 354.4	2007	55	30 mm 环氧沥青混凝土 环氧沥青黏层 25 mm 环氧沥青混凝土 环氧沥青防水黏层 环氧富锌漆防腐层 钢桥面板喷砂除锈	西堠门大桥 金塘大桥
3	舟山连岛工程	580 000	2009			
4	杭州湾大桥	—	2008			
5	上海卢浦大桥	8 000	2002	70	35 mm 沥青玛蹄脂碎石 SMA 自黏式玻璃纤维格栅 改性乳化沥青黏层 35 mm 沥青玛蹄脂碎石 SMA 3~6 mm 橡胶沥青胶砂 溶剂黏结剂(2 层) 环氧黏层(2 层) 环氧富锌漆 钢板喷砂除锈	
6	山东胜利黄河大桥	10 904	2003	70	35 mm 沥青玛蹄脂碎石 SMA 35 mm 浇注式沥青混凝土 黏结层,分两次施工 桥面喷砂除锈	
7	山东滨州黄河大桥	4 050	2005	70	35 mm 沥青玛蹄脂碎石 SMA 35 mm 沥青玛蹄脂碎石 SMA 黏结层 桥面喷砂除锈	
8	黄河三桥	—	2008	50	25 mm 环氧沥青混凝土 环氧沥青黏层 25 mm 环氧沥青混凝土 环氧沥青防水黏层 环氧富锌漆防腐层 钢桥面板喷砂除锈	

(续表)

序号	项目名称	施工面积/m²	时间/年	厚度/mm	结 构	备注
9	重庆菜园坝长江大桥	21 344	2006	70	35 mm 沥青玛蹄脂碎石 SMA SBR 改性乳化沥青 35 mm 浇注式沥青混凝土 黏结剂 甲基丙烯酸类树脂（两层） 底涂层 钢桥面板喷砂除锈	Eliminator 防水体系
10	南京四桥	70 144	2012	75	35 mm 改性密级配沥青混凝土 改性乳化沥青黏层 40 mm 浇注式沥青混凝土 溶剂型防水黏层 钢桥面喷砂除锈	
11	琅岐闽江大桥	32 640	2013	70	35 mm 沥青玛蹄脂碎石 SMA 改性乳化沥青黏层 35 mm 浇注式沥青混凝土 甲基丙烯酸树脂防水黏层 钢桥面喷砂除锈	

参考文献

[1] 中华人民共和国交通部.公路沥青路面设计规范:JTG D50—2006[S].北京:人民交通出版社,2006.

[2] 中交公路规划设计院,同济大学,等.沥青路面设计指标和参数研究[R].2007.

[3] 姚祖康.沥青路面结构设计[M].北京:人民交通出版社,2011.

[4] 中交路桥技术有限公司,中交公路规划设计院,等.基于多指标的沥青路面设计方法研究[R].2012.

[5] 中华人民共和国交通运输部.公路沥青路面设计规范:JTG D50—2017[S].北京:人民交通出版社,2017.

[6] ASHTO. Specification for performance graded asphalt binder: AASHTO MP1-98[S]. Washington D.C.,1998.

[7] AASHTO. Standard practice for determination of low temperature performance grade (PG) of asphalt binders. AASHTO Draft for Standard MP1 A[S]. Washington D.C.,2001.

[8] AASHTO. AASHTO Designation: TP 9-96. Standard test method for determining the creep compliance and strength of hot mix asphalt (HMA) using the indirect tensile test device[S].1996.

[9] NCHRP Project 1-37A. Guide for mechanistic-empirical design of new and rehabilitated pavement structures. Final Report[R]. 2004.

[10] Shami H I, Lai J S, D'Angelo J A, et al. Development of temperature-effect model for predicting rutting of asphalt mixtures using Georgia loaded wheel tester[J]. Transportation Research Record,1997,1590(1):17-22.

[11] Myre J. Fatigue of asphalt materials for Norwegian conditions[C]//Proceedings of the 7th International Conference on Asphalt Pavements,1992(3):238-251.

[12] Theyse H L, de Beer M, Rust F C. Overview of South African mechanistic pavement design method[R]. TRR 1539,1996:6-17.